勁寒梅香

—辜振甫人生紀實—

黃天才　黃肇珩◎著

序

葉明勳

總統府資政、海基會董事長辜公亮（振甫）兄，由升學、創業、走進社會，步上國際舞台，為國家打拼，不辭艱苦，犧牲奉獻，一路走來，驚濤駭浪，達半世紀以上的歲月。他對那些陳年往事，至今仍然縈繞在心頭，故出版《勁寒梅香：辜振甫人生紀實》，以為鴻爪。

民國八十四年，公亮兄八秩大慶時，不少親友都極盼公亮兄出版自傳，以生平經歷傳之後代，為歷史見證。時光如梭，轉眼三四載都沒下文。

八十七年秋，公亮兄的長子啓允（不幸於九十年冬去世）來看我，希望我轉介一二位新聞界人士為公亮兄撰寫傳略。啓允的建議，一方面表示他的孝心；另一方面，公亮兄對國家、對社會的貢獻，台灣史上不可缺少此一人，我當即欣然應允。

經過一番考慮，並和媒體圈內三兩友好談論此事，他們都一致贊同我的建議，推介前中央日報社長黃天才兄和前中華日報社長黃肇珩，擔負撰寫大任。天才兄和肇珩女士都是新聞界傑出人才，經驗豐富，筆鋒犀利，對各種問題都有一種非凡看法，經過再三情商，我很高興兩位男女大將都答應共赴戰場。辜公亮文教基金會並立即邀聘他們為顧問，台泥大樓闢專用辦公室，以利工作的推動。

四年來，二黃（天才、肇珩）和公亮兄前後曾訪談四十餘次，每次約兩小時許，此外又分別和公亮兄夫人嚴倬雲大姊及子女、媳婦等深談，用心所在，無微不至。彰化縣鹿港為辜家發祥地，二黃也多次實地採訪，搜集資料。全書初稿估計將近一百餘萬字，經過消化再消化，濃縮再濃縮，截稿為四十餘萬字。

此書之完成，得力於和信企業團資深人員，公亮兄的特別助理葛保羅和耿陸二兄，他們協助聯繫、整理資料及分類堆積如山的照片，備嚐辛苦。海基會副秘書長詹志宏兄對辜汪會談及「九二」共識，也提供了第一手資訊，多次出席本書編撰小組會議，更是難能可貴。

千鎚萬鑿，《勁寒梅香：辜振甫人生紀實》出爐了，並交由負有盛名的聯經出版事業公司發行。

此書我以先睹為快，對於公亮兄的真知灼見，深為折服。然而，我的認識，不止於國人所知的貢獻。我們之間，忝為連襟，多年來對他卻有一股道義相敦、情逾手足的厚誼，願在此略致款款相知之忱：

（一）公亮兄的家世，其尊翁顯榮姻丈在日據時代，被日方尊聘為貴族院議員，赫有盛名，好事者每有微詞，然當時台灣受制於日人，為台灣同胞謀，當為賢者所不諱。最重要的是，顯榮姻丈雖身在台灣，而心縈故國，終身不習讀日文。九一八事變後，日人侵華野心大白於世。當時蔣委員長即曾授意顯榮姻丈，冀以從中紓解日人侵略的野心，並由其三女婿黃逢平兄陪同前往南京、上海、杭州等地，先後晉謁蔣委員長與當時的行政院長汪精衛、立法院長胡漢民，談話的紀錄，光復後仍為其六子偉甫所珍藏。顯榮姻丈除綜攬龐大的生產事業外，平時交往，不少名流文人，以精英文聞名於世的宗親辜鴻銘，來台時即住辜府。公亮兄生長於這樣的中國傳統家庭，在家中受的是中國教育，讀的是中國書，所以，他始終保持著中國知識分子傳統的氣質。

（二）公亮兄的氣度，因平生好學不倦，博覽群書，培養著他具有為人所不及的謙和氣度與恢弘胸襟，使人想到朱熹曾讚美呂祖謙，認為他真能由讀書而變化氣質之語，信乎不虛。東漢黃憲，其風度為時人所推崇讚美，同郡陳蕃、周舉都認為，兩三個月之間不見黃憲，「鄙吝之萌，復存乎心」。一時傳為美談。可知氣質風度對人評價影響之深。公亮兄望之儼然，風度翩翩，亦為輿望所重。於此，如得啓示，一個人的修養，不是憑財力以得之，也不是憑朝夕揣摩以得之，而是需要智慧、知識、閱歷的凝聚融和，然後始能雍雍乎總合其成，覯乎其大。

（三）公亮兄的才識，超越時人，他在年少時，便已頭角崢嶸。但顯榮姻丈重視基層訓練，健在時每囑其凡事須由基層按部就班，不可以特殊有所隕越。其父執李擇一極為賞識，我尚未識公亮兄時，曾數度為我稱其能。李為早日知名的日本通，與顯榮姻丈交厚，台灣光復後曾任行政長官公署顧問。多年來，公亮兄歷任工商界領導要職，望重朝野，不自炫，不自伐，仍如其尊翁過去之身在江海，心存家國。無論識與不識，都認為他領導群倫，或折衝壇坫，都是眾望所歸、馬首是瞻的人物。尤其博得推崇的是，看得遠，想得遠，胸有成竹，沉著鎮定。　國父手書先總統　蔣公撰聯有「從容乎疆場之上，沉潛於仁義之中」之句，疆場如以廣義而言，公亮兄庶幾近之。尤以辜汪會談所見的斡旋默運的宏才懋功，舉世同欽。而其領導所屬的龐大企業，自稱但憑掌握「提綱挈領」四字，足見長才。其勗勉所屬同事以「謙沖致和，開誠立信」八字，就是本乎儒家修身立德的誠，殆亦恂恂乎見其璞茂風範。

（四）公亮兄休閒生活，因具有中國讀書人的典型，多有異於時俗。幼時好繪油畫，稍長則沉浸於中國古籍，兼研英日兩國的文字，認為書中自有樂趣。後來酷愛平劇，尤擅老生，獨鍾於忠心為國的諸葛亮之類的人物，嗓音蒼鬱，令人低徊不置。這種情懷，多由早年往遊故都北京後，激於懷舊之思，有以致之。公亮兄天縱長才，到處都有可用之處，用於平劇，亦得其妙。而其一生致力於濟世匡時的大略，自亦國家之福。

以上所述，都是公亮兄對國家貢獻以外所見的另一面，謹供參訊。

民國九十二（二〇〇三）年仲夏

每周五的人生課

嚴長壽

與𡘙先生認識已久，但眞正非常近距離的接觸是在一九九七年底。當時圓山大飯店火災後的重建工作正進入尾聲，可以說是非不斷。有數位關心圓山未來發展的「大老級」長輩，再三催促要徵召我協助圓山，我深知重整圓山飯店對國家形象的意義重大，但更了解這個工作背後的責任艱鉅，始終不敢鬆口答應。直到有一天新聞宣布𡘙先生將接任圓山董事長，隔了幾天𡘙先生就親自打電話來要與我見面，他溫文儒雅、坦蕩磊落，一路笑談圓山飯店的歷史興衰，然後誠摯的對我說：「這麼重要的工作，連我都跳下來了，你怎麼可以不來？」於是在徵得亞都董事會的同意下，我以借調一年半的方式同時身兼兩職。

在圓山那段期間，我全力以赴，有時不免也感到心力交瘁，但背後總有一股來自𡘙先生的支撐力量。𡘙先生名下有幾十家的企業，加上海基會的工作，平常可說是非常忙碌，但為了表示對我的支持，每個週五他都固定撥出一個早晨與我開會。說是開會其實也不盡然，因為通常十分鐘之內我就把工作重點報告完畢，辜老幾乎完全不多質疑，所以剩下來大多的時間，都是辜先生與我對坐閒談：從文化、戲曲，到政治與兩岸關係，辜先生博學多聞、談吐幽默，每周五的上午都成了我受教於辜先生人生經驗的寶貴時間。讓我印象最深刻的是，有一回正逢他結束上海辜汪會晤，他對我提到會議中的一段插曲：由於在會談中雙方幕僚因為立場不同各持己見，辜先生眼看會議很難取得共識，於是某天他藉著只有他與汪先生兩人獨處的機會，特別向汪先生進言。他說：「汪老，兩岸的統一與否，在你我有生之年應該是看不到了。但是我倆都要切記一點，就是我們一定不能把這盤棋下成死棋，可得讓後面的人還能走下去。」當我看到現在的政治人物動不動就想「將」對方一「軍」的做法，我不得不佩服辜先生了不起的智慧。我和辜先生定期的會面，一直持續到我離開圓山才停止，其間除非他出國，幾乎從來沒有取消。當時我像個海綿一樣吸取他人生的寶貴經驗，現在想來，這是如此幸福奢侈的日子，如此難得的、永遠不會忘記的受教因緣。

一九九九年初，在初步改革略有成效後，政府有關單位又有指示，希望將圓山改制成一個由基金會掌控的民營化公司，這個改變，一如預期，引起工會強力反彈，我個人也承受了極大的壓力。這時，早先承諾韋先生的，到圓山兼任一年半的任期也將屆滿，我知道自己已經沒有足夠時間處理，或者解決，這個要靠長期協商才能完成的任務，於是決意不再續任總經理之職。那時圓山飯店第九屆董事會即將召開，韋先生了解我辭意甚堅，但是堅持要我在「董事會開完之後再辭」。魯鈍如我，當時並不理解他的用心，總覺得何必多此一舉。到了第二天董事會改選，董事們仍然全票通過續聘我為下任總經理，消息發布之後，韋先生才收了我的辭呈。之後我才明白，韋先生了解我借調一年半期滿，無法續任，他只是要藉由董事會改選結果，公開表達他與董事會對我絕對的支持與信任。對我這又是一堂最好的課。

那之後，我們偶有聚會，韋先生未減半分對我的愛護，在儒者的外表下，我卻總是看到他那一顆非常浪漫、熱情的心。還記得有一回與韋先生在亞都便餐，和他談到漸漸淡出公務的心境，他一時興起，讓我拿張紙，順手便寫下一首詩：「去市愁俄滅，臨磯氣自平；漁歌浸浦溆，蓑笠不知名。」或許這就是他回歸平淡的最佳心情寫照。

韋先生走了。台灣少了一位無法取代、學貫東西、謙沖致和的時代巨人；於我，卻是失去了一位永遠的，為人處世的良師。

目次

第二部　經世大戲

第一部 人生舞台

辜振甫周歲時坐在父親辜顯榮膝上。

辜振甫(時3歲)與弟弟偉甫自小受到台北媽的疼愛。

辜振甫青年時期的身影。

年，辜振甫（後排左三）就讀台北高等學校時與老師同學合照。

觀音山遠眺

此畫是辜振甫未及而立之年，寄居觀音山陪侍親人養病時所作。畫的主體是觀音山，山下一脈白流則為淡水河。此因辜氏出生於淡水河畔，朝夕眺望觀音山的煙嵐，並在河堤上垂釣戲水，此山此水伴隨辜氏成長，及長驛馬星動，故而創作此畫有故鄉難望之意涵。辜氏是時曾對畫中的牆壁，以及山前廣似無垠的土地，應如何構圖，多所推敲，幾經嘗試，而成定稿。當時西方畫家用紫色入畫者較屬罕見，而辜氏竟以此著色畫中樹木和房屋的陰影，不失為大膽嘗試。

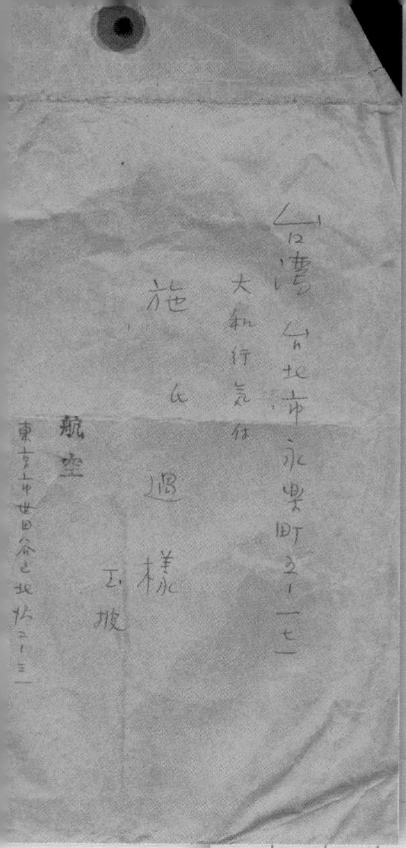

在日本時寄給母親的信。

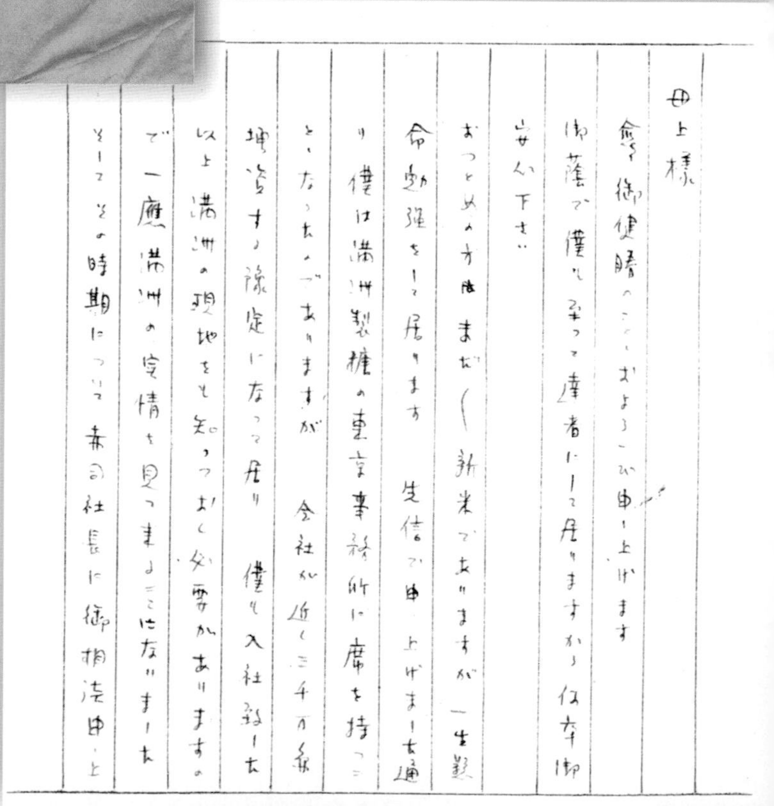
母上様

愈々御健勝のこととお喜び申し上げます

御蔭で僕も至って達者にして居りますから何卒御安心下さい

おつとめの方は未だ／＼新米でありますが一生懸命勉強をして居ります 先信で申し上げました通り僕は満洲製糖の東京事務所に席を持つこととなったのでありますが 会社が近く三千万無増資する予定になって居り 僕も入社致した以上満洲の現地をも知っておく必要があります。で一応満洲の実情を見て来ることになりました そしてその時期について森田社長に御相談申し上

辜振甫與第一任妻子黃昭華在日本結婚。

株主ハ日本人又ハ日本法人タルコトヲ要ス但當會社ノ承認ヲ得タル外國人又ハ外國法人ハ此限ニ非ス

太平洋石油株式會社株券

拾株券

金五百圓

に第貳參四壹號

株主 有田勉三郎殿

會社商號 太平洋石油株式會社
設立登記 昭和拾四年貳月拾五日
資本總額 金壹千萬圓
壹株金額 金五拾圓

右記名者ハ當會社ノ定款ニ基キ拾株ノ株主タル證トシテ本券ヲ交付スルモノ也

昭和拾四年五月壹日

太平洋石油株式會社

取締役會長 藤原銀次郎

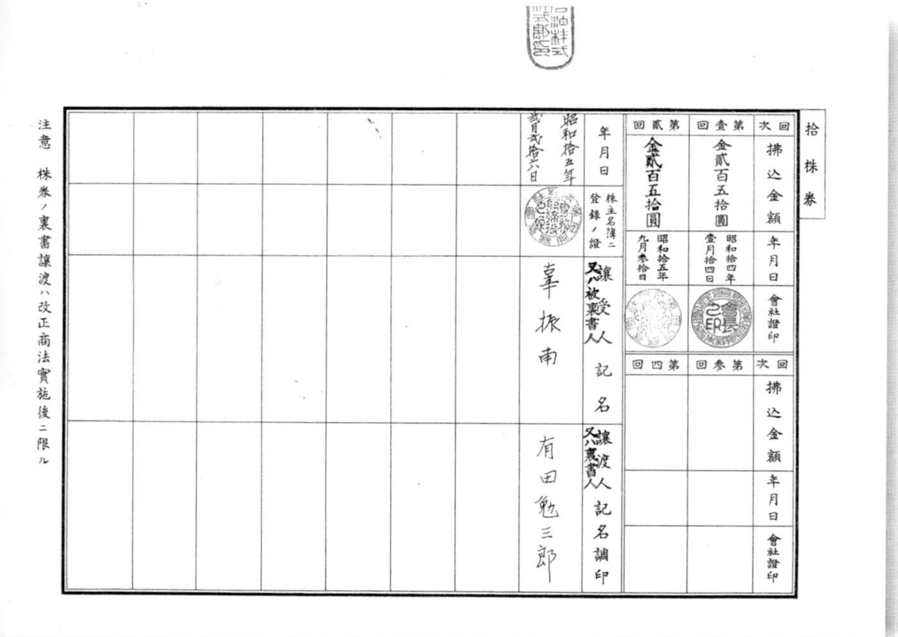

拾株券

回次	第壹回	第貳回
拂込金額	金貳百五拾圓	金貳百五拾圓
年月日	昭和拾四年壹月拾四日	昭和拾五年九月參拾日
會社證印		

回次	第參回	第四回
拂込金額		
年月日		
會社證印		

年月日	株主名簿ニ登錄ノ證	讓受人又ハ被裏書人記名	讓渡人又ハ裏書人記名調印
昭和拾五年貳月貳拾六日		辜振甫	有田勉三郎

注意 株券ノ裏書讓渡ハ改正商法實施後ニ限ル

40年（昭和15年）從有田勉三郎手中買下的太平洋石油公司股票。

1948年11月8日與嚴倬雲結婚，辜振甫並提詩「信誓百年」。

1949年新婚不久的辜氏夫婦。

1960年全家福。

1968年全家福。

1984年全家福。

1996年全家福。

2003年全家福。

1975年辜振甫佩上勳獎章，把榮耀獻給母親施太夫人。

2003年結婚五十五周年合影，鶼鰈情深。

夫人嚴倬雲女士是辜振甫的良伴，更是他的知音。
這是1993年，第一次扮孔明，相望兩悅的模樣。

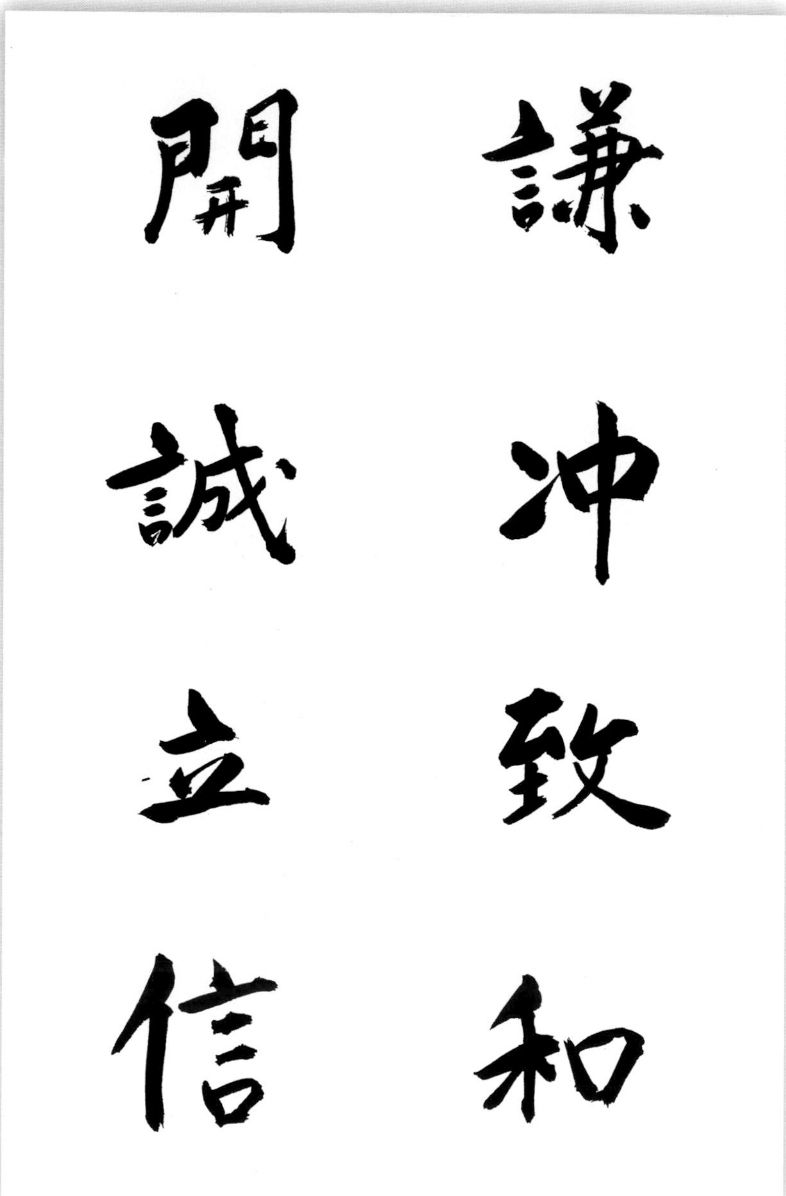

辜振甫手書的八字箴言，是和信集團過去半世紀企業經營的文化與理念。

次子辜成允接掌辜振甫一手擘劃的「水泥王國」(2003年)。

「一輪明月照窗前，愁人
心中似穿箭。」
（1996年「文昭關」飾伍子胥）

本是臥龍崗散淡的人。」
98年「空城計」飾孔明）

「習陰陽，顯妙法，易如反掌
（1998年「借東風」飾孔明）

「下台的背影要漂亮。」（2001年清唱「宿店」後謝幕，手捧花束，笑容可採
為三女懷如。）

辜氏夫婦由「客廳」對唱進而「舞台」對戲。1994年同台演出「二進宮」，
辜振甫飾楊波，夫人飾李豔妃。

「辜汪會談 」——1993年4月27日，海峽兩岸分隔五十年後首度於新加坡海
大廈坐上談判桌，辜振甫與汪道涵的手緊緊地握在一起。 (圖片由聯合報系提

「辜汪會晤」——1998年10月14日，辜振甫應海協會之邀率團訪問大陸，
上海，後至北京，並與江澤民晤談。

2003年4月16日，辜振甫接受早稻田大學頒贈榮譽博士學位時致詞，
仍不忘為兩岸僵局解套。　(圖片由聯合報系提供)

前言

人類的歷史，猶如長江大河，由多少大小山澗溪水經歲月累積匯流而來，人是其中的主體。傳統歷史主流之一——二十五史，就是以紀傳體，從許多個人聚映出當時人類文化生活的狀貌。

記者探訪、採擷、紀錄下的新聞素材，人必然是骨幹，由即時的人，連結即時的地、物、景況，交織呈現出即時的人間現象。

一個記者最大的抱負，是能在自己的觀察、採訪、報導下，爲人類歷史增添一些珍貴的紀錄。

接受辜振甫先生託付，參加這本書的採訪、編撰、寫作，是受他一句話的鼓舞：「我想紀錄下對過去的回憶，不是爲標榜個人，是想就我幾十年的接觸、經歷和感受爲歷史作見證。」

在此之前，我是在新聞報導、相關資料和日常聽聞中，認識辜振甫先生。擔任記者時的採訪路線和續後的工作範域，幾乎都沒有直接和辜先生有過關聯。承諾寫書，初始幾次訪問，大量檢閱相關資料，我更增信心，辜先生回憶的紀錄，是這段時空中不可或缺的重要見證。

主導、推動整個計畫的新聞界元老葉明勳先生，依憑黃天才先生和我的經驗背景，協調分工，天才宗兄承接企業、對日關係、民間外交和國際事務部分，我從童年、求學、家庭、文化生活和兩岸交流等方面著手。

兩人合寫一本書，原有許多困瑣枝節，我們捨繁就簡，決定在各自的主題下，分別獨立撰寫，自成單元。

秉持記者的專業和採訪撰寫人物的準則，從訪談、觀察與背景資料的印證中，交叉呈現，探索逐漸遠去的過往。

辜先生過去八十八年人生歲月，經歷日據時代、台灣光復後經濟困頓及發展時期、退出聯合國以至兩岸關係，他穿梭國內、國際，遍歷經濟、政治、外交各領域，他的廣闊閱歷、深淵見聞和圓融的人生哲理，對他個人、家族、事業、喜好以及半世紀以台灣爲主軸的朝野政治、社會文化、風雲人物，提出精微的透視，有感性的追憶，也有理性的論析。涉及他人潛私、親友部屬獎讚之詞，他堅持君子隱遜之德，多予保留；敏感話題，約諾不披露；兩岸篇章，更是反覆思考，力求平實，處處可見他的謙沖與誠信。

每一篇章初稿，辜先生都非常細心一再詳閱，他信守承諾，不介入作者的表述，發現口述與筆錄有出入，或記憶敘述中有疏漏及不確定部分，他用鉛筆纖細小字，提出補正，對作者充分的尊重與信任。

歷時四年，間歇訪談四十餘次，訪問家人、部屬、親友數十人次，我們都認為尚不足夠充分；辜先生個人及家族的資料，未曾刻意保留，撰寫時，常感窮拮。只能依循辜先生原旨，求能掌握鍵要，對這一段時間的歷史提供參詳的見證。

黃肇珩

二〇〇四年十二月

第一章

儒家思想撒種心田

撒播心田的種子

一九三七年，辜振甫二十歲。這是他一生的關鍵年代。

這一年，他進了台北帝國大學（國立台灣大學前身）。

這一年，他的父親辜顯榮遽逝。

這一年，他一肩挑起家族五個事業董事長的職務。

這一年，他意識到他將無法如願成為文學家、藝術家；儘管他是那麼喜歡平劇、文學和繪畫。

這一年，中日戰爭爆發，日本統治下的台灣，進入戰時體制。

二十歲以後，辜振甫就沒有時間和閒情，再握畫筆。六十多年過去了，他說，他很重氣氛，很久很久沒有這種氣氛了。「現在，連畫畫的意念都消失了。」

他把伴隨他成長的淡水河和觀音山，用淡淡的油彩、生動的筆觸，在畫布上鋪繪出「觀音山遠眺」。這幅二十歲的作品，今天，高懸在台泥大樓；正門進入，三百多坪的挑高寬廣大廳，空闊軒敞，別無陳設，只有迎面仰對辜振甫的巨幅油畫。

台泥大樓座落在台北市中山北路錦州街口東北角，站在十四樓辜振甫董事長辦公室窗口遠眺，觀音山遙遙在望，隔著淡水河，他出生、成長的大稻埕（現爲涼州街）老宅，被包圍在高樓大廈間。

淡水河畔　童年樂事

淡水河，曾載記著辜振甫的快樂童年。

他自述兒時：「我於丙辰年出生在台北市淡水河畔，朝夕望著七星山煙嵐，偶爾在堤上垂釣長大。」此山此水，美溢他的心頭，斯家斯土，深植他的心田。

淡水河，這條台灣寶島的第三大河，曾是凱達格蘭族的天堂、漢人嚮往的移民夢鄉、經濟發展的重心，也曾哺育了台北盆地的文明。

一八五八年，清廷因英法聯軍之役戰敗，簽訂天津條約。一八六〇年，正式開放淡水港通商，淡水河上，中外舟楫往來，漸趨頻繁，促成了臨近淡水河岸的大稻埕的興盛。從各國湧來的洋行、外商，選擇已具規模、民風較開放的大稻埕，作爲貿易的港埠。

當時，各國的洋行、富商，都沿著淡水河岸分布，停泊帆船的碼頭區，從鄭州路六號水門外，一直往北延伸到歸綏街底附近。在短短數十年，大稻埕從一片荒埔田園，躍升爲全台灣最富裕、繁華的地方。

大稻埕，因有大塊晒穀場，供各庄共同使用而得名。它的位置，在今天台北車站西北方，靠近淡水河濱一帶，屬於台北市大同區九號水門附近。

據記載，從一八六九年到一八九五年，大稻埕享有三十年茶葉的黃金歲月；台灣生產的茶葉，多在這個地區經過精製後裝箱輸出，每年貿易額高居全台灣輸出量的第一位，約占百分之五十三點四。有人說，沒有茶葉，就沒有大稻埕。

在台灣近代史上，大稻埕曾經繁榮鼎盛，從清朝末年到日據期間，無論在經濟、社會、文化活動上，都占舉足輕重的地位。今天，除了迪化街上，還可見到熱絡的商業交易，和保存下來的精緻華美的建築外表，已難再尋往日的風貌。

充滿傳奇的大稻埕滄桑歲月，一八六〇年，隨著淡水的開港，光華耀射；一九〇〇年，隨著淡水河的衰退，靜靜地流失、褪色。

當淡水河載不動繁華，由絢爛回歸平淡時，一個小生命誕生了。

一九一七年一月六日（農曆丙辰年十二月十三日），辜振甫在淡水河畔、大稻埕的一座二層洋樓出生，迎接他的是七星山的熹光和淡水河的潺潺水流。

淡水河河床淤積，影響了船舟通行，無法靠近碼頭停泊，船隻離岸愈來愈遠，相對的，留給孩童們嬉戲的空間愈來愈大。

逆勢擒鱔　正面黏雀

辜振甫的童年，就在這個寬闊的天地度過。

「我的童年是很快樂的。」這種感覺總伴隨他童年的記憶。

那時候的淡水河還十分淨澈，海潮退後，河清見底。坐在堤邊垂釣，魚兒常隨竿而起。有時和童友玩伴興發起來，索性跳入水中，徒手抓鱔魚。

小小年紀，在抓魚爲嬉的經驗中，也有心得。

他說：鱔魚有八隻眼睛，分列兩排，游動時滲出細小氣泡，很容易追蹤。但是，鱔魚既長且滑，如果隨著魚的游向順勢追捕，很難得手。要魚直來，人橫攔，逆勢迎截，才能兜住，而且不容易從手中滑溜逃出。

在他老家的庭院，有幾棵蓮霧樹，開花結果時節，麻雀常來覓食。他常和幼弟用細竹竿沾上黏膠，從後面偷襲，屢屢失敗。一再觀察，改採正面攔截，使竹竿突然出現在樹枝上麻雀面前，麻雀受驚起飛，展開翅膀想衝出去那一剎那，竹竿迎面而上，麻雀非被黏住不可。

從童年裡走了出來，辜振甫帶著嬉戲的體驗，悟出不少引用在人生處世的運作要領。

「許多事情，換另一個角度思考，常獲多一種轉機。一般人往往認為不可與人正面衝突，背後偷襲較能攻人不備。卻不知掌握情勢，迎面衝鋒陷陣，更能氣勢凌迫，成在機先。」

魚鳥之嬉，辜振甫領略到對人對事的逆來順受或順來逆受，重在觀察情勢，因時因地，機動應對。

童年往事，深深刻印在辜振甫的記憶中，隨著歲月的輪轉，蛻變出不同的意含，衍化出多元的啓示，豐潤了他的人生，也綻發了他的事業。

重建孔廟　顯榮主理

辜振甫有兄弟八人，他在家族大排行中老五。

大哥孝德，是伯父辜顯忠的獨子，辜顯忠早逝（一八九四年去世，得年二十三歲）遺下一子。二哥皆的，三哥斌甫，都是領養的。四哥岳甫，於一九一一年出生，是辜顯榮的第一個親生兒子。六年後辜振甫誕生，他的父親已五十一歲，可說是晚年得子。三個弟弟是偉甫、京生、寬敏。

在兄弟中，辜振甫和父親相處最久，受的影響也最深。

辜振甫八十歲生日，出版專集，題名「學而第一」，取自論語第一章篇名。序文中提到：父親時常以「汝等雖在日人統治之下，切勿忘懷自己是軒轅之後」訓誨兒孫。

「父親非常尊崇孔子。」他為推動重建台北孔廟，不遺餘力。

孔廟，又稱文廟、聖廟，祀孔子及孔門四聖十二哲七十二賢。台北第一座孔廟，建於一八七九年（光緒五年），毀於一九〇七年（光緒三十三年，日本明治四十年）。

這座孔廟，位於台北城內文武街（現在台北市立師範學院）。一八八一年，儀門、大成殿、崇聖祠竣工，舉行第一次釋奠大典。第二年，清朝台灣視察使夏獻綸、知府陳星聚，及板橋望族林維源等提議捐款，陸續增建禮門、東西兩廡、萬仞牆、明倫堂等。一八九〇年，建築齊備，占地七千多坪，歇山重簷式設計，極為壯觀，且為台灣孔廟所獨有。

一八九五年，滿清政府與日本簽訂馬關條約，台灣、澎湖割讓日本。孔廟被充為兵營，禮樂器皿、聖哲牌位，全都毀損。第二年，台北市區重劃，孔廟列為「國語學校」學生宿舍用地。一九〇七年，第一座台北孔廟，遭日本拆毀，走入歷史。但在台灣有志之士的心裡，開始醞釀重建孔廟。

一九二五年二月八日，八十多位熱心人士聚會，地方士紳陳培根報告籌備經過，連雅堂、辜顯榮、木村匡說明興建孔廟及附帶事業，滿場鼓掌同意，並推辜顯榮為議長，討論議決：孔廟建地的取得，交由董事會辦理，設計參考台南孔廟，所需資金二十萬日圓悉數由捐募籌之，勸募地區限於台北州。董事人選由議長指定。

董事會於二月十五日成立，公推辜顯榮為主理，選定台北市大龍街二七五號為重建孔廟基地。由陳培根捐地二千多坪，辜顯榮購田獻地一千餘坪。一九二五年十月立殿宇主要基石「三台石」。懸了十多年重建孔廟的夙願得償了。

經過漫長十四年，一九三九年純採南中國式建築的孔廟各項工程先後完成，包括大成殿、崇聖祠、儀門、東西廡、櫺星門、建義路、禮門、黌門、泮宮、泮池、萬仞牆等，總面積五千二百坪，建坪一千四百坪，工程費比預計的增加六萬日圓，共二十六萬日圓（另一說三十萬日圓）。

閎美莊嚴的台北孔廟落成時，辜顯榮已逝世兩年。

辜振甫從小受儒學薰陶，他繼承父志，參與孔廟管理維護工作。

台灣光復，一九四六年孔廟組織台北崇聖會，一九五一年改組為台北孔廟管理委員會，先後由台北市長游彌堅、吳三連擔任主任委員，辜振甫都被推選為副主任委員。管理委員會設置常任委員及常駐管理員，專司孔廟管理及負責籌劃祭典事宜。

直到一九七二年六月孔廟由政府接管，其經常管理費用，均由辜振甫樂捐。

教育文化界前輩陳立夫，有一次與辜振甫談起台北孔廟時表示，依傳統體制，孔廟不宜由民間私人經營。

辜振甫立即與另一位捐地興建孔廟士紳陳培根後人陳錫慶協商，同意將孔廟捐獻給國家。行政院接受後交由台北市政府接管，一九七二年七月成立台北市孔廟管理委員會，仍聘辜振甫為副主任委員。

一九七六年九月二十八日，至聖先師二五二六週年釋奠大典後，內政部長張豐緒頒「義行可風」匾額，表揚熱心公益捐獻孔廟的辜振甫、陳錫慶及陳寬記祭祀公業。

每年祭孔，辜振甫一定參加陪祭。近十年，因健康不適久站，改由兒侄代表。

愛好京戲　教忠教孝

受父親影響更深的是對平劇的愛好。當年稱「京戲」或「正音」。

辜振甫記得很小的時候，家裡就有叫「台灣新舞台」的戲院，座落在現在台北火車站後站附近，經常請上海、北京的名角，來台演出平劇，空檔時間，演歌仔戲。這座戲院，一九四五年在盟軍飛機轟炸中，毀於戰火。

五十多年後，辜振甫在台北松壽路，建造了一座非常現代化的「新舞臺」，藝術薪傳，紀念他的父親。

父親透過戲劇，灌輸兒孫不要忘記自己是台灣人、中國人；「本不可忘，而看戲則是不忘本的極佳方法，因爲中國的歷史與中國人爲人之道，均在戲裡。」

辜振甫從小隨著父親看戲、聽戲、還學唱戲，他喜愛平劇已近於「癡」。話題只要轉到「戲」，他一臉興奮、愉悅的笑：「啊！這個話題，可以談上幾天幾夜。」平劇，讓他深深體會父親當年的用心；平劇，貫注入他的生活、家庭，調溶入他燦然繽紛的人生意境。

「唱戲亦是本人健身之道，肺活量可因此增加，丹田則更加有力，而腳步也愈加穩健踏實。人生不如意事十之八九，一旦唱戲，則不如意事盡皆拋諸腦後。」

他對傳統文化、藝術的愛好與提倡，在他事業之外，占有極大比重。在應對許多重大事件時，常常從平劇的人物或情節中，觸類旁通，汲引經驗。

無論平劇或歌仔戲，不僅教忠也教孝。「我的父親侍奉祖母至孝。」

祖父辜琴於一八六七年六月十九日去世時，父親才一歲四個月，祖母薛麵辛勤撫養兩個小孩。家境困窘，以稀飯度日，她只喝上面的米湯，留下沉在鍋底的飯粒給孩子。

父親是老么，打工賺的錢全都交給祖母，母子情深，父親時時思慕，未曾去懷。祖母去世，父親在彰化八卦山麓為祖母建造一座墓園，依山面水，景色恰如立於園中對聯描述：山勢三三曲，泉流六六彎。

每次辜振甫隨父親坐火車南下，經過彰化時，「父親一定叫我站起來，在車廂裡遙對祖母墓園的方向，一起鞠躬致敬。」

辜顯榮的殷切孝親和身教，代代相傳。辜振甫二十歲喪父，侄辜濂松三歲多失怙，他們都非常孝順母親，相對的，他們的兒女也很敬愛父母。

母教謙沖　父敢從權

在一百年前的那個年代，社會迷漫「重男輕女」、「不孝有三，無後為大」的觀念。一個男人，可以娶許多房妻妾，丈夫可以把妻子「休」了，女人卻不可以提出離異，縱使年輕喪偶，也得「守節」，沉重的「貞節牌坊」，葬送了多少女性的青春歲月和幸福人生。一個家族如果沒有兒子繼承香火，被視為不孝。

辜家幾代單傳，到了辜顯榮，又因長兄辜顯忠早逝，承繼為家長，獨力肩負起辜家生存發展責任。

辜顯榮於一八九一年娶鹿港小姐陳笑為元配，生了三個女兒：敦治、註治、津治，領養皆的。第二房翁富女士，沒有生育，領養了斌甫。第三房張悅女士，生一子：岳甫。第四房，是辜振甫生母施過女士，她也只生一個兒子。第五房黃寶女士，沒有生育。第六房岩瀨芳子女士，原籍日本。她生了四個孩子，其中三個兒子：偉甫、京生、寬敏；一個女兒：秀治。

辜寬敏認爲，他們父母的好合，是一段「政治結合」，日方爲促使父親更接近日本，有意安排。辜振甫的看法是：所謂「政治結合」，其中一方必有某種特殊意涵，或與官方有某種特殊關係。他說：岩瀨芳子女士來台灣之後，習說一口標準流利的台語，完全爲我們所同化，未曾在政治上發生過什麼影響。

這六房分別居住在鹿港、台北和日本。元配陳笑女士和三名女兒、三房張悅女士和岳甫、五房黃寶女士，都長住鹿港。岳甫台中一中畢業後，留學日本早稻田大學。二房翁富女士、四房施過女士與振甫，以台北爲據點。

這六位女士，均已先後去世，辜振甫生母最長壽，於一九七六年往生，享年八十歲。

「我的母親，虔信佛教，常年吃素，我也從小習慣，喜歡素食。母親說，她是向福州鼓山的觀音求子，而懷了我。」回憶這段往事，他假設若有前世，他一定是個和尚，他笑謔自己，心裡也可能是「野和尚」。

母親是很傳統、平凡的女子，性情平和，管家有道，燒一手好菜，肯付出、犧牲，不與人爭，不求回報，非常有愛心。

這位無爲的母親，常告訴她的愛子：「不要跟人家爭，該到的東西，一定會到，充實自己，這樣才不會因爲得不到而失望。」

辜振甫說：「這是我母親的人生觀，對我影響很大。」在他事業上一再強調「謙沖致和」，一部分也種因於母親的潛移默化。

母親也是戲迷，她迷歌仔戲。主持「新舞台」的辜懷群，常常談起與祖母結伴看野台歌仔戲，一起唱著「七字調」走回家的兒時甜蜜情景。

辜振甫有時陪母親看戲，不愛講話的母親，大概受了戲中人物、情節的感觸，會叮囑兒子要努力求上進，不擔心別人是不是知道自己有本事，重要的是要去了解別人的長處；不驕傲，要知道總有比自己更強的人。

辜振甫了解，這些話是母親生活在她特殊環境中的所感所悟，但他印證到論語學而篇所說的：「不患人之不己知，患不知人也」，更倍增認同。並進一步解釋：你不要因爲人家不知道你有本事而憂心，你要憂心的是，不知道人家本事比你大。這樣就可以終身學習，發掘、欣賞人家的長處。他經常以這句銘言，激勵自己，教誨子女，也提示同事和年輕後輩。

父親剛烈的脾氣，和辜振甫得自母親的平和，呈強烈的對比。辜顯榮，這位台灣近代歷史上的爭議人物，在他愛子的心目中是：身材魁梧，聲音洪大，熱血率直，講原則，好打不平。

辜振甫認爲，當一八九五年清廷割台，李鴻章之子李經方，會日本總督樺山資紀於基隆富貴角海上，辦理交接並立約宣讓之後，樺山資紀帶領日軍前來接收，台灣巡撫唐景崧私自逃離，台北城內群龍無首，混亂不可終日，逃兵和暴徒乘機縱火搶劫，人心惶惶。地方士紳向命運低頭，決議推出代表，前往基隆洽商日軍入城恢復秩序，屆時卻又無人膽敢出面。二十九歲的辜顯榮獨告奮勇，敢冒大不韙，單身洽催日軍入城，維持治安，未曾流血，就是出於他那一貫的敢作敢當的剛烈個性。

在辜振甫數十年的商場政海歷程中，也曾看到，甚至親身遭逢過「勢不得已從權因應」的作爲，換到不同的時空或不同的環境背景，似有極其不同的評斷。

辜振甫出生時，父親已五十一歲，懂事後，常隨父親左右，他了解父親內心的掙扎，父親懷有強烈的民族意識，堅持不學日本話，不改日本姓，時時提醒兒子不要忘記自己是中國人。

他曾對父親支持、推動興建孔廟和新舞台的心境，試作分析。他覺得父親不忘中華傳統，在日本統治下，有諸多限制和禁忌，但是，日本也尊崇孔孟儒學，對中國傳統藝術平劇也沒有戒心，蓋孔廟尊儒學，建新舞台演平劇，公然行發揚中華傳統文化之實，卻不會觸犯日本殖民政府的忌諱，這也是一種在時勢強壓之下從權求變的巧思。

父親的去世，改寫了辜振甫的人生觀。他收起畫筆，把觀音山、淡水河的景致，少年的浪漫情懷，全鎖入記憶。離開了父親的框架，他獨自面對一波波接踵而來的起伏、多變的境遇，他失去能做他自己的自由，卻建立起敢做他自己的膽識，開啓生命的新世界。

矛盾與衝突中成長

辜振甫生於大和民族統治下的台灣，接受正統、完整的殖民地日本學校教育；生活在舊式家庭，深受中國傳統教育、思想和文化的陶冶。他說：「這種差異性，對我來說是滿大的衝擊，也是一種成長的淬鍊。」

私塾傳承民族文化

清代晚期台灣的初等教育大致有義學（義塾）和民學（書房）兩種。民學，是由私人延聘老師教子弟讀書識字，以及作應科舉考試的先修準備。

日本占領台灣初期，對台灣居民先從日語教育入手，設立「國語（日語）傳習所」。後來仿日本體制設「小學校」，供在台灣的日本人子弟就讀；另設「公學校」教育台灣學童。

一九二二年日本政府公布修訂「台灣教育令」，把日本人和台灣居民的教育納入同一教育法令，但是，「小學校」和「公學校」依然並存。差別如一。實質上「公學校」的水準遠低於「小學校」，加上日語能力的懸殊，致使台灣子弟能就讀「小學校」的，爲數極少。進入中學的機會更少。

當時台灣居民大都不願送子弟進「公學校」，中上層社會多安排子弟入傳統的書房——私塾。

日治時期，稱「私塾」爲「書房」，由有功名的老師或宿儒主持，在自宅或寺廟、書院等地方開課授徒，校名由老師自行命定，修業也沒有固定年限，課程以讀漢文、寫漢字爲主，也重視倫理、道德的陶冶。初級生主要讀本有：《三字經》、《百家姓》、《千字文》、《幼學瓊林》；中級生學書註、作對；高級生以歷史文章、作詩塡詞爲主，也旁及珠算、記帳之術。

日本占據台灣第八年，一九〇二年，在台灣的一百七十三個市鎮，一千六百四十九個村莊中，還有一千八百二十二間書房，學生總數三萬三千五百九十二人。

日本人深深了解，書房是中華民族精神和傳統文化的堡壘，既阻礙了殖民地日本化政策的實施，又影響了整個社會的安定。可是，面對數量如此龐大的書房，既怕激起台胞的反抗而不敢遽然取締，又無法加以利用，衹有以質變引起量變，要求書房加授日文和算術，指定日人著作的漢譯本爲教材，不僅爲難私塾的老師，更破壞了私塾原來的風格，書房數目逐年減少。

一九三〇年，台灣各地書房只剩下一百六十四所，學生五千九百六十四人。一九三七年，中、日全面戰爭爆發，全台灣只有十九所私塾。

日本占據台灣五十年，私塾由極盛而消失，完成了它傳承民族文化的時代使命。

泉州舉人漢文扎根

辜振甫三歲開始，在自己家裡接受私塾教育。啓蒙老師辜捷恩先生，是辜顯榮從泉州惠安家鄉請來的，他是舉人。同姓又同鄉，學生們私底下稱他「同先生」。這段教育，給辜振甫扎下漢文根基，也接受了中華傳統文化的洗禮。

「同老師」從不遲到，留給學生印象最深刻的，是頭上的瓜皮帽，手中的水煙袋，和打手心的竹鞭子。說話時他的鄉音濃重，但讀書時發音字字精準。要求學生發音要字字精確。辜振甫記得老師曾用「魚」、「雞」爲例，凡是從喉嚨發音的，一定是泉州人，連問都不必問，絕對不會錯。如果從唇上發音，必定是漳州人。

提到老師對泉州人和漳州人發音之辨，辜振甫想起當時有所謂「漳泉拼」。原籍漳州和泉州的台灣居民，常相仇視，偶或發生衝突，擴大成兩地人之間的械鬥，甚至演成頭破血流的景況。

經過多年共處，漳州人、泉州人有的成為同學，有的成為同事，有的婚配結為兒女親家，時空消釋了彼此的敵意。透過溝通、交流，化除隔閡、誤會，辜振甫在成長中，已有體會。當他經營企業、穿梭國際外交、兩岸事務舞台時，深能洞察奧妙，掌握要訣，進退適度而不失據。

不過，辜振甫說：「這種族群問題已不復存在，但在語音上，開口幾句，祖籍是泉州，還是漳州，立可判明，老師的隨機教育，留給我很深的印象。」

除了漢文，辜顯榮還為愛子請了一位英文老師，他是英國人，叫Joseph Rollings。辜振甫回想在那個年代，父親要他學英文，這種開明的決定，可能是因為經常到上海、香港等地接洽商務，觀察到國際環境和時代的變遷，了解對外交流溝通的必要。

從小接觸英文，影響了辜振甫日後思想和事業上開闊的國際觀。

一九二四年，辜振甫七歲，進入台北太平公學校一年級，開始接受日文教育，回家繼續習讀四書，學英文。

有一天，他喃喃反覆練習「ㄚㄧㄨㄝㄛ」（あいうえお）。同老師聽到了問他：「ㄚ」（あ）是什麼意思？「ㄧ」（い）又是什麼意思？辜振甫回答：「單獨一個字母沒有什麼意思，要幾個字母拼起來才有意義。」「那學了有什麼用？」中國文字，每一個字都有獨特的定義。例如在中國家庭中，對輩分稱謂分得非常清楚，如伯母、嬸嬸、姨媽、姑媽、伯父、叔叔、姑丈、舅舅，不像日文，把女性都以「歐巴桑」（おばさん），男性都用「歐吉桑」（おじさん）概括解決，分得不清不楚。

闡釋「學而」一以貫之

漢文、英文、日文三種不同語文，不同教學方式，不同文化背景，面對這種差異與矛盾，辜振甫說，小學的時候，不太懂其間的差異和矛盾。「那時候，凡是老師教的，沒有選擇地全收了下來。初中以後，漸漸懂得比較，探求彼此不同文化特質，開始產生了衝擊，也在矛盾中求同化異。」

「同老師」給辜振甫的漢學和儒學教育，種下辜振甫喜愛中國文學和崇尚儒家學說思想的根苗。

八十多年來，老師教授的、指點的，斷斷續續浮現在辜振甫的記憶中，如蠶蛹的破繭孵化，繁衍出豐碩的新生機。

老師說：

中國文字，字字都有意涵，一切都有所本。

談古人學術用字，藝文當以杜甫、韓愈為本；義理或邏輯則應依孟子、朱子；紀事則必效法司馬遷。

講授《論語》時，〈學而〉篇「子曰學而時習之，不亦說乎？有朋自遠方來，不亦樂乎？人不知而不慍，不亦君子乎？」老師指出，一般人常將這段話，逐句分別解釋，混淆了本意。孔子這三句話應該連貫起來解釋，其意義是：

人的學問若非直接得自書本所載，必然來自老師指導傳授，而經過一而再，再而三地反覆溫習之後，茅塞為之頓開，心得油然而生，而先現的心得又可催化出續發的心得，如此藉由心得的累積和互動，學問可臻登峰造極，到此層次，遠方的學友將聞風而來，做學問達致如此境界，人生之樂還有什麼能比得過的。所以，人若有學問，不需自我誇耀，更不必因為不為人知，而覺得憂傷鬱卒。

辜振甫對老師的這段闡解，數十年記誦不忘，時常引用在講演或撰文中，更落實在自我要求和企業經營管理中。

經過反覆誦讀、探索，一九八八年，辜振甫試著透過現代的悟性去體會孔子的〈學而〉篇開章的這段話，並加以詮釋：

不把從書本上或老師處學來的放冷而時常加以溫習勿怠，在其循環啓發之下，領悟的境界得以日夜攀升，終可登峰造極，實在令人興奮。而因為你有心得有成就（attainments），所以志同道合的朋友聞風而至，從老遠的地方來找你傾吐，豈不是人生樂事？才學不必誇示，門徑自然會敞開，就是才學不為人所知，也不必發愁，心安理得，泰然處之，這才是有修養的君子風度。

這段論語試釋，充分溢顯辜振甫受辜捷恩老師的影響，以及潛在熱愛儒學的心境。同時，也印證了史學家所說：私塾教育不是日本官方承認的學歷，卻是傳播漢文化、維繫民族精神的堡壘。

攝政王欽點辜振甫

辜振甫讀的第一所日本學校「太平公學校」，是專為台籍兒童設立的，教育目標在「教授生活必須知識技能」，修業年限有三年、四年和六年三種，六年制畢業以後，獲得「小學畢業的同等資格」，可以進入台灣或日本的中學就讀。

「我在太平公學校唸完三年級，轉入樺山小學校。」他還記得這所學校位於現在的忠孝東路與天津街交叉口的警政署，他每天從涼州街家裡走路上學。「後來有了一輛腳踏車，那時候，騎車上學是很時髦的。」

太平公學校是當時台灣最大的小學，日本昭和天皇未即位前，以攝政王的身分巡視台灣，並到太平公學校參觀，辜振甫說：「他走進我們的教室，指定我站起來，朗讀課文。那時候，我是一年級學生。」

辜振甫回憶父親爲他安排每一階段的教育學程，都經過深思，極具遠見。

辜顯榮自己堅持不學日語，但他看清在日本統治的環境下，第二代台灣青年不能採取逃避態度，接受日文教育是必然的趨勢，他讓辜振甫轉入以日語教學的樺山小學校，奠好日文基礎。

「我讀中學以後，父親要我每天讀日文報紙的新聞給他聽，有時，他和日本人往來，也會帶我當翻譯。」辜振甫說：「我的父親沒有高深學問，但他總是看得出來該做什麼。」

他的日文造詣，在一九七三年獲得中國國民黨總裁蔣中正頒贈獎狀，嘉勉他「盡心盡力從事中日外交檔案資料的翻譯工作」。對這項獎勉，辜振甫淡淡地說：「也許我的日文程度還可以擔任這份工作。」

台灣的中學校，根據日本政府頒布的「台灣教育令」，形式上標榜「日、台人共學」，劃一中學校的修業年限和教學內容，實質上，在入學招生設限，控制台灣學生升學機會。一般中等學校偏重職業教育，以日語和實業科目爲主，不是爲升學奠基。畢業生必須在高等學校修業三年，才能報考大學。

激發不認輸的決心

一九二二年創設的台北高等學校，位於現在的國立台灣師範大學，是一所很特別的學校。最初只設「尋常科」，修業四年，三年後增設「高等科」，修業三年。一九四一年台北帝國大學預科成立以前，這所高校是台灣唯一專爲升大學而設的預備學校。

一九三〇年，辜振甫十三歲，小學畢業，順利考進台北高等學校「尋常科」，四年後升入「高等科」，七年中學成績，保持在前五名。

辜振甫說：台北高等學校尋常科的入學考試時間，比所有中學早，難度很高，全台灣每年只錄取新生四十名，台灣學生考取的約三、四名。高校考核十分嚴格，每年至少有二名留級，加上因生病、遷居等因素休學、退學，畢業的時候，一班大概剩下一半。

台北高校「高等科」分文、理兩科，相當注重外國語文訓練。文科的外國語課程分三類：甲類英文、乙類德文、丙類法文。

辜振甫有良好的英文基礎，他選擇了文科甲類。更令他興奮的，是高等科的師資很不錯，英文老師也有英國人，加深了他的英文造詣。

這位台灣籍青年，在以日本學生爲主體的台北高等學校畢業，成績是第一名。

他跨進了台北帝國大學。

辜振甫說：高校這段教育，是相當可貴的：「可以放浪形骸，可以不修邊幅，可以自由思考問題，懂得比較、探索中、日不同的文化本質，在差異與矛盾中，尋求相同劃一。」高校學生講求內在，不重外表，同學們在一起談的是天下大事，參加「讀書會」互通知識，每個人對自己前途都訂一個目標，提出來彼此交換意見。回頭想想，在殖民地與異族人共同生活，也是一種經驗。「他們有權利歧視我們，我們也有權利抗拒他們。」漸漸地把這份抗拒轉化爲一股競爭力，激起不認輸的決心，力爭超越他們。那時候大家都很認真學習，努力向上提升，「班上第一、二名，都是台籍學生。」

他認為，這種歷練，對他後來在國際上走動很有幫助，「不怕與異族人相處，語言上沒有困難，反過來，覺得自主意識很高；我們是中國人、台灣人，他們是日本人、美國人、……，不隨便向他們低頭。」

六年小學、七年中學，十三年學校生活，對辜振甫來說，是平順的、愉悅的、豐收的。他感謝父親帶給他的讀書環境，他佩服父親的遠見。

波瀾起伏青年行

一九三七年到一九四〇年，短短三年，辜振甫對「自我」作了兩項非常重要的抉擇：「自我滯留」（self-detention）、「自我放逐」（self-exile）。

毅然放棄東京帝大

台北高等學校的優異成績，家庭的富裕背景，辜振甫有充分條件和機會，到日本就讀東京帝國大學（一九四九年五月改名東京大學）。這所日本首屈一指的大學，是當時日本和台灣青年都最嚮往的學府，辜振甫也不例外。

一九三七年三月，辜振甫高校畢業，第一名。決定進東京帝國大學就讀，「在最後一刻我放棄了。」

放棄的原因是：父親臥病，兄長岳甫過世，兩個幼弟尚在台中就讀中學。「於是，我留在台灣。」

一九三七年四月一日，辜振甫進入台北帝國大學（國立台灣大學前身）文政學部政學科。

辜振甫對這一轉變行爲，自稱是「自我滯留」（self-detention）。

台北高校高材生，願意留在台灣帝大受教，日籍校長幣原坦博士也感到高興，親書「得天下之英才而教育之，一樂也」相贈，以示鼓勵。

台北帝國大學，經過六年籌備，於一九二八年成立。

一九二二年，台灣總督田健治郎時代，開始規劃。

一九二五年，伊澤多喜男總督時代，編列創設準備金，開始收買校地，建築校舍。

一九二八年三月十七日，上山滿之進總督時代，發布第三〇號「敕令」，台北帝國大學正式成立。

台北帝大第一任校長幣原坦博士，是籌設建校工作的負責人，也是親書贈語辜振甫的校長。

這所台灣唯一最高學府，最初只設文政學部與理農學部。一九三六年增設醫學部。一九四五年再設工學部，並將理農學部，分爲理、農兩個學部。成爲擁有文政、理、農、醫、工五個學部的大學。

除了學部，另設附屬農林專門部、附屬醫學專門部、熱帶醫學研究所和預科。爲了配合日本南進政策，設立南方人文研究所、南方資源研究所。

學部設「講座」，相當於今日的研究室。每一「講座」由一位專任教授主持，編制有助教授、助手、講師及僱員等。一九四五年台灣光復前，五個學部總共有一百一十四個「講座」。

學分以「單位」計算，只要在修業年限修畢指定「單位」就可以畢業。一般修業年限最短三年，最長六年。醫學部最短四年。每年新生在四月入學，畢業典禮在三月舉行。

日本的殖民地教育政策，是以職業訓練爲目標，在台北設立帝國大學的目的，有不同說法，國立台灣大學校史：「帝大成立，是爲研究東南亞資源，及便利在台日本青年升學。」

史學家認爲：台北帝大，是在培養未來南進的人才，因爲台灣的地理位置緊臨中國華南及南洋，對這一帶進行調查研究，作爲日本南進之用。

台北帝大籌設時，原以自然科學爲主，經過伊澤總督極力排除日本國內的強烈反對，爭取設立了文政學部。

文政學部設文學、哲學、史學和政學四科。主修文、哲、史的，畢業頒給文學士。主修政治、法律、經濟的，頒給法學士。

政學科標榜的宗旨是：「養成圓滿的政治人物」。設十個講座：憲法、行政法、政治學政治史、法律哲學、經濟學（兩個講座）、民法民事訴訟法（兩個講座）、刑法刑事訴訟法及商法。此外，還得必修東洋道德學。選修科目可跨越文史哲學及農學的課程。

台北帝國大學時期（一九二八—一九四五年），文政學部畢業生共四百五十人，台籍學生只有五十一人。政學科畢業生三百二十一人，是文政學部四科中畢業生最多的一科，台籍生占四十一人，也算最多的。這些統計數字，顯示當時台灣青年在差別待遇抑制下，升入大學的機會少，就讀台北帝大的學生，大部分都是日本青年。

根據台灣省政府主計處資料，日本占據台灣五十年，台籍大學畢業生共七百八十六人。

一九四五年八月，日本投降，台灣光復。我國政府接收了台北帝國大學，改組更名爲國立台灣大學，於十一月二十五日正式設立，內分六個學院，原台北帝大的文政學部，改設爲文學院和法學院；理、工、醫、農四個學部，改爲理學院、工學院、醫學院、農學院。二〇〇一年，台大已由五十六年前的六個學院，擴充爲十個學院，新增的四個學院是：社會學院、管理學院、公共衛生學院、電機學院。

辜振甫在台北帝國大學文政學部政學科，以三年最短時間修畢全部課程，畢業成績單登載：全部二十二學科中，十四科列「優等」，六科列「良」，只有「行政法緒論」和「行政法各論」兩科列「可」。這份畢業成績單，公布在一九九六年十二月二十八日第一次發刊的《台大校友》季刊中。

一九三七年十二月九日，辜顯榮在日本逝世，享年七十二歲。（據《鹿港發展史》記載：辜顯榮赴日出席日本參議院會議，卒於東京途次。）

這一年七月七日，蘆溝橋事變，中日戰爭爆發。日本統治下的台灣進入「戰時體制」。

二十歲的台北帝國大學一年級學生辜振甫，一下子肩擔起父親的全盤事業，成了五家公司的董事長。

儘管一邊讀書，一邊學做董事長，他還是很努力、用功。尤其對財政、經濟課程特別有興趣。他記得教「財政學」的北山富久次郎助教授很欣賞他，成績獲「優」。「經濟原論」教授楠井隆三，非常注意他在這方面的興趣，給他很多指導。台灣光復後，楠井教授返日，還將「經濟學史」這門課邀辜振甫接代講授。

辜振甫說：「我曾在台大代課，但時間很短，這門經濟學史學科非常枯燥，聽講的學生極爲少數，我暗暗想，老師命我代課，是給我溫習不怠的機會。」

感恩台大　惠我良多

一九九九年四月十九日，這位離開母校一甲子的傑出校友，應邀回校講演。懷憶往事，他很感性地說：他擁有的頭銜雖多，其中最感珍惜與舒坦的，莫過於「台灣大學畢業」這個稱謂。「台大對於我，一向是心之所繫，心之所寄。」「台大是我的家，回到家便依舊是一個學生，依舊是一個渴望在此終身學習的小孩兒。」

他說，過往數十年人生歷程，每逢挫折與顛沛，都是得助台大賜予力量，給予督促，而能化險爲夷，安然度過。他並引證美國前總統雷根在一次與他晤談時，講述的一個有關「腳印」的夢境：

雷根夢見在海灘獨自踽踽而行，驀地回顧來路，一步一腳印，歷歷在目，細數腳印，恰與他的年歲相同，不由勾起回憶，仿似每一段腳印都是一生之中某一階段的寫照。

回首往事，年輕時候櫛風沐雨，艱苦卓絕，再對照腳印，這一階段所顯現的足跡竟有四個。心甚詫異，分明形單影隻把路走出來，何致多出一對腳跡？於是跪禱求主開示，剎那間，似聞有聲自天而降：「吾兒，你忘記我與你同在，兩個腳印是我所留，另兩個是你所踏。」雷根聽了，心甚感激，謝主恩賜。

移動視線，雷根發現擔任總統時期所對映的腳印竟只有兩個，訝思：在最需要主協助的時候，主何故棄我離去？再跪禱叩問，頃刻間，又聞聲似自雲端而下：「吾兒，須記得，那段時日你已精疲力竭，是我抱你安然度過，那對腳印其實是我所踏出的。」

心存同樣的感恩，辜振甫深感「台大惠我良多」。

八十二歲老校友誠摯的感念話，讓台大師生在感動中帶著些許驕傲與欣慰。

二〇〇一年十一月十五日，辜振甫榮獲台大創校以來頒發的第一個榮譽博士學位。致詞時，他依然充滿感性，他說，這個場合讓他「重溫當年在母校的自由學風下，那種意氣風發以天下爲己任的浪漫情懷。」「畢業走出校門以後，不論何時何地從未忘記自己是台大人，而且經常以母校爲榮。」「今日你以台大爲榮，他日台大以你爲榮，這種彼此互以爲榮的現象，就是母校與校友間在精神上的一種契合。」

三年大學生活，辜振甫最感遺憾的，是在學業與事業拔河中，很難撥出更多時問與師長、同學朝夕相處，互相砥礪，這是很大的損失，無法彌補的損失。

在雙重責任壓力下，有時，他不得不用「逃課」與「翹班」，爭取有限的時空，結果是左右兼顧，學業、事業兩不專。他自嘲當時他是：「不得不逃課的學生」和「不懂事的董事長」。

二十歲的董事長

這位年輕、「不懂事」的董事長，卻承擔業務繁多的家族事業：

隆昌企業：製糖、製鹽，是當時辜家最主要的事業。二次大戰開打後不久，日本以經濟統制爲名，使得辜家位於現今彰化縣溪湖鎮的糖廠，被日資「明治製糖公司」吞併；位於鹿港海岸的鹽田，整個遭日資「日本鋁業公司」併吞；台灣光復時，僅剩餘台中方面的水田，耕者有其田政策，適於此時實施，辜家全力支持，以田地換取債券和股票。

泰和興業：開墾向日人岡部子爵等所購得的屏東農場，經營鳳梨、苧麻等農林事業。

大裕茶行：設茶廠於台北及蘇州，生產的茶葉，行銷東北一帶，二次大戰後關閉。

高砂鑄造：廠址位於目前的台北橋下，鑄造初級工業及營造器具、鍋爐等。辜顯榮去世後，劃歸辜濂松的母親辜顏碧霞女士掌管，經營一段時間以後，解散公司，在廠地上建屋出售。

集大成木材行：公司設於目前之南京西路，以進口福州產的木材爲主，因戰事而來源告斷後停業。

單從這些公司的名稱和業務性質與範圍，琳琅滿目。辜振甫說：「那時候年輕，覺得滿神氣的。」

神氣，沒有讓辜振甫自滿、沉迷，他不斷自問：

書因為分心而沒有唸好，經營企業又一知半解，人家來叫你敲圖章，你就敲圖章，這有什麼意思？

做一個不懂事的董事長有前途嗎？

一輩子人家叫你董事長就滿足了嗎？

他開始思索「人生的意義何在？」

家族的傳承，兩年多事業經營的參與，他體會到在殖民地統治制度下，台灣工商業經營遠較日本本土落後，台灣一些大型企業，又都是家族式經營，無法跟上時代潮流，前途堪虞。

在台灣接觸到的日本人經營的企業，也多是運用環境的優勢，格局小，不足為訓。日本大企業如三井、三菱雖然到台灣來投資，卻並不歡迎台籍人士參與。只有在日本本土的企業家，世面看得多，還能容納台灣去的人。

辜振甫認為，要深入探討日本大企業的專業精神、管理風格和組織結構，將來引回台灣，改善國內企業經營方式，務使台灣趕上日本，甚至超越日本，「我就必須到日本去」。

「那時候，我滿腦子盡是競爭意識，求勝的意志非常高昂。」

從台灣到日本，「競爭」這兩個字，一直刻印在辜振甫的腦海中。他認為，競爭不是一件壞事，歷史上任何一個時代都是競爭的時代，只要在公平、理性、公開的原則下，進行自由競爭，或許對某一個別團體或某一個人會造成優勝劣敗的結局，然而，對社會整體將帶來進步。

他說：經驗顯示，一項進步會促成另一項進步，各種進步經過累積相乘之後，會帶動社會的演進，在演進過程中，就會創造文化，撰寫歷史而形成哲學體系。

回想六十多年前，萌生這樣的自省和抱負，他謙稱：「我有點狂」。引證六十多年後他的成就，那段時間的「自我」轉變和毅然決定，似乎都對了。

一九四〇年三月，辜振甫二十三歲，台北帝國大學畢業。

他辭去五家公司尊崇領導人的職位，結束自嘲只管「敲圖章」沒有意見的「董事長」生涯。

這種選擇，許多人都覺得不可思議，甚至提出質疑，辜振甫總是淡然回答：「別人恐怕不願意這麼做罷了！」

他把公司的管理權，安排給弟弟辜偉甫接掌。

兩兄弟的興趣不一樣，偉甫較喜歡經營家業，振甫對外面的事務較有興趣。於是，各遂所願；哥哥辭了董事長，前往日本進修，弟弟放棄了台北帝國大學農林專門部的學業，承接家族事業。

五月，辜振甫和母親施過女士，一起離開台灣，前往日本。

他選擇在東京帝國大學財政學研究室研究，這是他再造自我人生的選擇，也圓了三年前一心想讀東京帝大的宿夢。

辜振甫把這一項轉變，稱爲「自我放逐」（self-exile）。他在日本「放逐」了四年。

東京工讀　體悟深切

東京帝國大學，一八七八年成立，是日本最早、最著名的大學，戰後改名東京大學。日本許多政經人士都出自這所排名第一的學府。辜振甫的指導教授是經濟學者土方寧，主要專注於個案研究，不必天天到校，遇有問題，就到研究室去向教授請教、討論。

辜振甫分析當時的想法，在日本拿高學位很難，同時他發現一般日本人較重實務學習和研究，對學位的觀念與我們不一樣。例如：日本人到美國深造，不一定要拿學位，主要是學一門專業，這一門專業是國內所沒有或缺少的。

他決定半工半讀，一方面在東大深造，潛心研究財政與工商經營管理的理論，一方面投入日本實務界，從中體驗真實的工作經驗。

他報考大日本製糖株式會社，（董事長藤山愛一郎兼任日本商會會長，後出任岸內閣外務大臣。）錄取了。這位剛卸下五家公司董事長榮銜的台灣青年，決定從基層做起，接受辦事員職位，由出納工作開始，月薪七十五日圓，「在當時，七十五日圓可以做三套西裝，與一般人比起來，已算不錯。」

出納初期工作是點數鈔票，這對辜振甫是嶄新的經驗，開始時，常常數不準確，不足之數，自掏腰包補足，把薪水都貼了進去。

他形容在日本這一段日子：「是我這一輩子的黃金時光。無憂無慮，沒有責任，專心學習。全神吸取經驗。」

日本四年，辜振甫迴旋在理論與實務之間，尋求相互印證；他體驗了日本人企業經營管理方式，他建立起了「權力與管理分離」的經營理念雛型，形成他獨特的民營企業管理風格：「所有權」與「管理權」分開。

他將這一段心路歷程和人生體會，推衍出一套「企業易子而教」的法則，播植在家族企業管理中，辜家代代相承。辜濂松、辜啓允、辜成允，在國外學成之後，都要先到外國或國內的大企業從基層學習二、三年，再進大學研究所取得學位，然後再進入國內外大企業做事三至五年，方可回到辜家事業體。辜振甫認爲，經過這一階段磨鍊，可使一個人視野寬闊，了解與人如何共事。他承認，他的這種做法，很少人會接受。

日本占據台灣五十年。

辜振甫在殖民地度過他的「快樂童年」；接受十三年「力爭超越日本人」的殖民地教育；到日本體驗企業經營理論與實務的「黃金時光」。

辜振甫人生開始的二十五年，學習的、接觸的，幾乎都離不開日本；日本體制、日本文化、日本學制、日本事物，還有各階層日本人。他說：到了盡頭，我還是中國人、台灣人。「接受日本，是爲了了解日本；了解日本，跟被日本同化是不一樣的，因爲，到了盡頭還是不一樣的。」

他不否認他對日本的文化、對日本的認識，不遜於任何人，他對日本的研究，應該到了某一種程度，「不過，愈了解他們，尤其經過撞擊以後，愈是會再回來原點，到底這是兩種不同的文化，我不會一味沉迷日本文化。」

國與國間的文化交流，原是很平常的，往往還受到鼓勵。但是，在割讓給異族統治的地方，由於殖民地政府爲穩定統治權，極力阻止殖民地與祖國往來，極力荒廢殖民地的固有文化。在這樣環境中成長的辜振甫，能維護祖國固有文化，甚至迷戀祖國文化；他癡迷京劇、喜愛中國詩詞，欣賞中國字畫和古物，他說，這應該歸功傳統家庭的儒家思想教育，第一顆深播到他心靈中的種子。

經過長時間對日本的觀察和體悟，辜振甫有些心得。

大體上說，日本人重紀律、守秩序。對人對事重始末，慎始慎終。對長官、對事業體的忠誠度高，全始全終。甚至對死亡也極重視，「切腹」是日本人視爲極莊嚴、極具榮譽象徵的死亡方式；也被視爲是一種對自己、對家族、對事業、對國家、對人生的負責態度。

辜振甫說，日本武士追求什麼時候死得最漂亮，因「受辱或殉節」而切腹自殺，也尋求最後完美的句點。日本，是一個很傷感、很悲壯的民族，認爲「人生最大的悲觀和最大的樂觀是一致的」。

日本人的東方道德觀念濃固，明儒朱舜水於一六五九年渡海到日本仙台講學，將王陽明的學說、思想帶入日本，對近代日本的發展起了一定程度的作用與影響，武士道精神，主要來自這個思潮。歷史學家許倬雲說：陽明學是一種自我完成。心性被提出來當作重要的課題，因此，陽明學到明代末期與禪宗一派走的很近，高度的拒絕權威，高度的拒絕約束。陽明學在日本的流傳，有它的原因。陽明學提供了他們在內心深處認爲對的，就勇往直前。德川幕府受了西洋人的欺侮而不能抵抗，你無能嘛，無能就該取而代之，但取代總要找個理由，這個理由就是，你犯錯了，於是「尊王」與「攘夷」結合在一起，就可以採取行動了。而內在的驅動力是：「我認爲對的、該做的事，就不顧一切，勇敢的去做。」而尊王攘夷一轉就變成強烈的民族主義，這也就是二次大戰時驅動日本民族走向極端的力量。

垂拱而治　自由競爭

明治以前的日本社會，仍沿襲早年的職業、財產、地位一切均由長子相傳承襲的極端封建的制度，每一家庭長子都受到獨特的優遇，平日在家起居飲食，老大優先，其餘兄弟吃的都是冷飯。在社會上，天皇、諸侯、武士、庶民，階級分明。

辜振甫就封建意識在家庭與社會的濃固，對日本人所發生的衝擊與激發，有他獨特的體悟。

當年身爲家中老二以次的日本男兒，因無權繼承家傳之職位、產業，也沒有得自家庭平衡的照顧，必須自己奮鬥，自謀生路，反倒或文或武，努力進修，久而久之，社會發生質變，一旦因緣際會「尊王攘夷」的風雲，在陽明學強烈影響下，這些平時受壓憤悶的青年，便群起而結束老大坐享其成的舊時代，創造明治維新的新體制。所以明治維新與其說是政治革命，不如說是社會革命。

日本明治維新，就是社會革命，可以說是老二、老三的革命：推翻老大坐而世襲的家族傳統制度，打破軍人專政，擺脫封建的束縛。有才能的老二、老三出頭了。

辜振甫從中學時代開始，就不斷思考：「日本明治維新是什麼？」「日本天皇爲什麼神聖不可侵犯？」

日本的天皇是國家的象徵也是替萬民祈福的神職。在不同年代與不同政治環境，「神職」與「政治」時合時分。一八六七年，明治天皇即位，德川慶喜「大政奉還」，將政權轉還天皇，結束兩百八十多年的江戶幕府時代。第二年，明治開始維新。

明治天皇在位四十四年，對內設立文部省，開始建立現代學制。實施徵兵制，創立軍官學校，打破四民階段之分。一八八五年，內閣成立，伊藤博文爲首任總理。一八九〇年，公布「帝國憲法」，實施第一次選舉，成立國會，開始議會政治。對外，一九〇四年，日俄戰爭在中國東北爆發，俄國戰敗，日本躍升爲世界強國。一九一〇年，正式合併韓國，改稱朝鮮。

「日本文明之父」福澤諭吉，將他在歐美的見聞寫成《西洋事情》一書，讓日本人民首次接觸到西洋的文明，也成爲明治政府施政的思想基礎。曾派官員、留學生前往歐美考察、學習如何帶日本步向民主政治，並朝現代化方向邁進。

辜振甫認爲，日本能夠一直維持天皇制，且皇室受人民尊崇，是因爲皇室淡出真實政治舞台，皇族不是軍人就是學者，不從事與民爭利之事，換言之，皇室秉持「君臨而不統治」的態度，這是很高明的地方。「日本皇室，把權交給有能力的人，維持恒久，也是在自由競爭中的民主做法。」事實上，這也是辜振甫經營企業的理念，他常說，「授權」，「讓他們放手去做」。

由於階級順從，尊崇天皇；日本人沒有想襲奪天皇帝位，取而代之。幕府時代以大將軍爲最高目標，現代日本人則以當首相（總理）爲政治權位的止境。大將軍或總理實權在握，卻也必須有真才實能，躬親治事。這樣的位階意識，使日本人實事求是，實幹力行。

辜振甫認爲，一個國家改變其社會結構，給大家一個自由競爭的園地，這樣，社會才會進步，價值觀才能改變，也才能向現代化方向發展，日本也才會有今天。「我在高校讀書的時候就這麼想，對我後來經營企業、從事國際經濟外交，以及主持全國工商協進會三十三年，這種傻勁，這種做得心安理得的服務工作，多少都受了青少年時代思維的影響。」

驀然回首　此生不虛

在學校、在社會，辜振甫接觸、認識各階層日本人，他說，一般的日本知識分子器量格局雖然不夠寬宏，但同學、同事間友誼維持長久。「他們重舊誼，同鄉、同學、同事，都是凝聚情誼的要素。」

他覺得日本職場人員，積極求上進，有時顯得急躁固執。但是，他們很少空談和喊口號，迎向問題，篤實應對。「這種守分、苦幹的工作態度，是日本企業發展的雄厚後盾。」

辜振甫也觀察到，長期以來，日本大型企業或金融機構的東主，熟悉發掘人才代替自己和運用資本之道。例如日本的三井、三菱這些大企業的老闆，連所屬各公司的董事長及總經理都交付能幹可靠的人出任，充分授權而不自己作主，他們在幕後，樂享清福，也不必去爲「富不過三代」傷腦筋。

一九四一年十二月八日，日軍偷襲珍珠港，太平洋戰爭爆發。

一九四三年，辜振甫與母親及新婚妻子黃昭華女士一起回國。他說：「那時候，我就意識到日本在這場戰爭中會挫敗。」

離開日本前夕，他向住在隔鄰的西鄉隆盛的侄子西鄉從德侯爵辭行。「他問我對戰爭的看法，我坦率告訴他日本會失敗。他非常生氣，堅持日本必勝的主張。我們各持不同立場，最後還是他的兒子古河從純解了圍。這位日本青年曾留學美國，也認爲日本與美國交戰會輸。」

二十六歲的辜振甫，憑什麼推斷日本會失敗？他說，在日本這段時間的觀察，使他了解到，當年日本所以戰勝清廷及蘇俄等大國，是因爲未曾開戰之前，先有結束戰爭的方策，例如打到奉天得勝，即刻推出和議。這次戰爭，好大喜功，沒有周全的終戰考量。

半個多世紀前的辜振甫，對半個世紀前的日本所觀、所思、所悟，對辜振甫半個多世紀的豐富人生，有著很深、很遠的影響。登上二十一世紀的起點，驀然回首，八十六歲的辜振甫一臉恬淡的笑，悠悠地說：「一路走過來，此生不虛。」

枝堅葉茂的家族

「一府、二鹿、三艋舺」，這句流傳了二百多年的台灣俗諺，說明了鹿港曾有一段光耀璀璨歷史。

鹿港，位於台灣彰化平原，曾是台灣中部的門戶。原名「鹿仔港」（相傳有十二個不同地名，其中都有「鹿」字），探索地名由來，據學者的研究推論，認爲早期此地爲鹿群聚集之地，因而得名。

盛清時期，鹿港與南部的台南府、北部的艋舺（台北萬華）並列爲台灣三大港市，是經濟、軍事、交通的樞紐。清代中葉以後，原爲商船雲集的港口，漸漸淤塞，窄淺成細水道，街鎮中心距離海岸愈來愈遠，「鹿港飛帆」的景象已不復見。鹿港，因優越的自然條件，造就了顯耀盛景；也由於大自然的變化，導致沒落。在這戲劇性的大起大落間，唯一沒有隨著流失的，是人文薈萃、文風鼎盛年代，累積留下的歷史資產和文化遺風。今天，鹿港仍是研究台灣文化與民俗，具有代表性的市鎮之一。

鹿港大厝　匠心獨運

走過三百多年歷史歲月，鹿港很幸運還留存部分古老的街巷、精緻傳統建築、豐富的民俗生活。旅遊資料推介鹿港可供後人、旅遊者憑弔、觀賞的景點約有三、四十處，鹿港民俗文物館是其中之一。

鹿港民俗文物館，無論是建築外觀、展物內涵，都深具特色。屹立在古風洋溢的鹿港街鎮上，顯得格外突出。

這座典雅的歐式洋樓，是辜振甫父親辜顯榮的故居，於一九一九年建造完成。整個風格，是屬於十九世紀初最盛行的「式樣建築」，融合西洋古典建築各時期的造型，加上設計者的想像與轉化，立面裝飾變化多端，屋頂、山牆、壁柱、帶飾……，處處可見匠心，也造成不同視覺感受。

鹿港老一輩的人對這座洋樓，有很深刻印象，他們習稱它「大和」大厝，大和是辜顯榮的貿易商號。記憶中，辜顯榮在世時，每次返鄉，都邀約地方耆宿在洋樓飲酒、吟詩，大開「南管」堂會，蔚爲地方盛事。在他們心目中，辜顯榮是一位傳奇人物，他們很懷念他。

陳奕奕女士還記得外祖父長得很魁梧、威嚴，大家都很尊敬他，又很怕他。她說，外公在台北經商，不常住在鹿港，逢年過節或是家裡有大事，他會回來。大家一聽到他要回來，都很興奮，個個打扮得整整齊齊去見他，有一次，他看到我們穿的學校制服裙子較短，他問：「你們怎麼穿這麼短的裙子？」

鹿港辜家在十九世紀三十年代以前，是非常傳統的、封建的。陳奕奕還記得外公回家，吃飯時，是他和男孩子們先吃，然後才輪到女性家人。「我們都沒有機會跟外公同桌吃飯，那是輪不到的。」

陳奕奕是辜顯榮外孫女，元配陳笑女士二女兒辜註治的女兒，辜振甫的外甥女，現任榮星幼稚園主任。她說，外婆和母親、阿姨一直都住在鹿港老家。

鹿港辜家老宅，包括兩棟各具特色的建築物，一棟是高聳、寬闊、瑰麗的歐式洋樓，一棟是散發清代閩南傳統風貌的「古風樓」。一九七三年，辜氏家族捐獻全部土地、建築物、家具、器皿和收藏品，成立鹿港民俗文物館，十一月十日正式開館，公開展出文獻、書畫、服裝佩飾、戲曲樂器和各類宗教禮俗器物等，六千多件本土民俗文物中，大部分是辜家捐的，少部分是地方熱心人士捐贈、或借陳的私人收藏。

這座頗具地方色彩的民俗文物館，從建築風貌到陳列的文物，相當有系統地呈現出清代中葉到民國初年先人的精細巧思，也展示了鹿港人傳統生活蓬勃、豐富的內涵。

「古風樓」，是十八世紀磚砌木造古厝，與右側的巴洛克式的洋樓有著全然不同的韻味，進門靠牆那一口古井，增添了庭院深深的氣韻，屋中間的「樓井」，更具巧思，極為罕見。全樓實物實景的擺設，描述了百年前台灣民間的生活形態，也隱隱可見中國大陸文化移植台灣的痕跡。

「古風樓」，古意盎然，名實相符。每天，都有中外人士前往參觀，探索這個台灣著名世家的歷史源流。

在台北大稻埕，辜顯榮興建了一座與鹿港故居風格相似的二層洋樓，是住家，也是他經營事業的地方。

大稻埕古宅　市定古蹟

一九九八年，這幢具有時代意義的老宅，被列為台北市市定古蹟。

二〇〇一年，辜家自籌新台幣二千多萬元，配合政府九十萬元補助款，進行全面修繕工程，被視為台灣私有古蹟維護的「模範生」，也為市定古蹟立下最佳的標竿。

八月二十六日，台北市政府致贈「功在古蹟」感謝牌給辜振甫，由辜夫人嚴倬雲女士代表接受，她並引領大家觀覽這幢近百年的辜家「古蹟」，也重溫了初進辜家時的點點滴滴。

隨著時空的流轉，大稻埕的面貌變了，大街小巷星羅棋布，公寓大樓鱗次櫛比，二層高的辜家宅第，挺立其中，依然從容、典雅；華美壯觀的山牆，點綴著繁密細緻的花草紋飾，拱形的窗洞，配搭花瓶狀漏列的欄杆，氣派不凡。屋內木製的門、窗、天花板上面，飾以幾何構圖，同中求異，異中有同，大方美觀，不俗氣。

名作家、台北市文化局長龍應台對於辜宅作爲古蹟，說了一段含義很深的話：

> 辜宅古蹟，不僅反映當時的建築之美，更是辜家家族史與台北發展史融合的例證，可說是台北歷史發展具體而微的縮影。

辜嚴倬雲女士還記得五十多年前，她與辜振甫先生訂婚以後，第一次到辜家，她說，那時候環繞淡水河的環河北路還沒有興建，車子只能開到淡水河邊，步行穿過水門，來到辜宅。今天，沿著水門是一道既長又高的防水圍牆，把淡水河遠遠隔在視線外。昔日站在二樓憑欄觀賞河上龍舟競賽，已不復見。辜振甫捕捉麻雀的庭院，成了停車場，招引麻雀的蓮霧樹也不見了。童年捕鳥抓魚的往事，一一載入辜老的記憶，溶入了他的人生。

一九四九年，辜振甫與嚴倬雲結婚的新房，就設在這幢洋樓裡，現在是榮星幼稚園孩子們上課、休憩的地方，處處洋溢著天真的童言童語，和歡樂的笑聲。

祖母墓園的風水說

辜顯榮生前，在鹿港故鄉和台北大稻埕，先後興建的兩座很具特色的洋樓，經過將近百年的時代轉移和世代傳承，不但沒有因爲境隨時易而走入歷史，相對的，風貌依舊，爲鹿港繁華落盡的滄桑、大稻埕的風雲流變，留下了見證。

每逢清明，辜家子弟都會返鄉掃墓。辜振甫說，辜家祖墳原在鹿港，祖母往生，安葬在距離鹿港約二十多公里的彰化市八卦山麓，父親和母親的墓園也都在彰化快官。「以前坐火車經過彰化時，可以看得見，現在被新建大廈擋住了。」

中國人傳統觀念，祖墳方位影響後代子孫的盛衰，辜家富過三代，興旺百年不衰，世代政商地位崇高，不免引起對命理風水有興趣人士好奇，「辜家祖墳風水說」，有各種臆測、附會和傳說。二〇〇一年夏天，辜家整修辜顯榮墓園，經媒體報導，「祖墳好風水庇蔭後代子孫」傳說又起。辜振甫面對記者求證採訪，沒有正面回答他信不信風水、命理，只淡淡說，確有人形容他祖母墓園風水好，是個「毛蟹穴」。

事實上，辜振甫對命理、風水，有著「信」與「不信」的疑惑和矛盾。

二十多年前，他在香港被親友拉去算了一次命，算命先生根據邵康節著《皇極經世》二十四冊所載的二萬四千條內容，以一個人的出生時辰爲準，逐一抽出推算認定。辜振甫說，往事和已存在的事實都說得很準，預測的事，後來也都不離譜。最令他不解的，是說他「一刀難免」、「國家會給崇高榮譽」、「海峽兩岸的事要肩負責任」。事實上，「那時候我身體十分健康，一刀難免，莫非是遭人暗殺？負起兩岸責任，更是不可能，當時台灣還沒有解嚴，兩岸仍處敵對情勢。奇怪的是，一九八一年，我心臟病突發，動了一次大手術。一九九一年，海基會成立，我被推選擔任董事長。」對於後來發生的這兩樁大事，似乎都證實了算命先生的「預言」。難道是巧合？辜老的反應是：「我無法解釋。」但是，他仍堅持「我不相信命運是與生俱來的」。

在訪談中，在公開講演中，辜振甫常常提到東方最古老的思想哲學——《易經》，他從《易經》闡釋人生，甚至把《易經》哲理應用在企業經營策略上。

他說，《易經》是統計學。是漢民族放棄游牧生活，定居黃河流域以後，爲著配合春夏秋冬四季的變化而調整農耕生活，開始對「時序萬象」做長期的觀察研究和統計，經過周朝密集的推演和發揚，大致到了漢朝時，便匯集有關的資料而成爲一種統計學，也就是追求自然與人生的創始與變化的「動」的思想體系，也可以說是在宇宙無窮盡的變化中，去尋覓並體會「不變的真理與法則」，進而基於不變的真理與法則，去領悟宇宙的造化，並將它帶進自己的生活裡，做爲人生不可或缺的行動理念的起點及據點。

這些《易經》的原理，經過長時間流傳逐漸世俗化，在與「四柱推命」等命理學的關聯之下，而被扭曲，被誤解，以爲《易經》是推算命數的學術。一般大眾更認爲命運是他律的、是經過預先排定的，其實並非如此。

安身立命　操之在我

那麼「命運」是什麼？

辜振甫對這個提問，一再表示所知有限，最後，他還是侃侃而談他「所知有限」的「命運」。

我們必須了解「命」是本質，「運」是造化，命與運之間並沒有固定的直線關係，有了本質之後，還要看個人的造化，也就是說，要能先充實自己然後才能夠掌握機緣，兩者才會有所結合。辜振甫以幾位政治人物爲例，證實有本質無造化，是不能成局的。他說，有人認爲，一個人的命運是「與生俱來」，或是「命該如此」，這是「運命固定」的宿命論。他認爲，宿命論僅適用於動物，因爲動物只有依循大自然的定律生存死滅，這才是固定的，別無選擇。但是，「被賦予意識與意志的人類，就能夠創造自己的存在、人生和事業，這才是我們應該致力追求的，個人如此，企業家亦應如是。」

命運的真諦在於立命，辜振甫說，《易經》就是在鼓勵我們以開天闢地的毅力，去創造自己的存在、人生和事業。「所謂命運操之在我，就是這個意思。」

辜振甫領著辜家，創造半個多世紀榮景，是命，也是運；有命，也有運。儘管他不全然相信命運，無疑的，他掌操了命運。

一八九四年，中日甲午戰爭爆發。

一八九五年，是決定台灣命運的一年。

很不幸，這一年，台灣淪爲日本殖民地，長達五十年。

這一年，辜顯榮二十九歲，他的過人勇氣，使他在台灣這個歷史大變局中崛起，不僅改變了他的一生命運，也繁衍出跨越三個世紀代代枝堅葉茂的辜氏家族。

追本溯源　惠安移台

鹿港辜家，是近代台灣知名家族之一，追本溯源，像台灣許多家族，是源自中國大陸。在尋根的過程中，發現許多不同的版本，其中較有根據的交集點是：一八六六年在台灣鹿港出生的辜顯榮，與一八五七年在馬來半島檳榔嶼出生的辜鴻銘，他們是堂兄弟，同屬曾祖父辜禮歡。

據記載，辜禮歡在一七八六年英國占領馬來半島之前，已定居這個熱帶南洋小島，並爲「當地最可敬的華人」，英國殖民者委他擔任地方居民的行政首腦——英屬馬來半島第一任甲必丹（Captain）。他育有八男三女，八個兒子中，辜安平、辜國材和辜龍池三人最有成就。

辜安平從小送回國內讀書，參加科考中了進士，曾在林則徐手下做官，後來調職台灣，從此定居台灣。他應是辜顯榮祖父，惠安這一支辜家族系移居台灣的第一代。

辜國材和辜龍池，繼承辜禮歡的事業，在政治上與英國殖民者保持合作關係。辜龍池在吉打州政府任職，他的兒子辜紫雲，就是辜鴻銘的父親，因不喜歡從政，幫助英國商人福布斯・布朗（Forbes Brown）經營檳榔嶼的「牛汝莪」橡膠園，他勤勉忠厚，深受布朗的信任和器重，成爲密友。

辜鴻銘是辜紫雲次子，英文名字叫湯生（Thomson），他的超凡語言天賦、超強記憶力，和與眾不同的性格，深獲布朗的喜愛，收爲義子。一八六九年前後，布朗夫婦將橡膠園交給辜紫雲代爲經營，帶著十三歲小湯生返回蘇格蘭老家，有計畫用心培養這個中國男孩，成爲精通多國語文和文、史、哲的學者。

享譽文化學術界的辜鴻銘，曾於一九二四年應堂弟辜顯榮的邀請，來台灣講學。

送了一張照片給「耀星宗弟」，耀星是辜顯榮的號。

根據《桃源儒林辜氏宗譜源流序》記載：

我家辜氏，原自商，姓子氏，由帝乙之弟王子比干為紂少師，以忠諫而被剖心。夫人陳氏懷孕三月，恐禍及身，逃於牧之野長林石室中，生子名泉，字長思，遂以林為姓。

另查對《閩林開族千年譜》，對於這一段歷史作了補充：

比干遇難，正妃陳氏甫孕三月，避於牧野長林石室，產一男，取名泉。迨武王伐紂後褒封比干墓，徵其嗣，賜姓林，賜名堅，字長恩。

從這兩段記述，說明了辜氏家族原姓林。

辜氏家族什麼時候開始，由林改姓辜。

辜氏宗譜記載：

> 唐太宗貞觀八年（公元六三四年），林正公，字達中，登進士第，授江西觀察使，除苛政，便民利，民愛之如父母。失於朝官參劾之牢，在獄中，民保留之不得隨，入京師叩闈保留之，太宗遂開釋之，知其為賢，且嘉其有辛苦之德，於是以上古下辛兩字，合為一義賜姓辜。

林正公改姓辜，是爲辜氏始祖，距今約一千三百六十多年。

辜振甫說，《辜氏宗譜源流序》，是清乾隆丙戌年（一七六六年），由十四世孫有聲所撰，到了清道光二十年庚子年（一八四〇年），由十五世孫朝鶴謄錄，是很早、很老的版本。

一九九三年四月的「辜汪會談」，一九九八年十月的「辜汪會晤」，辜振甫名聲響遍中國大陸，也掀起民間研究辜氏家族的興趣，紛紛推出辜氏族譜。福建省報刊，還爲辜振甫的祖籍是「永春」還是「惠安」，引起討論。主張「惠安」的辜炯成，於一九九三年六月，寫信給台泥董事長辜振甫求證，答案是：「祖籍惠安。」

辜家定居鹿港，是在二百多年前或是更早，似乎還有待進一步的考證。但是，在台灣近代史中，許多人對這個家族的崛起、興旺，充滿高度好奇，因此傳說也多而紛歧；不同的時空、不同的出發點、不同的角度，對同一事件的評價，往往產生不同甚至兩極的差距。

引領日軍　奉命行事

辜顯榮引領日軍入台北城事件，就是一個實例。

這個事件發生在一百零九年以前。

一八九五年（清光緒二十一年），清廷與日本簽訂馬關條約，台灣、澎湖割讓給日本。

台南詩人連橫（號雅堂），在《台灣通史》中描述當時的情景：「聞信之日，紳民憤恨，哭聲震天。」一些居民湧到巡撫衙門，鳴鼓罷市，要求廢止條約，死守台灣。

台灣巡撫唐景崧向北京報告民情，苦無答覆；要求援軍，也沒回音。

《台灣三百年史》記載：「臺灣紳士丘逢甲，創議自主，臺人舉巡撫唐景崧爲總統，守臺北，劉永福仍爲幫辦大臣，守臺南。丘逢甲爲義軍大將軍守臺中，楊岐珍則內渡。定年號爲『永清』，製藍地黃虎國旗，刻台灣民主國章（初名寶，唐景崧改爲章）於陰曆五月初二日，臺灣民主國成立，『大總統』唐景崧發表宣言。」

「台灣民主國」於一八九五年五月二十五日（農曆五月初二）成立，僅僅維持了一百五十天（一說一百四十八天），在十月二十一日（農曆九月初四）宣告滅亡。

當台灣知識分子忙著保衛桑梓，成立「台灣民主國」時，日本近衛師團長陸軍中將北白川宮能久親王率領的近衛師團（禁衛軍），已在琉球中城灣，與日本所派台灣總督樺山資紀會合，二十九日到達台灣基隆海外。

連橫《台灣通史》卷四〈獨立紀〉，對這一段史實，有很詳細記述：

> 十三日，日軍以一大隊迫獅球嶺，臺人請景崧駐八堵，為死守計，不從。營官李文魁馳入撫署，大呼曰：「獅球嶺亡在旦夕，非大帥督戰，諸將不用命。」景崧見其來，悚然立，舉案上令架擲地曰：「軍令俱在，好自為之。」文魁側其首以拾，則景崧已不見矣。景崧既入，攜巡撫印，奔滬尾，乘德商輪船逃；將出口，砲臺開砲擊之，適德兵艦泊附近，以其擊己船也，亦開砲擊。

連橫描述當時台北情景：「當是時潰兵四出，劫藩庫，焚撫署，土匪亦乘發，鬥死者五百餘人，哭聲滿巷，如是兩晝夜。」

關於辜顯榮單獨前往基隆，商請日本總督定亂，《台灣通史》記載：「林維源、林朝棟、邱（丘）逢甲相率去，艋舺紳士李秉鈞、吳聯元、陳舜臣等議彈壓，而無力可制。往商大稻埕李春生，請赴日軍求鎮撫，無敢往者。鹿港辜顯榮在臺北，見事急，自赴基隆，謁總督，請定亂，許之，日兵遂進。十八日，能久親王至。二十一日，總督樺山資紀亦至，遂開府於此，以理軍民之政。」

日後，辜顯榮向親朋戚友口述當時的情景：

當日，以李春生為首的台北士紳，聚議控制失序時，達成三點結論：

一、煙台換約後，清廷以李經芳為委員，至台灣授受，不敢登陸，與日督會於基隆富貴角舟次，立約曰：「台灣全島及澎湖列島各通商口在府、廳、縣之城壘，軍庫及官業，概讓日本。」清廷割台，官員出逃，潰兵四出而亂生，我等百姓豈可坐視，怎奈無公權之力，無策可制。

二、此次日軍壓境，度非企圖侵占而為依約接收而來，今天清廷既已棄台而置人民於不顧，擅將主權交予日本，然則日軍應負維持治安之責。

三、只有推派代表冒險赴基隆請求日軍鎮撫一途。

辜顯榮說，「因爲沒有人願意前往，我單身前去基隆，途中遇美籍記者戴比遜

（Davidson），和德籍記者何禮（Holy），經外國記者向日軍說明台北亂象不可終日及士紳無力可制情形後，日軍始釋視本人爲間諜之嫌。」

「台灣總督府」記述：「看到台北有如活地獄般的混亂，士紳們決定派遣商人辜顯榮迎接日軍進城。七日，日軍終於兵不血刃地進入台北城。」

一八九五年六月七日清晨，日軍到達北門城下（現在的台北市北門），老婦人陳法與她的兒子，冒著城內槍彈的危險，快手快腳登上城牆，放下梯子，日軍於是進城。

漢奸云云　有失公允

國立台灣大學歷史系教授黃富三接受記者訪問時口述：辜顯榮迎接日本人是否背叛台灣人民的行爲，若以歷史的角度來看，容或有商榷的餘地。在清廷將台灣割讓，日本軍登陸基隆時，台北已陷入一片混亂的狀態，士兵毫無紀律，台灣巡撫早已逃跑，無人能夠控制整個情勢。開城門迎日軍，其實是當時台北士紳一致的意見，辜顯榮只是奉命行事，因此，不能將此事全部怪罪於他；事實上，他在當時是冒生命危險做了一件無人敢做的事。

黃富三說，我們不能簡單地以辜顯榮迎接日軍，就斷定他的角色。如要對他角色有所批判，應是在日本統治台灣後，辜顯榮是否曾有出賣台灣人的利益給日本人，與日本人合作、損害台灣人的利益，並以之換得他本人利益的行爲。他的角色非常微妙，是值得研究的。

台灣省文獻會主任委員簡榮聰認爲，國人觀照一個社會背景的時候，觀照一個歷史事件，最好勿以現代的眼光評鑑過去。他引述史學家錢穆先生的一句話：「我們在評鑑某一事件時，最好以當時的歷史來觀照當代的事件，而勿以現代的景觀觀照當時事件。」

台灣作家葉榮鐘於一九七五年與友人談他所了解的辜顯榮時表示：如果僅以辜顯榮引日軍入台北城一事就罵他是漢奸，恐怕有失公允。他認爲，辜顯榮有其過人的膽子，因爲一路上有淸兵、民勇、日軍，誰能保證他不會在那一段路上被殺？他很激動提出一連串反問：「有權可割地的宰相李鴻章不是漢奸嗎？」

辜顯榮去世已六十七年，「迎接日軍」事件距今已一百零九年，穿過時光隧道，返回現場記實，林林總總，各異其是，在台灣近代史論述中，因主客觀因素，論說不一。歷史對辜顯榮這個人的評價如何，亦無定論，有待歷史學家深入研究，客觀評斷。

在民間，辜顯榮被認爲是傳奇人物。

一八六六年二月二日，辜顯榮在鹿港街菜市頭二〇四號舊宅誕生，第二年，父親辜琴去世，母親薛氏獨力肩負起教養辜忠、顯榮一對兒子的重任。

辜顯榮小時候很頑皮，好冒險，喜歡當頭領，有一次，他和一群孩童一起玩耍，墜入家門前的水井中，還好被一位路過的青年郭聯救了起來。

八歲，他隨清朝進士黃玉書修漢學、習書法。寫一手好字，自成一體。他立志從事實業。

二十一歲，他開始往返福州、上海等地，從事貿易。

辜顯榮去世以後，各界人士撰文追思，其中有不少提到辜顯榮在日據以前的事。很了解辜顯榮出身歷程的許梓桑，日據時代曾任基隆區街庄長事務所書記、基隆街助役等職，晚年鼓吹詩學，他在紀念文中指出：

他與辜顯榮相識是在日據時代之前的一八九一、二年間，這時候辜顯榮約二十六、七歲，以戎克船，載運砂糖、豆、黃麻……等，來往於鹿港、基隆間。一旦來到基隆，必到許家所開的店面，有時也在此過夜，對店員應對從不敢隨便。許母以識人的心得說出這樣的話：「辜這個人必然留名後世！」

辜在這個階段非常敬神，基隆的景安宮，是他一到基隆必然朝拜的場所，有時候也在宮內附設的書房打地舖。由於體型高大，夏日炎炎，不勝其苦，在煉瓦砌成的房間祇好舖蓆而臥。辜在迎接日軍前，曾先到景安宮求神問卜，始毅然成行。

從許梓桑的這段紀述，清廷割台以前的辜顯榮，是一個辛勤、樸實、敬神的商人。

不學日語　不改日姓

辜顯榮基於民族尊嚴的剛強性格，時常與日人不肖官員發生衝突，曾給自己帶來許多煩懣與委屈，甚至牢獄之災。他於一八九八年三月退隱家鄉，侍奉老母。

他終於恍然頓悟到做為殖民地的子民，做為一個在被祖國割讓土地上生活的「棄兒」，他必須想辦法去適應一個自己無法改變的情境，區隔內在與外在的情緒反應與作為，他內心強烈的民族意識，決定終身不學日語，不改日姓，謹記自己是台灣人，也是中國人。

一八九八年十一月民政長官後藤新平出示台灣藍圖：台灣實業計畫，言明將大興水利，改良農作物品種、整理地籍與戶籍，調查舊習慣以避免與人民衝突等；並堅定表示放棄掠奪式殖民地經管的決心。退隱家鄉的辜顯榮察覺果能如此，台灣的開發有望，於是接受勸請，決心復出，並作墾荒、灌溉、製鹽以及甘蔗、鳳梨、茶葉等耕作改良的先鋒。

台灣作家葉榮鐘在〈紀辜耀翁〉一文中，追憶他從少年時代就認識的辜顯榮：「他勸青年人要規矩著實，孝順父母，這幾乎是他對青年人的口頭禪。」

葉榮鐘舉出追隨這位鹿港鄉親前輩所見事例，證實「他老人家的膽略和機智的一斑。」說明「他的成功並非偶然的。不解日語，不識日文的他，能夠和日本的高官豪商分庭抗禮，而且能夠獲得日人的愛護和崇敬，想必定也是憑著這一份膽略與機智而得來的。」

他形容辜顯榮是「舊式的英雄豪傑」，具有血緣關係、鄉土觀念、念舊情緒的屬性，「他所用的人員，十中八九，都和他有血緣的關係；他對於鹿港出身的人物，無論相識與不相識，都抱有三分的好意，所以台北的大和行，也自然而然地成為中部人士尤其鹿港人的招待所，常常有些鹿港人住宿著。他報答微時受過恩惠的人，可以說是無微不至的。不但在物質上有充分的酬報，就是在精神上，絲毫沒有富貴驕人的態度，執禮甚恭。」

葉榮鐘坦直表示，他對耀翁是否有明確的民族意識，固然不得而知，但是「他對於台中中學（省立台中一中前身）的創設，曾經出過大力；對於《台灣青年雜誌》的創刊，也曾捐贈巨款。這兩件事在政治上是和他的立場相矛盾的，因為台中中學和《台灣青年雜誌》，都是總督府不喜歡存在的，但他卻不加理會」。

耀翁灌老 交情不渝

提到辜顯榮奉命創立「公益會」，對抗林獻堂領導的民族運動「台灣文化協會」，葉榮鐘認爲「僅是應付而已，並無絲毫熱意。」辜顯榮與林獻堂在政治上是站在相反的立場，「但他和灌老（林獻堂號）的交情，卻始終不渝。」

林獻堂於民國二十六年（昭和十二年，公元一九三七年）十二月九日，辜顯榮在日本東京逝世當天的日記記載：「辜顯榮氏本朝去世，享年七十二，八月二十七日余曾訪之於萬平飯店，不意是夜遂作最後之會，噫！人生無常真難逆料也。」由此可見他們兩人的交情。

葉榮鐘在這篇文章最後，提到對辜顯榮的體會：「耀翁一生雖然受著日人深厚的庇護，但他的內心深處，仍然是沸騰著民族的熱血，他對於日人的態度，與其說是敷衍，無寧說是一種交易較爲恰切，這中間只有利害並沒有情感。」

歷史人物在大眾心目中的是非功過，當代人以什麼標準看待前代人物，都很難獲得一致性的定評。辜顯榮這位歷史人物的評價，至今沒有定論；又因爲辜家被視爲是唯一走過台灣百年榮景、活躍新舊時代的台灣家族集團，往往成爲研究台灣近代史，或是對台灣過去五大家族（霧峰林家、板橋林家、高雄陳家、基隆顏家和鹿港辜家），與新時代的五大家族（依資產排名：國泰蔡家、和信辜家、台塑王家、新光吳家、遠東徐家）有興趣人士，探源評比的焦點。

鹿港辜家，從辜顯榮打下基業，經過辜振甫、辜濂松叔侄，辜啓允、辜成允兄弟，以至辜仲諒、辜仲瑩、辜仲立，這支枝堅葉茂的四代家族，歷經清領、日治、國民政府治台、中華民國播遷台灣，在接續的政權遞嬗中，在多變的時代氛圍中，代代承傳，不斷轉化、超越，繁盛不衰，被稱爲「台灣世紀豪門」之一。

第二章

有心報國 無辜冤獄

心靈的夢魘

一九四一年十二月八日，日本海空軍猛烈襲擊美國珍珠港，太平洋戰爭爆發。九日，美國對日宣戰。中華民國政府正式發布文告，向日本宣戰，與美、英同盟國並肩抗日。第二次世界大戰全面展開。

日本全國捲入戰時體制，一切以參戰爲優先，民眾意志高昂，信心飽滿。捨下五家公司董事長榮銜，「自我放逐」日本的辜振甫，面對挑起世界戰爭的日本，全國彌漫一股可怕的狂熱；強烈的民族主義，驅動人人趾高氣揚，充滿必勝的自傲。他冷靜地把他對日本的長期體認與觀察，以及他的人生抉擇，放在一個更寬廣的架構中，作了一次嚴肅的檢視。

一九四三年，英國、美國與中華民國簽訂平等新約，放棄在華特權。接著中、美、英發表開羅宣言，日本須歸還占領土地。辜振甫從各種跡象，意識到在這場戰爭中，日本必將走向敗亡的命運。而他到日本已快四年，在東京帝國大學的研究，已告一段落；投入實務界，體驗日本企業經營管理，也達到了某一程度，他決定返回台灣。

愛妻罹病　無藥慘死

一九四三年冬天，辜振甫揮別四年在日本的「自我放逐」，回到台北，身邊多了一位年輕妻子。

一九四四年，台灣全面處於戰時狀態，全島進入戰爭管制；台灣六家報紙遭停刊，嚴禁民眾收聽廣播短波，「志願兵」改爲徵兵制，役齡青年，都徵召入營；殖民政府更徹底推行皇民化運動，並強迫民間「獻」出黃金、鑽石，食物採分配制。

盟軍飛機展開轟炸，都市居民紛紛往鄉區疏散。

辜振甫和母親、妻子黃昭華女士，一起避難大溪，他經歷了一場人間罕見的悲慘與傷痛，烙下難忘的記憶。

他說，戰爭最後階段，台灣居民生活十分艱苦，物資缺乏，人心惶惶。大家各自逃難，求生活、求生存，誰也管不了誰，誰也照顧不了誰。

在戰亂中，在大轟炸中，在窮鄉僻壞的桃園縣大溪，黃昭華生病了，每天一早就瀉肚，懷疑是腸結核，但是找不到醫生診治，也買不到藥。醫生都被日本徵召去南洋當軍醫去了，藥無法進口，台灣當時沒有製藥的能力。

這種悽慘情景，很難想像。辜振甫說：「你眼睜睜地看著一個年輕的生命，是那麼無助地走向死亡。」他重複唸著：「很可憐！很可憐！我們結婚還不滿三年。」

黃昭華女士，於一九四五年五月六日去世，二十四歲。

更令人傷感的，是買不到一具可以讓這位少婦安息的棺木。

辜振甫上山去，揀來一堆木材和樹枝，倚著山邊舖架起來，他親自火化了愛妻的遺體，爲她揀骨，安置在靈罈裡供奉。他滿懷悲痛、不忍、無助和愧疚。這真是人間悲慘，戰爭犧牲了多少無辜的生命。

他問：有多少人經歷過這樣淒切的景況？

觸動塵封半個多世紀這一段生命中的痛，辜振甫依然激動，淚水盈眶。談話後那一整天，他的情緒久久無法平復。

黃昭華女士，一九二一年誕生於台南市，在黃家六姐妹中，排行第四。台南女子中學畢業以後，前往日本，就讀東京美術學校家政科，她的三位姐姐也都在這所學校修習油畫或時裝。

她的弟弟黃天橫說，黃家和辜家在上一代就相識，他的伯父黃欣與辜顯榮都是第一批總督府評議會評議員。四姊是由大姐夫林益謙介紹認識辜振甫。林益謙的父親林呈祿，是日治時代，唯一由台灣人辦的《台灣新民報》總編輯。兩人經過一段時間交往後訂婚，一九四二年五月五日在日本東京結婚。黃欣夫婦、林熊光夫婦、林熊徵、許丙夫婦，都參加了婚宴。

四姐原名菖華，嫁到辜家後改名昭華。她的身體原很不錯，回國以後，遇到激烈戰爭，每天躲避空襲，又得了腸病。那時候，大家生活都過得很苦，有錢買不到東西，米靠配給，要一個雞蛋都不可得。

黃天橫說，四姐去世不久，母親因傷心過度相繼去世。他記得當時在台南一樣買不到棺木，還是借用伯母預置的壽材，安葬了母親。

黃天橫在日本讀書時，有一段時間住在辜家，他說，姐姐和姐夫感情很好，可惜這段婚姻太短促，也沒有留下孩子。他稱讚辜振甫是一位有情有義的人，辜家三代都很尊重這段婚姻。五十多年來，每年黃昭華忌日，辜家人都會邀約黃家人聚會紀念。

辜先生說：我們兩家一直有往來。

辜振甫的兒女認爲，黃家舅舅、舅媽、阿姨都是讀書人，斯文、有文學氣質，是很可愛的一家人，我們兩家相處得很好。他們很感謝他們的母親嚴倬雲女士，很用心、很費心安排每一次兩家的紀念聚會，數十年如一。

黃昭華女士去世三個多月，一九四五年八月十四日，日本宣布無條件投降，十月二十五日，台灣脫離了五十年殖民地統治，回歸祖國。第二年三月，辜振甫卻在國民政府接收政權後五個月，因「莫須有」罪名，被捕入獄。從日本回國，短短兩年，一路平順的辜振甫，經歷了一場人生最大的心靈夢魘。

提議廢止保甲連坐

日本投降消息於一九四五年八月十日傍晚，由東京傳送英語廣播到中華民國陪都——重慶，隨著電波立即傳遍全國，處處響起沸騰的歡聲。但是，台灣島上民眾遲了六天才確定這則喜訊的真實性。八月十五日廣播的「玉音放送」中，昭和天皇首次播音，他無力的語調，加上空中雜音的干擾，聽不清楚。儘管如此，日本戰敗的消息仍然在默默中傳遍全台灣各角落。八月十六日，台灣人民終於讀到報紙「號外」，由於懼怕警察，不敢大聲歡呼。

台灣總督安藤利吉也在十六日，透過廣播，要求民眾不要輕舉妄動，靜待善後措施。

戰爭結束了，被日本帝國統治了五十年的台灣，要回歸祖國了。一般民眾對這個素未謀面、完全陌生的「祖國」，充滿矛盾；期待的喜悅與對未來的不安，在許多人的內心交戰。

辜振甫對這場戰爭的結束，一點也不意外，兩年前，他離開日本時，已預料「日本會輸」。他在重慶廣播中得知台灣快光復了，心裡非常高興，那時候大家共同的感覺是：「我們回到了祖國懷抱。」

台灣光復了，部分日本軍人極度不安，以爲台灣會動亂而胡思妄動，辜振甫說：「也因此才引起我的災獄。」

辜振甫從日本回台灣後，台灣總督長谷川清聘他擔任台灣總督府評議會評議員。日本政府爲了因應台灣民間要求設立台灣議會運動，和安撫台灣民眾對施政的不滿，一九二一年六月一日台灣總督府公布評議會員官制，設置官選的「台灣總督府評議會」，會長由總督擔任，副會長由總務長官擔任。「會員是由總督從台灣總督府內部的高等官中，以及在台灣居住而有學識經驗者中選賢任命」，「總督認爲必要的時候，雖在任期中也得以解除任用」。在這種規劃下組成的評議會，評議員包括官吏七名，在台日本人九名，台灣人九名，共二十五名。一九三〇年，增加爲四十名。

第一屆評議會於一九二一年六月十一日舉行。最初被任命爲評議員的台灣人士：林熊徵（台北市）、顏雲年（基隆街）、李延禧（台北市）、簡阿牛（新竹州）、辜顯榮（台中市）、林獻堂（台中州）、許廷光（台南市）、黃欣（台南市）、藍高川（高雄州）等九人。

被視爲台灣總督府最高諮詢機構的評議會，初期只是隸屬台灣總督監督，是被總督監督，而不是監督總督的機構，一直到一九三〇年，才將「建議權」賦與評議員。

辜振甫於一九四四年擔任總督府評議員，才二十七歲，是評議員中最年輕，與他的父親辜顯榮出任評議員時相差二十三歲。在殖民年代，辜顯榮是第一屆評議員，辜振甫是最後一屆。他曾在評議會中提出廢止保甲制度。

保甲制度，是以十戶為一甲，十甲為一保。根據明治三十一年律令第二一號「保甲條例」第二條規定：「保及甲的人民有各連坐的責任，連坐者並得以科處罰金。」日本為掌控台灣治安環境，兒玉源太郎、後藤新平執政時期，沿用清廷一七三三年在台灣施行的保甲法，這個惡名昭彰的制度，一直被使用到總督府即將末日之時。

辜振甫說，他提出廢止保甲制度時，太平洋戰爭已啓，日本為了收攬人心，集中力量，開始放鬆殖民地政策，但為時已晚。於一九四五年六月十七日廢止，兩個月後，日本投降，台灣光復。

防患未然　招來冤獄

從日本宣布無條件投降，到國民政府接收台灣，中間有兩個月真空期。

有一天，辜振甫回憶：台灣軍司令部兩名中校參謀中宮悟郎、牧澤義夫來訪，表示在中國軍隊還沒有來到台灣接收前，台灣可能發生動亂，因為日方已失去統治之權，治安會有問題。他們探詢是不是有組織治安維持會的必要。

辜振甫告訴他們，台灣光復了，大家都興高采烈，一心一意期盼國軍早點來到，高興都來不及，怎麼可能會亂。

他們還出示一份「台灣治安維持會」委員的建議名單，主任委員是林獻堂，委員有：楊肇嘉、羅萬俥、許丙、陳炘、辜振甫等，都是台籍的代表性人物，大部分是貴族院議員或總督府評議會評議員。辜振甫一看這份名單，心中了然，日本軍人別有用心。他敷衍過了兩名日軍參謀，決心阻止日本少壯軍人的妄動。

辜振甫立刻單獨去見參謀長諫山春樹中將，指出日本軍人這一行動，十分不妥，不應任其擴大，並建議告知台灣總督安藤利吉，曉以利害。

安藤總督立即在臨時辦公室召集了會議，地點在台北六張犁山邊，現在的台灣大學農學院附近，參加的有：貴族院議員許丙（台北）、簡朗山（桃園），林獻堂因住在台中霧峰，沒有到。總督府評議會評議員林熊祥、辜振甫等。

辜振甫說，安藤總督在會中表示，日本雖然投降，仍會維持過渡時期的地方安寧秩序。現有部分日本少壯軍人想藉維持台灣治安爲由，籌劃類似「武力運動」之流，一定要加以壓制，以免被誤會是在策劃「台灣自治」運動。

中宮悟郎、牧澤義夫這批日本軍人，的確別有所圖；尤其是牧澤義夫，出身情報部門，戰爭末期，他負責訓練原住民為游擊隊，準備美軍登陸時抗鬥。日本投降後，牧澤目標轉移參與策動成立自治組織。林獻堂、林熊祥、許丙和辜振甫等都是他們想利用的台籍有力人士。

據說，當情勢緊張時，安藤對在台灣的「皇軍」曾發布一項文告，其中有一段：「……此次猝逢遽變，諸子心中定有不能釋然者。但投降係天皇陛下之命令，任何人都要服從。諸子忠君報國，自另有其道，切勿輕舉妄動，貽患皇室。」

一九四五年八月二十日，林獻堂到總督府訪問安藤，提出三項關於台灣治安問題時，安藤用很堅定的口吻答覆：他在任中，對於治安維持，自應繼續如前負責為之。

種種跡象顯示，安藤有心維持治安，對部分軍人的「自治」計畫並不支持，並明白表示反對。他告知大家要努力穩定人心，也包括誡令日本軍人。安藤對許丙說，你是老大哥，希望把這些話，轉告地方人士，安撫人心。許丙答應了。

許丙邀集二十多位台北州議員、市議員，在他家裡（台北圓環附近）開會，他說，總督希望我們大家在地方上不要亂。他並要求出席安藤總督召開的會議中最年輕的辜振甫，代為轉述安藤的話，辜振甫照實重複一遍總督的說詞。沒想到，這一番重複轉述，招來一場「政治冤獄」，半個世紀以後，還被有心人士引用質疑。

辜振甫說：「本人挺身舉發，防患未然，竟然落得如此，這真是一件莫大冤枉的事，我覺得非常非常委屈。」

驚恐雀躍　心情兩極

一九四五年九月一日，國民政府公布「台灣省行政長官公署組織大綱」，任命陳儀上將爲台灣省行政長官兼警備總司令，在重慶設立臨時辦公處。

九月二十八日，爲了因應實際需要，台灣省行政長官公署和台灣警備總司令部設立聯合機構——前進指揮所，主任葛敬恩，副主任范誦堯。他們奉命編組，接收台灣，和建立台灣警備總司令部的部隊編制。

新聞界耆宿葉明勳先生回憶：

一九四五年十月五日，他以中央通訊社特派員身分，與前進指揮所人員，由重慶分乘五架美國軍機，經上海飛到台北。這是政府第一批來台的人員，共五十多人，包括葛敬恩、范誦堯及接管人員黃朝琴、李萬居、王民寧、蘇紹文、林忠等人，還有四位資深記者：《上海大公報》費彝民、《重慶大公報》李純青、《重慶中央日報》楊政和、《掃蕩報》謝爽秋。

他說，留給他印象最深刻的，是他們到達台北的第二天，十月六日清晨，在台北賓館（日據時代總督官邸）舉行升旗典禮，中華民國青天白日滿地紅國旗，第一次在台灣天空飄揚。「台灣同胞聞訊，扶老攜幼，爭相瞻仰，有的熱淚縱橫，有的感激涕零。」五十六年前的這幅畫面，一直深深刻印在葉先生的腦海中。

十月十日，是台灣開闢以來第一次慶祝雙十節，各地紛紛舉辦慶典活動。台灣文獻委員會出版的《台灣史話》，記述了在台北市舉行的台灣省慶祝雙十國慶的場景：「到了國慶日的初十早晨八時，就有無數的民眾簇擁到會場的臺北公會堂（現在的中山堂），預定時間的十時一刻，已擠得滿滿的，情緒熱烈空前，當各地代表演說時，聽眾多數被感動得唏噓流淚……。」

這一天，台灣同胞把五十年來的委屈，盡情洩放。

十月十七日，行政長官公署官員、台灣警備總司令部人員、國軍第七十軍，分乘四十多艘美國運輸艦，抵達基隆。十八日，國軍進入台北市。

《台灣史話》生動描述台灣民眾迎接國軍的熱烈感人場面：「十月十六日，傳聞國軍抵達基隆，民眾爭先恐後，均以先睹祖國軍容為快，因而基隆碼頭人山人海。可是這一天裝載國軍的船艦終未入港，民眾等得望眼欲穿，有的甚至露宿碼頭以待。第二天，首批國軍乘坐美國運輸艦，在盟軍飛機掩護下，浩浩蕩蕩，開入基隆港，這是陳軍長孔達所部的陸軍第七十軍，當軍隊開始登陸，民眾喜極淚下，舉手高呼，其聲震動天地。是日下午，這批將士分乘火車抵達臺北火車站時，一樣地也是人潮洶湧，當這千百貔貅離開臺北火車站，開始前進，三十萬市民夾道歡呼，處處都是感人的場面……。」

十月二十四日，台灣行政長官陳儀與軍政首長，由上海飛抵台北。

一九四五年十月二十五日上午十時，在台北市公會堂，舉行中國戰區台澎區受降典禮，陳儀代表中國戰區最高統帥受降。日方投降代表台灣總督兼第十方面軍司令官安藤利吉，這位日本陸軍大將，經常佩在左腰象徵優越身分的長長軍刀，這一天不見了。他簽署降書，從陳儀手中接受台灣行政長官發布的有關投降事宜的「第一號命令」，並簽具「受領證」表示：當遵照執行，並立即轉達所屬及政治軍事機關及部隊之各級官長士兵遵照。對於本命令及以後之一切命令、規定或指示，本官及所屬與所代表之各機關部隊之全體官兵，均負有完全執行之責任。

台灣總督對台灣的統治，畫下了句點。

陳儀透過廣播，發表簡短聲明：

從今天開始，台灣正式地再度成為中國的領土，所有的土地與人民都在中華民國國民政府的主權之下。

慶祝台灣光復大會，也在這一天舉行，由林獻堂主持。台灣人民可以自由、高聲歡呼了！

遵照蔣中正先生的「以德報怨」，禁止對日本人施以報復。陳儀任命安藤利吉爲「台灣地區日本官兵善後聯絡部」部長，負責處理遣送日本軍人、官吏、僑民的事務。

一九四五年十二月二十五日，開始遣送日本人。第二年四月十三日，遣送工作告一段落，「台灣地區日本官兵善後聯絡部」隨著解散。

一九四六年四月十三日，安藤利吉、諫山春樹等軍幹部，都以戰犯的罪名被捕，十五日專機送往上海，將予起訴。

安藤利吉，是第十九任台灣總督，也是最後一任，雖然任期很短，但是，他從一九四二年四月擔任台灣軍司令官，就掌握軍事權。一九四四年九月，台灣軍擴充爲第十方面軍時，他成爲司令官，三個月後，接任台灣總督。

這位台灣末代總督，於一九四六年四月二十日，在上海華德路監獄，吞服預藏的氰酸鉀自殺身亡。六十二歲。

辜振甫說，安藤利吉在完成遣送任務後，選擇自殺結束他的一生。

一九四五、一九四六年，對台灣民眾來說，是驚恐的年代，也是雀躍的年代。

辜振甫卻在這兩個年代，備嘗喪妻之痛、冤獄之災，承受了人生從未有的沉重創傷。

牢獄之災的禍福

一九九三年五月十日，辜振甫以財團法人海峽交流基金會董事長身分，應邀列席立法院內政外交委員會聯席會議，說明「辜汪會談」經過。

這是辜振甫數十年政商生涯中，第一次站上國會舞台，也是感受最複雜的一天。

「辜汪會談」，於一九九三年四月二十七日到二十九日，在新加坡舉行，三天國內外矚目的會議中，海基會董事長辜振甫、大陸「海峽兩岸關係協會」會長汪道涵，共同簽署了四項協議，建立了兩岸制度化溝通和協商管道，爲海峽兩岸交流歷史，寫下重要的一頁。

國會殿堂　不平之怒

四月三十日，辜振甫風塵僕僕率領代表團回到台北。十天後，這位財團法人的董事長，在立法院政治壓力的推移下，不得不應邀走上議會殿堂，面對立法委員，答覆不同黨派、立場的各種問題。

突然，民進黨委員陳水扁跳脫議題，質問辜振甫是否曾主張「台灣獨立」，遭到國民黨政府逮捕入獄。

辜振甫坦然回答，他確曾被戰犯法庭以「共同陰謀竊據國土」罪，判刑二年六個月，實際在牢獄中一年六個月。

這一「問」，挑起了五十多年來辜振甫不輕言的「政治冤獄」沉重往事，觸動了他深藏內心的痛楚與委屈。他激動了，他問：「因爲『莫須有』的罪名，遭到判刑坐牢可恥嗎？我隻身舉發防範部分日本軍人的妄動於未然是叛國嗎？政府沒有替我平反，我已經很不平了。」

他的不平之鳴，引起許多人的共鳴。

在辜振甫的性格中，很少激動，更談不上動怒；他不大聲說話，從不說重話，更不說傷人感情的話。

媒體紛紛報導了這則新聞，熟悉辜老爲人處事的記者，似乎感受到辜振甫內心的「不平之怒」，他們這樣寫：

……辜振甫曾一度動怒，但他隨後克制住自己的情緒，甚至不願再深談這些已經接近半世紀，或更早以前的往事，但與會人士不難看出他當時激動的神情，他甚至脫口而出「政府沒有替我平反」的不滿言詞，他心中壓抑的情緒，在獲得短暫的疏散之後，很快地回復了平靜，畢竟他是歷經場面的沙場老將。……

……辜振甫以極為客氣與誠摯的態度，逐一答覆朝野立委的質詢，並全程接受委員的詢答，但在進行過程中，仍不難看出他隱忍情緒的自我壓抑，這或是辜振甫務實性情的表現。

常與辜振甫一起出席各種會議的政府官員、工商界人士表示，辜董事長在任何場合，應對得當，尤其處理國際事務，充滿智慧、機智，誠懇平易，以理服人。大家對他因受委屈而動怒，認爲可以理解。

相對五年後，第一次跨過海峽，進行「辜汪會晤」回國，第二次列席立法院，卻受到朝野委員獻花、讚佩、肯定，辜振甫內心有著截然不同的感受。他長期爲推動兩岸交流，維繫關係和緩發展，以及積極尋求重建雙方溝通的努力，獲得正面、善意的回應。

光復初期　上海來去

打開塵封半個多世紀前的「歷史場景」，穿過時光隧道，辜振甫憶述：

一九四五年八月十四日，日本投降。

台灣民眾滿懷期盼，回歸祖國。

八月三十一日，林獻堂與許丙、林熊祥、辜振甫等人，坐飛機前往上海，歡迎台灣省行政長官陳儀等。

辜振甫說：我們於九月十日拜會何應欽將軍，代表全島六百萬人，表達歡迎之意，並陳述台灣的時況。當時接待他們的，有何將軍的副官王民寧，後來曾任台灣省警務處長，一九五四年由國民黨提名競選台北市省轄市時代第二屆民選市長失敗，無黨無派獨立參選人高玉樹當選。

《林獻堂先生年譜》，記述了這個台灣第一個「致敬團」，在中國的活動。對林獻堂日記中，被外界誤解部分，編註者以「按語」方式，作了說明。其中有關蔣中正委員長，指名六位台籍人士參加在南京舉行的日本受降典禮，他們缺席的事，也加以註明。

《年譜》中，刊載林獻堂一九四五年八月三十日至九月十三日的日記：

△八月三十日，先生日記謂猶龍歸家，牧澤少佐（按：即臺灣軍高級參謀）與之同來，勸余往南京歡迎臺灣省行政長官陳儀等，義不容辭慨然許之。是日下午四時廿分與猶龍、牧澤少佐乘汽車出發至新竹，汽車拋錨停滯三小時，至翌晨四時抵臺北。

△八月卅一日，上午偕許丙、林熊祥、辜振甫等往軍司令部會諫山參謀長商量數十分鐘，然後決定於下午一時乘飛機赴上海，同行者有重永海軍少將、岡田海軍中佐、須田農商局長。

△九月一日，在上海會晤李澤一，探詢陳儀長官消息，李謂現尚無法取得聯絡，擬託蔣伯誠將軍之秘書長黃伯樵代爲聯絡。

謹按：先生此行論者有以先生之行動均受日本軍部亦即降虜之指使為病，此誠無視臺灣之歷史與特殊環境，而以勝利者身分所發不根之談，殊欠公允。

蓋斯時日本雖已投降，但臺灣之政權仍操在日人之手，不但一切交通通信之機關臺人無法過問，社會上之秩序依然由日本警察維持，我國雖已勝利，但臺人之立場仍無實質的變化，國府官兵尚無一人涖臺，臺人實未嘗到勝利者之實感，一面人心惶惑不安，流氓地痞滋事生非，治安鬆懈亂狀漸萌，處此惡劣之環境下設使論者與先生易地而居，其行動未必便能較先生之所作所為者，更為合適也。

△九月六日，在上海接日本海軍司令部土岐參謀長之傳言，謂蔣委員長命何應欽將軍電命臺灣總督通知林獻堂、羅萬俥、林呈祿、陳炘、蔡培火、蘇維樑等六人到南京參加九月九日之受降典禮。

△九月八日偕辜振甫入南京往晤諫山參謀長，除蔡培火（由上海赴重慶之途中無法取得聯絡）外，羅萬俥等已先到，諫山言他將爲臺灣軍之代表參列典禮，君等無須參列云云，一行遂作罷。

謹按：此事嗣後先生等會晤何應欽將軍時始知被諫山所詐，蓋翌十日先生等與葛敬恩秘書長同訪何將軍於總司令部，將軍問先生曰昨日受降典禮何故不來參列，先生以諫山之言告之，何將軍甚為不悅。

△九月九日，由日本軍人梶原少佐導往空軍司令部會葛敬恩秘書長，關於臺灣之政治、經濟、言論、教育、法律及日人居住問題作毫無保留之洽談。由副官王民寧翻譯，頗能達意，前後暢談兩小時餘，先生此行乘飛機（尙屬初次）渡海峽，投向祖國懷抱，旬日來冒盡艱難僕僕於京滬間，至今日始獲機會得向國府大員傾吐四十年來鬱積於胸中之心事，頗引以爲慰。

△九月十三日，偕同陳炘、羅萬俥、林呈祿等一行七人由上海乘日本飛機歸臺。

西本願寺　失去自由

一九四五年十月二十五日，台灣光復。

一九四六年三月，台灣行政長官公署公布「台灣漢奸總檢舉規程」。

就在這一年這一個月的一天，一個好像便衣的年輕軍官，拿著林獻堂名片來看辜振甫，說是「林先生請你去敘一敘」。他穿便服，但隱約可見腰後佩有槍隻。「我覺得有點不尋常，林獻堂先生似乎不在台北，但是，如果老先生來了台北而要我去面談，不能不去。我沒有跟家人講，就跟年輕人走了。」

他沒有想到這是他失去自由的開始。

年輕人帶辜振甫來到台北西門町的「西本願寺」，並被引入地下室，發現簡朗山、許丙等人已在那裡，「我直覺已失去行動自由了。」

台灣「西本願寺」，位於今天西門圓環南方、中華路西側，光復初期，暫用作政治犯拘訊場所。在日本中古時代，本願寺勢力極大，原不分東西，德川家康不得不將本願寺分東本願寺和西本願寺，讓其相互牽制，以便控管。

被帶進西本願寺地下室的人，陸續增加，參加安藤利吉總督召集會議的台籍代表，幾乎都被「請」來了，包括許丙、陳炘、林熊祥、徐坤泉等。但是，被日本軍人列入「台灣治安維持會」名單而未參加「總督會議」的林獻堂、楊肇嘉、羅萬俥等，都倖免了。

林獻堂沒有被捲入這場「共同陰謀竊據國土」事件。日籍醫生兼作家吉田莊人在《從人物看台灣百年史》一書中指出：「林獻堂因爲與許丙、辜振甫等時相往來，因此也被列入逮捕名冊上。幸經台灣籍的國民黨要人丘念台向當局力陳林獻堂無辜，才得以洗刷漢奸的罪名。」

據分析，大概是因爲：一、安藤利吉召集會議時，林先生人在台中，沒有來台北參加；二、他年紀已大；三、日據時代，林獻堂在台籍地方人士中，德高望重，不能輕易碰他。

旁聽庭訊　夫人初見

被拘留的人都聚睡在地下室的地上。

五、六天後，開始訊問。

主持訊問的，是台灣警備總司令部調查室主任陳達元和嚴靈峯，「嚴靈峯負責問訊時間比較多、比較長。」

初期的審訊，毫無進展，主要是沒有任何具體證據。除了由許丙召集、在他家裡舉行的那一次轉達「安藤的話」會議之外，沒有任何其他會議的時間、地點、紀錄，也舉不出任何傳單之類的文件或證人。「馬拉松」式的審訊始終不得要領。

不久，他們被移拘到原日本軍參謀長諫山春樹的公館。這一房院位於現在交通部後面，鄰近原警備總司令部，警總是接收日據時代台灣軍總司令部的部址。

在這個「拘留所」，辜振甫等人分配在樓上，四周窗戶都用木板釘上，與外界隔離的天地，不再是大統艙式的混雜一起睡在地上了。「房間不小，可以走動，但仍禁止會見親友。」

辜振甫回憶那一段半年多的拘留審訊期，精神上當然有壓力，生活還算好，因爲戰爭後期日治台灣的生活非常艱苦，相較起來，還能忍受。

審訊的過程，免不了聲色俱厲，軟硬兼施；雖然沒有刑訊逼供，但精神飽受折磨。

台灣戰犯軍事法庭開了三、四次庭，辜振甫等，就整個事件的經過，一再詳實、坦白說明。

辜夫人嚴倬雲女士就是在庭訊中，第一次看到辜振甫。她是跟二舅林熊祥的兒女，也是她的表兄、表姊一起去旁聽。她說，庭訊的時候，法官問許丙任何問題，他都推給辜振甫，辜振甫一點也不生氣，很平靜、很有條理回答每一個問題，「我覺得這個年輕人很不錯，但是，印象並不很深刻。」

「莫須有」　判刑兩年半

一九四七年七月二十九日，台灣戰犯軍事法庭庭長梁恒昌，對涉嫌「台灣獨立」事件的辜振甫等人宣判，罪名是：「共同陰謀竊據國土」。

許丙、林熊祥各判處一年十個月徒刑。許丙因年紀大，關了幾個月就釋放了。

簡朗山、徐坤原，各處刑一年。

辜振甫二年六個月，是五人中判刑最重、刑期也最長。主要是因爲他在許丙家中舉行的會議中，宣讀安藤利吉轉告大家不要輕舉妄動，共同努力穩定人心，維持地方安寧的話，被列爲主謀。

陳炘於一九四六年三月二十一日，遭保安司令部拘留，一個月後，獲不起訴處分，最先被釋放。不幸在第二年「二二八」事件後失蹤，五十多年來不見下落。

他的長子陳盤谷，在一篇追念父親文章中，憶述當年情景：

當二月底不幸事件發生時，父親正罹患惡性瘧疾躺臥在床。

有一天，陳儀派部下前來傳喚父親。母親以病情惡化為由，極力阻止父親前去。但是父親卻說：「國家有事，我怎麼可以因私事而把公事置於腦後呢？」於是不顧母親的反對毅然答應前去和陳儀見面。

我陪著父親來到官廳，目送他走進長官室。大約過了三十分鐘後，父親滿臉笑容地走了出來。

回家後平安無事地過了幾天。到了三月十一日上午六點，門外突然出現一陣騷動。我立刻下床奔到客廳一看，已有四、五名警官站在那兒。其中之一為台北市警察局刑警隊長林致用。我正打算上前打招呼時，父親已在母親的陪伴下走進客廳。父親輕輕地拍拍我的肩膀，說道：「要聽媽媽的話。」然後就坐上吉普車走了。我作夢也沒有想到這是我最後一次見到父親，而且是永遠的訣別。

有關這段舊史，當時曾參與台灣接收工作的陳重光回憶說：

早在一九四六年二月間，即台灣光復不久，剛完成接收任務的「台灣警備總部」突然發出一份「戰犯逮捕令」，下令逮捕許丙、辜振甫、林熊祥、簡朗山、徐坤泉及陳炘等台灣著名仕紳，逮捕的罪嫌理由是，這批仕紳在日本投降前夕，曾與日本帝國殖民政府的少壯派軍官密謀聚會，陰謀搞台灣獨立運動。

由於陳炘等人是台灣當時的政經領袖，在他們遭到逮捕之後，立即引起台灣士紳的驚慌，地方各界人士紛紛聯名向政府當局請願，使得陳炘在查無實據的情況下，先獲得開釋。陳炘在獲得釋放後，並約集陳重光前往監獄探視林熊祥及辜振甫等人。當他們見到林、辜等人時，每人都是腳鐐手銬。陳重光當時即向軍法處長徐世賢請命，陳說這些並非江洋大盜，只是理想性高的讀書人，如此對待確實過分，最後在徐世賢下令後，才解除刑具。這些人在短暫服刑後，仍再度活躍於早期台灣的政商舞台。

五十多年過去了，辜振甫回想起來，仍認為這一判決，既欠根據，又無道理。在法庭，他曾要求法官舉證他曾跟那一個人提過「台灣獨立」，又有什麼事物或文件證明他從事「台灣獨立」的意圖或行為。

沒有任何人證，也沒有具體物證，判刑的理由是：如果你們沒有進行「台灣獨立」的企圖，安藤利吉總督何須召開會議，何須在會中要求大家不可輕舉妄動。加重辜振甫刑罰，是由反向思考，包括：爲什麼日本兩名中校參謀中宮悟郎、牧澤義夫，找你談籌組「治安維持會」的事。爲什麼安藤總督找你去開會？爲什麼許丙要你重述總督的話。因此，辜振甫責任難卸。「這種判決理由，很難令人接受。」主持審訊的，不是中華民國軍法庭，而是國際戰爭犯罪法庭，判決就此確定，有冤也無處訴。

在那個急遽轉變的不穩定年代，處處充滿猜疑與不信任，多少「莫須有」的罪名，造成多少不幸的「政治冤獄」。

辜振甫推析：這個案子，大概有人去送黑函，新政府又不能完全不管，調查審問結果，只有如下三項事實：

一是，日本少壯派軍人，確曾醞釀「台灣自治」（日本人嘴裡從不說「獨立」，而是用「自主」或「自治」），別有所圖的居心。

二是，安藤總督曾召開會議表示反對，希望大家把他的話，轉告地方。

三是，許丙依總督要求，在他家裡開會，總督先前談話的內容，原本是要許丙轉述，但他因爲辜振甫年紀最輕，所以指定辜振甫重述總督的話。

辜振甫說：我們可以理解，國民政府接管台灣初期，對於過去曾與日本較多接觸的台籍人士，難免在政治層面保持某種距離，這次被逮捕的幾個人，都曾任日據時代的貴族院議員或總督府評議員，判刑似有象徵儆戒的意味，也許想施展一陣下馬之威。「儘管我們覺得委屈、冤枉，但是，我內心很平靜。因為當我獲悉日本軍人妄動以後，鼓起勇氣，立刻通報日軍領導人，得以制壓國家亂源，我盡了匹夫之責。」

牢中讀書　成就良緣

從辜振甫提到當年他對新政府執政初期的政治考慮的理解，反映在他們聆聽宣判後的反應，據旁聽的人士描述：辜振甫、林熊祥神情自若，許丙向庭內親友行禮答謝他們的關懷。

辜振甫說：「我有勇氣，把責任擔了下來，沒有讓任何朋友受牽累。」判刑確定，他們被移送軍人監獄執行。這座囚禁罪犯的監牢，就是今天名人顯要經常交際聚會的台北市喜來登大飯店，今昔之比，令人唏噓。

兩個榻榻米大的牢房，辜振甫挨過十八個月一生中最黯淡的歲月。

服刑期間，一度因高燒不退，保釋出獄就醫，在台大醫院住了一個多月，主治醫師是高等學校高他一班的學長邱仕榮，後來成為著名婦科專家，曾任台大醫院院長。他對辜振甫的病很不樂觀，高燒四十度，十分嚴重，如果三五天還不退燒，就無法救治了。

住院第三天，他的朋友留日醫生張暮年到醫院看他，提起辜振甫有一年從東南亞回來時，曾患「阿米巴」，當時因藥物匱乏，只服了少量的藥，表面上病好了，事實上仍有細菌潛伏在體內，造成這次復發。病源找出來了，對症下藥，燒慢慢退了。治療期間，他多次進進出出醫院與牢獄之間。

「真是命不該絕，要是張大夫沒有來看我，也許我就走了。」這場病，讓辜振甫體會生命的無常，沖淡了憤激與不平。

牢獄之災，在人生過程中，一般都視為一場大難、大禍。辜振甫從另一角度審視降臨在他身上的災難，是禍、也是福。禍福原只隔一線間。

獄中的日子，還算好過，「我讀了許多書，也教年輕的受刑人讀書。」獲益最大的，是跟飽學多聞的林熊祥先生（清廷太傅陳寶琛女婿）談書，習作詩填詞。在患難共處中，林熊祥深層認識辜振甫，認為是一個非常有為的青年。出獄後，力促妹妹林慕蘭女士，玉成外甥女嚴倬雲與辜振甫這段美滿幸福婚姻。

全台暴亂　幸在獄中

一九四七年二月二十八日，台灣不幸發生「二二八」事件，留下一頁台灣歷史之痛，半個多世紀仍未平復。

曾任行政院「二二八事件研究小組」召集人的葉明勳，以一個身歷其境的人追述：

一九四七年二月二十七日晚上，專賣局緝私人員六人偕警員四人，至台北市延平北路查緝私煙，女販求情未許，民眾圍觀，群情激憤，混亂中開槍傷及路人，群眾擁至警局，要求懲兇。

第二天，二月二十八日，群眾聚集龍山寺、延平南路遊行，繼至專賣總局，又至分局，企圖搗毀。中午擁至行政長官公署（現在行政院）門口叫罵，警方開槍，驅散群眾，遺下木屐近百雙。下午繼續遊行，見外省人便打，台北幾成恐怖世界。復占奪公園廣播電台廣播，警備總部宣布戒嚴。

三月二日，暴亂逐漸蔓延全省各地，幾至不可收拾。

三月三日到七日，如進入暴風圈，暴亂不斷擴大。

根據二二八建碑碑文初稿陳述：三月八日，國軍抵台鎮壓，其間執行多因誤導，被捕判刑或遇害，所在多有，其最令人難抑於情者，則爲黨同伐異，任意株連，殃及無辜，沉冤莫辨。世之言此事者，無不引爲千古遺恨。

當台灣全省陷於暴亂，禁囚在監獄中的辜振甫卻是安全的。他說，很多人牽連其中，送了性命，和他一起被捕、先被釋放的陳炘，在「二二八」過後十多天，再度被拘捕，至今下落不明。他自己若不是關在獄中，縱使不在紛亂中遇害，在「二二八事件」後的懲戒中，他們這幾個早就沾上「台獨」之嫌的人，恐怕也難逃一劫。

對這個「事件」，他不多談。他相信歷史的真相與價值，不會因時空有所改變，這項工作，交由歷史學家去研究，還原真相，引爲殷鑑。

他期盼大家一起努力，撫平「二二八」這塊歷史創痕。

辜振甫深深了解重揭傷痕之痛。

恬靜的香港三年

一九四九年，辜振甫三十二歲。

他脫出了牢獄之災，辦了兩件大事：和嚴倬雲女士結婚，離開台灣到香港寓居。大家多以爲辜振甫轉往香港，是由於兩年多冤獄，心有不平，對當時台灣的政治氣氛不滿也不安，決定換個環境，舒緩壓力。

辜振甫承認對莫須有罪名，被判刑入獄，當然不平、不滿。「決定去香港，不是政治壓力，是想帶新婚妻子離開一陣子，去透透氣，也當做度蜜月；到新的環境，思考要向那一方向發展。」

另一股主要的動力，是長輩大老林柏壽，知道他的景況，邀他去香港舒散舒散。

林柏壽是台北板橋望族後裔，台灣光復時，他是林家最長一輩、唯一的一位，因排行第四，大家都尊稱他「林四爺」。滿淸割讓台灣，林本源家族不甘淪入異族的統治，經常離開台灣，前往大陸。

一八九五年，林柏壽在福建廈門出生，從小接受中國傳統教育，曾留學日本，在英國倫敦經濟學院完成大學教育，又到法國，研習法文。他一生以詩文自娛，酷愛收藏中國書畫古玩，喜歡平劇，本質上是一位傳統的中國讀書人。前半生，他常住上海、香港。

追隨四爺　接掌台泥

台灣回歸祖國，林柏壽也回歸他的故鄉。

政府實施耕者有其田政策，林柏壽全力支持，將祖先留下的良田，換取台泥、工礦、農林、台紙四大公司股票。一九五四年，台泥第一家正式移轉民營，他是股東之一，被推爲第一任台灣水泥公司董事長。台灣第一家電視公司成立，他擔任台灣電視公司董事長。

與林柏壽先生相交四十年的葉明勳先生說，林柏壽歷年所擔任的董事長，以台泥、台視、中華開發信託公司與改爲民營的中國國際商業銀行最爲繁重。他形容這位「雍雍大老」：是最懂得欣賞、享受生活藝術的人，深受儒家思想的薰陶，具有仁者的胸襟與積極精神，對國家、社會都抱持堅定不移的忠愛情操，他不屬於任何黨派，不參與任何政治活動。但是，他是台灣工商界領袖人物，擁有崇高社會地位。

一九八六年病逝香港，九十二歲。

辜家原來姓林，和板橋林家在日據時期就往來密切。台灣光復後，辜振甫與林熊祥被捕入獄，在獄中長時間相處，加深認識，彼此欣賞，還促成了辜振甫與嚴倬雲這段婚姻。添上一層親戚關係，更拉近了兩家情誼。

林柏壽是嚴倬雲母親林慕蘭、舅舅林熊徵、林熊祥的叔叔，嚴倬雲的外叔祖，她稱他四叔公。

辜振甫說，在香港那一段日子，林四爺很照顧他們一家人。回台灣以後，在台灣水泥公司，他追隨這位受人尊敬的第一任董事長長達二十年，由常務董事兼協理而總經理，一九七三年林柏壽退休，他接下台泥董事長棒子。「能連續相隨二十年，我想即使至親，也不過如此了。他是對我影響最大的人。」

從一個人處理瑣事的態度，可以看出他的爲人，辜振甫說：「林柏壽先生是一位正人君子，我從他那裡學到『謙沖致和，和爲貴』的處世態度，以及『在社會裡，能夠成爲大家所尊重的人，比什麼都還重要』的觀念。他很少說話，但是，經常一句話就可帶動大家。是一位很受人尊重、很有領導能力的長者。他曾任台視公司、中華開發信託公司、中國國際商業銀行董事長，在黯淡時期挑起擔子，對台灣的文化、經濟發展有很大貢獻。」

半個世紀來，辜振甫一路爲台泥打樁、奠基、茁壯，對台泥，他用心最多，用情最深；台泥，是他事業的起點，台泥，是他事業的根。他常說：「人不能忘本。」

寬厚待人　獲得回報

一九四九年，大陸局勢逆轉，南京、上海相繼淪於共軍之手，許多金融界大亨鉅子、平劇界名伶，紛紛避難香港。辜振甫計畫重振辜家在大陸的製茶事業，也告破滅。

製茶和輸出台灣茶葉，是辜家主要事業之一。辜顯榮去世後，辜振甫接下父親遺下的五家公司董事長重任，其中大裕茶行就是從事茶葉製造及經銷，在台北及蘇州設有製茶工廠，生產之後，輸往青島、威海衛等地，這個事業，從日據時代到台灣光復，一直持續不斷。

中共占據大陸，大裕茶行運往青島的一批茶葉全軍覆沒。辜家派在青島的經理陳清輝警覺情勢遽轉，獲知辜振甫已到香港，掌握時機，快速處理相關資產和存貨，並購買金條，利用粉絲出口機會，把金條暗藏在粉絲中，運輸到香港，送交辜家主人。辜振甫按照暗示的記號，按圖索驥，收到全數金條，這對寄居香港的辜家幫助不小。陳清輝留給辜振甫很深的印象和感念。

在那兵荒馬亂時期，人人自顧不暇，陳清輝的忠誠，很是難得，相對的，也顯示了辜家兩代平時待人誠信、寬厚。這種胸懷深植在辜振甫的事業中，衍生出「謙沖致和、開誠立信」辜家特有的企業精神。

香江蟄伏　公亮賣稿

報章、書刊描述辜振甫在香港的這一段日子，多用「是他一生中最黯淡的」、「以寫稿謀生」。辜振甫淡淡表示：沒有那麼嚴重。生活費用是台灣帶去的，那些金條也很有用。閒居無事，寫詩撰文，詩是舊體詩，文多是短文或小說，都是用筆名發表，公亮是其中之一。詩文多刊在香港《星島日報》。當時報紙稿費不算高，如果真要靠賣文養家，太不容易了。

這段時間的作品，彙集成冊的有：詩集《軥輈雜存》、《雨窗墨滴》、《浮雲》等，對於這些詩文，辜振甫一再謙稱「很不成熟」、「太幼稚見不得人」，其中多已散失。

儘管，大部分詩文在數度遷居中散失，深藏在辜振甫內心的文學摯愛，卻沒有隨著淡散，反而聚濃，年紀越大，越顯熾熱。八十歲以後，他在談話中，常常說：「如果人生能重新來過，我會選擇做個文學家。」「如果有來生，我不想再從事工商業。」他從小喜愛寫作、繪畫，家族事業的傳承，企業經營的責任，牽住了一生。「我這一生選擇的人生是選錯了！」

有人說，辜振甫對文學的真正興趣和才華，如在這方面發揮，說不定比企業更爲出色。

辜振甫對這樣假設性推理的反應，沒有任何掩飾表示，如果走文學這條路，應該會走得更舒坦。「我是這麼想，現在還是這麼想。」他形容自己是被「逼」走上商業之路。「現在我做的事，不是我最想做的事。」他吐露一絲惆悵與無奈。

一位成功、聞名國內外的企業家，坦直表明經營事業不是他想做的，有多少人肯相信。辜振甫覺察大家的疑惑，「也許人家不相信，至少不是我想做的事。」他特別加重「我」這個字。「人生還是能夠做自己想做的事，才有意思。現在已經沒有辦法了！」八十八歲了，他無法從頭來過，這是他晚年的感傷！是他豐富而內斂生命的告白！

詩人情懷　政商「甘草」

有一次，一位記者訪問他，引述一連串外界對他在經貿、外交等方面的成就讚譽之詞，他回答：「我不過是甘草而已。」接著他問：「你看我像商人？學者？還是政治人物？」

他的夫人嚴倬雲女士的話，也許是最好的答案：「他應該是學者、藝術家，而不是生意人。」

許多時候，許多場合，辜振甫真的很不像生意人，他注重氣氛，尤其是繪畫、寫作，「沒有氣氛我畫不出來，吟詠不出來，我不會無病呻吟。」

二〇〇〇年底，辜振甫在美國德州養病，對自己的健康，對兩岸的關係，憂心忡忡，感觸良多，提筆寫了「落葉三首」：

毿　毿①

雨霽荒園一畝餘　撐扶躡屐下前除
塘中何日見鵲影　牆角毿毿落葉初

沉　沉

中天懸滿月　遍地照離心
落葉隨閒步　風起夜沉沉

① 此詩在一九五三年出版的《台灣詩選》裡原作：
暮雨荒園一畝餘　披簑躡屐下前除
萬聲檐滴秋無限　牆角毿毿落葉初
二〇〇〇年在休士頓養病時，辜氏把它改了。

點點②

搖落金風勁　長林點點秋
成堆輕倏聚　作陣漫難收
峰出樵尋易　枝空鳥宿愁
每於飄動處　頓覺此生浮

相對於這三首毿毿落葉沉重感懷的詩作，年輕時代以夜總會場景隨興寫的充滿熱情、浪漫，辜振甫自稱的「打油詩」，在意境、心境上，都有很大落差，他用「好玩」形容半個多世紀前的這首「遊戲」之作：

② 此詩在一九五三年出版的《台灣詩選》裡原作：

落葉

搖落金風勁　長林滿點秋
影明原上杳　聲遞谷中憂
舞澗鶩鳧浴　投池散鯉游
成堆輕倏聚　作陣漫難收
峰出樵尋易　枝空鳥宿愁
每於飄動處　頓覺此生浮

二〇〇〇年辜氏把詩名改了，並刪掉四句。

喜臨門

脈脈靈犀一點通　喜臨門下倚東風
柳低綠鬢難為翠　桃近朱唇不敢紅
銀燭香檳春浪漫　金帘爵士夜朦朧
攜君起舞薔薇曲　花影重重月正中

談起詩，辜振甫的情緒也隨著轉變，緩緩走出「落葉三題」的愁思遠慮，拾起青春年代的回憶，他吟出記憶中的詩句：

垂　釣③

去市愁俄滅　臨磯意自平
漁歌深浦激　簑笠不知名

③　此詩辜氏後來改成這樣，送與嚴長壽：
去市愁俄滅　臨磯氣自平
漁歌浸浦溆　簑笠不知名

花信④

花信林園二月寒　胭脂蕩漾綠漫漫
東風不為吹愁起　反似西風刺肺肝

落花

草掩江樓日半斜　主人星散落天涯
群鳧似解傷春意　爭入青溝趁落花

劍潭山⑤

月出山樓雨半含　風林梧葉下毿毿
詩成彩管縱橫落　語雋瓊觴交錯酣
畏虎軍屯大庾北　聞雞人舞八閩南
欲尋當年投劍處　一片危墻寂古潭

④ 此詩在一九五三年出版的《台灣詩選》裡原作：
花信林園二月寒　胭脂蕩漾綠漫漫
東風不為吹愁起　還似西風刺肺肝

⑤ 此詩在一九五三年出版的《台灣詩選》裡原作「秋夜宴劍潭山」，二〇〇四年辜氏表示《台灣詩選》有所謬誤，應為「劍潭山」。現詩中「欲尋當年投劍處」一句，一九五三年印為「欲尋投劍當年處」。

台北橋⑥

帆收石埭鐵橋昏　水擁銀輪赴海門
樓閣凌空台北市　燈明散野鷺洲村
漁歌搖曳傳秋韻　鵲影孤零動客魂
便欲輕舟隨興去　半江落葉染青樽

這些詩作，都收入《蚼螉雜存》詩集中。

從新作回顧舊作，相隔四十多年，辜振甫不禁喟然：還是我們老祖宗留下的琴、棋、書、畫有韻味、富媚力。他喜歡舊體詩，他入迷平劇。

學戲唱戲　詩情畫意

香港三年，他引爲最大收穫的，是學戲、唱戲。

這是機緣，辜振甫與久違平劇的極佳機緣。

他到香港以後，平、津、京、滬等平劇活躍的城市，相繼捲入中國共產黨勢力

⑥ 此詩在一九五三年出版的《台灣詩選》裡原作「秋月台北橋」，二〇〇四年辜氏表示應為「台北橋」。

下，許多大陸平劇名角、名票，紛紛避居香港，辜振甫記得有：孟小冬、楊寶森、馬連良、張君秋、俞振飛、姜妙香、趙培鑫等。

從小，辜振甫就浸浴在平劇的環境，童年、青年，他觀賞了許多名角、名戲，深植下對平劇的濃烈喜愛。

有了閒暇，他把握機會，先後跟好幾位平劇界的宗師級名家學戲，其中給他影響最大的是孟小冬。他說，這段時間，他真的下了一些工夫。「唱戲對我來說，是人生的最大享受。」「以戲會友」，也成爲辜振甫事業與人生的一大主軸。

有人說，辜振甫的事業生涯表現亮麗，以票友身分，在舞台演出劇碼，也不遜色。這樣全方位的角色，如果不是絕響，至少也是空前。

辜振甫聽了，連聲說：不敢當。

香港留給他印象較深的，是公務機關的高行政效率，和一般民眾的守法精神。「那是一個法治的地區。」

比較香港和台灣，辜振甫有頗多感慨。同樣是炎黃之後，在香港、新加坡人人守法，而在台灣爲何會走樣？他從小就體會到，沒有守法精神的社會，沒有真正自由和民主；中國人能做到守法，就成功了。

辜振甫指出英國人占據時期的香港，以自由港號召，殖民政府以強勢的公權力和高度的行政效率，把香港提升爲遠東的經濟金融中心，其優點值得我們參考。

辜振甫以閒情、逸致、平常心、旁觀者的態勢，在香港度過一段怡澹、愉悅的生活；除了幫忙「四叔公」林柏壽處理一些商務，他寫文章、寫詩，他學戲、唱戲，他和無利害關係的好友，清談暢敘，或打打麻將，發揮他精湛的「牌技」。在英國統治下的香港，官方通用英文，民間普遍講廣東話。「廣東人和福州人一樣，同鄉見面一定講家鄉話，當年在香港不會廣東話，是混不下去的。」辜振甫不但精通英文，還學會本土味十足的廣東話。

兩個女兒懷群、懷箴相繼誕生，更增添這個三代同堂小家庭的溫馨和熱鬧。

表面上看起來，一切圓滿、順遂，對辜振甫來說，也許他很想過平靜、平凡的生活，可是他的背景、他的年齡、他的經歷，不容他平凡，不讓他平靜。他才三十五歲，人生的旅程還很長，下一站該在何處駐足？香港，原就只準備「客居」，三年，生疏之感依然，又發現中共方面透過各種關係，試圖拉攏，主客觀環境都不適合選作久居發展的地方。日本，是他熟悉的地方，但已離他很久很遠。加上母親思鄉心切，台灣親友聲聲催促，他反覆審思，決定回鄉——曾留給他許多快樂回憶和很深創痕的寶島台灣。

三年香港，是辜振甫八十多年辛勞生涯中難得的一小段「詩情畫境」，一九五二年他帶著一家人束裝回國，也把這一捆美好的情境，束置在記憶深處。

步離黯淡迎向絢爛

人生場景，總是不停地在轉換。

一九四九年，辜振甫被「迫」第一次「自我放逐」，去了香港，思考人生的發展方向；一九五二年，他被「迫」選擇回鄉，重新出發，這一去一回，都蘊含著「自我」以外的主觀和客觀環境因素。他不由自主地溶入了大時代的場景，扮演著他自認不全然由他選擇的人生戲碼和角色，半個世紀來，他立定方向，堅持理念，樹立獨特風格，創出辜家集團另一片新天地。

蔣公批示　振甫回台

一九五〇年代初期的香港，是國共雙方地下政治戰的前哨。在英國殖民政府中立的姿態下，國民政府和中共政權的各種層級官方人員，以各種不同的身分，滲入香港，展開活動。

辜顯榮、辜振甫父子兩代在台灣的經歷和影響力，中共深知有利用價值，透過各種關係試探，動作不斷。辜振甫警覺，「他們視我為政治人物，良知告訴我，不離開香港不行。」

在台灣的親友，不斷來信，催促他回去，其中最熱心、出力最多的是他的連襟葉明勳。湊巧的是，旅居香港的辜振甫的母親非常思念家鄉，在台北辜夫人的母親想念女兒，又關懷女婿，兩位老人家的殷殷之念，增添了歸去的意念。

回台灣，心裡是不是還有些顧慮？譬如會不會再發生類似「冤獄」情事。辜振甫回答：「我已經服過刑了，我們的政府也不會那麼不講理。」但是，他的親友並不放心，認為應該多做了解。

事實上，親友們的不放心，不是沒有道理的。

辜振甫留港三年中，台灣局勢隨著國民政府在大陸的節節敗退，發生了很大的變化。

歷史學家認為，一九四八年十一月，美國總統大選，杜魯門意外打敗杜威，是終止了國民政府期盼美國對華政策會有所轉圜的希望。也在這個時候，國軍最後一支部隊撤出東北，毛澤東花三年時間，終於征服了廣闊的東北，占領了大片華北平原。人民解放軍繼續向徐州、南京推進。

一九四九年一月十五日，華北重鎮天津失陷，二十一日蔣中正總統宣布「引退」，離開南京。六月，他的座艦悄悄駛入高雄港，二十五日飛到台北。

一九四九年十月一日，毛澤東在北平紫禁城城樓上，宣布建立「中華人民共和國」。

十二月八日，國民政府正式播遷台北。

一九五〇年三月，蔣中正總統復行視事。任命陳誠擔任行政院長，吳國楨出任台灣省主席。

一九五〇年六月以後，國民政府安全重點除了肅清匪諜，並轉回到「偵防涉嫌反國民黨及支持台獨運動」的人士身上，被視為「白色恐怖」。

奉岳母之命，不時寫信催辜振甫回國的葉明勳，是第一位派來台灣採訪光復新聞的中央通訊社特派員，一九五一年升任中華日報社長，黨政關係良好，他向台灣保安副司令彭孟緝（司令由台灣省政府主席吳國楨兼任）試探，彭孟緝說：「叫他回來，不要緊。」為了萬全，由葉明勳寫一專函給彭副司令，推薦辜振甫是一位優秀台灣省籍青年。

葉明勳回想這段往事，他說，彭孟緝拿了他的信去見蔣總統，蔣公親筆批示，准許辜振甫回台灣。有了這個批示，大家才安了心。

一九五二年冬天，辜振甫帶著母親、愛妻和兩個女兒懷群、懷箴，離開旅居三年的香港，重回他們台北淡水河畔的老家。

開墾鹽田　惠澤分霑

辜顯榮生前，對遺產的處理，有很特別的思考方式，兼顧親情與公平；每一個企業，均由五個兒子辜岳甫（已去世，由獨子辜濂松繼承）、辜振甫、辜偉甫、辜京生、辜寬敏，各占五分之一，共同經營，希望孩子們因此能常常相聚，互助合作，發揮團隊力量。

一九三七年十二月，辜顯榮去世，遺下五家公司，初期由最年長的辜振甫承接五家公司董事長職務，那時候，他才二十歲，大學一年級學生。大學畢業，他毅然把這些家族企業管理經營任務，交給辜偉甫，到日本深造。

辜顯榮對遺產處理的立意固然不錯，執行起來，卻有許多困難，尤其是每件事都要大家開會決定，在經營管理上很不方便，兄弟們商量後同意，將全部產業進行統合後，重新分配，打破每一企業均由五兄弟共同持分的經營方式。

辜振甫很安慰說，父親遺產重新分配過程，沒有什麼爭執，「我們辜家人還算明理。從此各自分道揚鑣，但還是維持傳統的兄弟友愛關係。」他分得的大部分是南部農地。

一九五三年政府推行「耕者有其田」，辜振甫支持、配合土地改革政策，將繼承的大片農地，換取實物土地債券和公營事業股票。這位台灣大地主，由農業經營轉向工商企業，他的智慧和遠見，在企業界累積起來的聲望，遠超過他的財富，且遠播國際，跨越政經領域。

在辜振甫眾多的個人事業中，他不投資都市的房地產，他說，「大概是受父親的影響。」辜顯榮講求自力開墾、自食其力，認爲經營都市房地產，是等待地價房價上漲獲利，是靠別人的本事賺錢，而不是靠自己的真本事。開墾，是將自己的力量植放下去，變荒地、海埔地爲有用的土地。這是辜顯榮深耕財富的原則、經營事業的精神。

辜顯榮他花了六年的時間，在鹿港故鄉海埔地，開闢出四百四十多甲鹽田。

曾任教鹿港國中數十年、深研鹿港歷史的葉大沛，在《鹿港發展史》中，詳細記述辜顯榮開創鹽田，以及鹽場生產設備情形：

一八九九年，辜顯榮在鹿港街西二公里外，首創開發鹽田，到一九一〇年，完成二百五十甲，其中六十多甲是貯水池。同時，與從事農業的施來合組鹿港製鹽公司，在鹽田南邊，繼續開發，一九一五年又完成一百九十多甲，先後共完成四百四十餘甲，鹽田淨面積約三百七十多甲，全部是瓦盤鹽田，使鹿港鹽場達到全盛時期，與布袋、北門、安平並稱爲「台灣四大鹽場」。

可惜，好景不常，採日曬法製鹽的鹿港鹽場，生產不順利。先是發現海水流入有漸次減少現象，接著溝渠和大蒸發池又有淡水湧出，造成滷水濃縮遲緩，雖然引進多種改良方法，都沒有顯著績效。因而產量銳減，成本提高，難與南部各鹽場競爭。

一九一八年，鹿港鹽場從貯水池開始，陸續大半改墾爲農田。

辜顯榮墾創鹿港鹽田、製鹽的模型，現在仍展列在他的故居——鹿港民俗文物館。

日據台灣以前，台鹽原採官賣制度。日本占據台灣初期，爲了收攬人心，廢官鹽制度，採民製、民運、民銷的懷柔政策，任由民間自由買賣，造成鹽價波動。民政長官後藤新平，有意採行食鹽專賣，但對這項決策還在猶豫的關鍵時刻，辜顯榮向他建言：

> 前清士紳如進士、舉人、秀才等，素具地方勢力。日據台以後，特權盡失，逸易思邪，如陷入困窮，容易鬧事，如給予食鹽配銷權，分霑惠澤，當有

禆益於維持治安。

一八九九年四月，兒玉源太郎總督公布「台灣食鹽專賣規則」，將食鹽改爲專賣品，採納辜顯榮的建議，將辜顯榮所掌握的地方經銷權，分給八十位地方士紳，並以他們爲基礎，成立官鹽賣捌組合（賣捌，是日語，同經銷；組合，同合作社），並設鹽務總館、鹽務支館及發賣店（零售商），辜顯榮被推舉擔任組合長。

台鹽專賣，規定民營鹽場生產的鹽，納官給價，再由台灣總督府專賣局按公價配售。

後藤新平對辜顯榮雍容大度，讓出食鹽經銷權與人分享，非常讚賞。在辜振甫主導的事業中，處處可見他父親的這種行事風格；他主張充分授權、建立制度，投資企業不一定要做董事長，他認爲，先助別人發達，自己才能發達。他領導中華民國工商協進會三十三年，竭力奉獻，廣獲肯定。他沒有私心，不爲自己利益打算，是工商界信任他、尊重他的主因。

一八九九年六月，「台灣鹽田規則」公布，獎勵民間開設鹽田，增加生產。一方面因應台灣島內的需要，一方面補充日本本土鹽產的缺乏，並滿足未來南進的要求。

辜顯榮就是在這個時候，投入開墾鹽田事業。

日據時代，台灣的鹽田，在台中縣梧棲以北，屬於辜家；以南屬於高雄陳仲和家。一直到二戰時，一起被日人歸併。

一九二六年八月，台灣總督府廢止「賣捌人」（經銷人）制度，指定辜顯榮為「食鹽運送人」，負責官鹽的運送業務。

辜顯榮經營鹽業的過程，備嘗興衰與榮萎。

墾荒製糖　甘苦備嘗

台灣糖業，在荷蘭占領年代，已名聞遐邇。清朝統治末期，年生產量三萬噸到五萬噸，大部分是黑糖，品質不均勻。日據兒玉、後藤時代，實施「台灣實業計畫」，對台灣糖業，推行兩項改良計畫，製糖工廠現代化和甘蔗耕作現代化。一九〇二年公布「台灣糖業獎勵規則」，對從事甘蔗耕作或砂糖製造的人，給予獎勵，包括補助金和免繳土地租金。

辜顯榮依照獎勵糖業的宗旨，在中部獨資設置台灣第一座日式小型糖廠「大澤糖廍」。一九一一年在彰化縣溪湖鎮創立新式糖廠「大和製糖會社」，糖業成為他終生的核心事業，也開啓了台灣成為世界第三位產糖國家之契機。

一九一四年，第一次世界大戰爆發，熟悉國際砂糖供需情形的辜顯榮，立刻大筆購進爪哇砂糖期貨，獲利高達當時一千五百萬日圓。

四年後，大戰結束，糖價一落千丈，盈餘十分之九成爲倒帳。

十九世紀初葉，辜顯榮的事業，除了開闢鹽田，經營糖廠，一九〇二年他同時開墾並灌溉二林和鹿港方面荒蕪地一千五百甲。一九二三年，向日人岡部子爵、一森彥助購得屏東地區開墾預定地三千七百甲，進行墾荒，成爲台灣大地主之一。

辜顯榮沒有高學歷，但很有開創、嘗試新事物的精神，對事業經營有遠見、魄力，肯冒險，能掌握機先。

辜振甫說：「製糖、製鹽、開墾，可以說是辜家致富的三大因素。」

他說，父親投入許多心血開創的製鹽、製糖等事業，最後都被日本人以「配合戰事需要」及「經營合理化」的名義，併隸日商。運輸業也多結束，父親事業日漸沒落。

辜顯榮遺留下來的產業，重分配後，辜振甫得到的大部分是農地，其中面積最大的，就是屏東開墾的三千多甲土地。誰也沒有想到，這大片先人墾荒所得的耕地，爲後代子孫鋪展出一條事業之路。

少老讚賞　展露才華

從香港初回台北，辜振甫沒有什麼家族企業可參與，他只好幫弟弟辜偉甫處理文書工作，受聘《中華日報》顧問。經由葉明勳的推介，認識行政院秘書長黃少谷，他們兩個人都酷愛平劇，尤其欣賞余派老生，在絲竹管弦交融中，辜振甫的才識，爲黃少谷讚賞，力薦給行政院長陳誠、經濟部長張茲闓，聘爲經濟部顧問，參與推動土地改革工作，配合政府實施「耕者有其田」政策，奠定了台灣由農業經濟轉型爲工業化的基礎。

認識黃少谷，又爲黃少谷讚賞，是辜振甫轉進人生的另一個場景；承諾以八個月時間，完成台泥轉型這項史無前例的工作，拉開了展露辜振甫才華的舞台。這一年，他三十七歲，站在人生跑道的另一個起點，迎向絢爛。

第三章

謙沖致和 開誠立信

兩岸姻緣一線牽

「千里姻緣一線牽」，是一句很古老的吉祥話，象徵吉兆、和合、祝頌，也含有期待、宿命、迷信的意味。

辜振甫、嚴倬雲的半個多世紀美滿婚姻，很特別；他們不是一見鍾情，也不是媒妁之言，是親情編織的紅線，牽動兩端的心。

嚴倬雲第一次看到辜振甫，是在法庭中。

辜振甫第一次見到嚴倬雲，是在「監牢」裡。

二舅力薦　辜嚴聯姻

一九四六年，嚴倬雲的大舅林熊徵去世，二舅林熊祥與辜振甫、許丙等人，涉嫌「共同陰謀竊據國土」被捕，她隨母親由上海來台灣奔喪、探親。

台灣戰犯軍事法庭審訊時，嚴倬雲和二舅的家人一起去旁聽。主審法官梁恒昌氣勢洶洶，國語又不標準，在接受審訊的諸人中，她發覺只有辜振甫能充分聽懂問話，有耐心地一件一件歷歷說明舉發並打消部分日本軍人陰謀的經過，從容不迫，毫無惱火，也不推諉責任。「他留給我的第一個印象：這個年輕人很不錯。」她立刻補充：「當時，我可一點兒也沒想到後來會嫁給他。」

辜振甫說，嚴倬雲到法庭旁聽，是關心她的舅舅，「她是去聽她的二舅答訊，不是聽我的。」她到監牢探望舅舅，「我才正式看到她。」事實上，辜家和板橋林家有幾代交情，「我們彼此知道，只是沒有正式見過面。」

出獄以後，林熊祥向妹妹林慕蘭「力薦」他非常賞識的獄中難友辜振甫，認為是一個優秀、有為的年輕人，與倬雲很相配。他說動了妹妹，卻引起外甥女強烈反彈。

談起五十多年前為反對這段婚姻，不惜跟母親爭吵、嘔氣的情景，嚴倬雲描述生動，笑聲連連：

「二舅很愛辜振甫，視他如子，一心想把我『推』給他。我是一點意思都沒有。」舅舅一再跟媽媽講辜振甫這個人怎麼好、怎麼好，媽媽全接受了，心也動了。

嚴倬雲一向順從母親，很聽話，唯獨對這件關係終身大事大大反對，她和媽媽爭論，還責怪二舅竟會介紹一個被懷疑搞「台獨」，又關過監牢的人。她更擔心兩個人的成長環境，受教育的背景，迥然不同，怎能溝通。

八年抗戰，嚴倬雲在中國大陸飽受轟炸、逃難和躲避日本軍人之苦。日本占領福州，她感受到日本軍人的蠻橫、粗暴，時常聽到中國婦女被日本軍人污辱的慘劇，潛意識裡深植對日本人的厭惡。

辜振甫在日據時代成長、受教育，她懷疑在這樣環境中陶冶、感染下的男人，會不會尊重女性，搞不好還會毆打太太呢？

嚴倬雲想得很多，理由也很充分，但是仍無法說服、軟化母親和二舅對辜振甫的好感。

林熊祥，這位「大媒人」，不忍心看妹妹與外甥女鬧得不愉快，他出面勸嚴倬雲，不要反對媽媽的好意，他說，他跟辜振甫在一起，觀察很仔細，確是一個非常好的青年，你先跟他見面，交往一段時間，如果還是不願意，我們也不會逼你非嫁不可。時代已經不一樣了。

二舅一席勸慰的話，她接受與辜振甫見面。

會面地點，是台北鐵路餐廳，在那個年代這家餐廳的西餐頗有名氣。一張四方餐桌，坐著四個人，林熊祥、嚴倬雲、辜振甫，和執業律師的二表姐夫顏春和。席間，辜振甫幾乎沒有說話，都是林熊祥在講話。

嚴倬雲在上海住過幾年，看到許多上海男人喜歡頭髮梳得油亮，對女性服侍備至，處處殷勤，嘴上更是「滴滴答答」說個沒完，她最怕遇到這樣的男士。辜振甫的沉靜、穩重，又留給她一個「很不錯的印象。」

晚餐後，二舅說：「你們兩個是不是出去走走、看看？」外甥女說：「好吧。」

這一對年輕朋友，交往六個月，嚴倬雲心中的疑懼，慢慢消散，她開始接受這個很不一樣的男朋友。

她說：「他帶我去的地方，都是看畫展、聽音樂，或是到高爾夫球場打球，這都是我所喜歡的。」她停了停說：「真是很奇怪。」

辜振甫也安排嚴倬雲與家人聚會，她記得是到辜偉甫家，「偉甫醉心文化，他的孩子喜歡音樂，家庭彌漫濃郁的文藝氣息。」她喜歡這種氣氛。

每一次約會，每一件事，都在加強嚴倬雲對辜振甫的欣賞、信心，也都在加深兩個人的感情，她終於承認：「他不是我原來想像中那種男人。他有內涵，中英文造詣都很深。」這個認同，隨著歲月日增肯定。

她不再跟媽媽爭執，她開始了解母親的堅持，是在關心女兒的終身幸福。母親的另一個舉動，讓她更深一層體會老人家的用心和愛。

她發現母親很認真請託親友，探聽辜振甫母親的性情與待人處世。個性爽朗、率直的嚴倬雲，覺得奇怪、困惑；母親受二舅的影響，對辜振甫完全信任，所以不去查他，卻百般設法要多了解他的母親。她不禁問：這有什麼用，「我要嫁的是辜振甫，又不是嫁給他的母親。」當時，她很不諒解。多年之後，回想起來，她充分了解母親的這份關切，體認母親在這方面的思慮非常重要，更歎服母親對婚姻與家庭的深厚認識。

辜振甫是獨子，也是孝子，與母親相依爲命。

千里姻緣　百年雙宿

談起婆婆，嚴倬雲一再重覆說：「我的婆婆非常好。」她和婆婆一起生活了二十七年，情同母女，婆婆去世多年，每次想起她老人家仍很思念、難過。辜老太太於一九七六年去世。

她最佩服婆婆的口德，身處複雜的大家庭，從不在人前人後論人是非長短，縱使在媳婦、孫輩面前，也不批評任何人。

辜懷箴還記得祖母用台語跟她說：「人家講的閒話，拿一張紙頭把它包起來丟掉。」表面上看起來這是一句稀鬆平常的話，事實上，是對語言是非的深切了解和智慧處理，唯有如此，才能放開心量，享受自在。

辜老太太的身教和無私的愛，深植兒孫心中。她燒的一手好菜，和蒸的年糕、包的粽子，仍縈繞在兒孫的腦海裡。

嚴倬雲的母親了解辜振甫母親的爲人以後，很放心地把女兒交給了辜家。

辜振甫、嚴倬雲，相識、相交六個月，訂婚了。

一九四九年十一月八日，結婚。

婚禮在台北市中山堂光復廳舉行，證婚人林獻堂先生，介紹人連震東先生。辜振甫說：「真正的媒人，當然是林熊祥先生。」

新婚夜，他寫了一首詩，許下「百年雙宿鳥」長長久久姻緣的信誓：

並肩攜手舉金觥
此夕聯歡天玉成
信誓百年雙宿鳥
彤樓華燭照三更

提起這段婚姻，辜振甫總是連聲說：「內人很難得，肯嫁給我，很不容易，那是我極不得志的時期。」

嚴倬雲說：「我在上海，他在台灣，做夢也夢不到會從上海飛來台灣，認識這樣一個男人，相交不到一年，嫁給了他。」她常常思索這段奇怪、巧妙的安排，在得不到具體答案時，她把這一切歸於老祖宗很智慧的一句話：「千里姻緣一線牽」，同時也印證算命先生的「鐵口」論斷。

鐵口直斷　不再算命

來台灣前的幾年，嚴倬雲寄居上海大舅媽盛關頤女士家裡，盛關頤是林熊徵的夫人，清末郵傳部尚書盛宣懷的女兒。她一邊在上海聖約翰大學唸書，一邊打工，「那是一段很艱苦的日子。」

大舅媽有一個侄女，「我叫她盛姐姐」，剛訂婚，未婚夫是空軍，在國外受訓，盛姐姐很關心這門婚事，邀嚴倬雲一起去算命。

叫「阿清」的算命先生，在上海灘很有名，只看手相。他「鐵口」直斷盛小姐的婚事不吉利，如果結婚，二十九歲會離婚。「盛姐姐哭了起來，我勸她不要哭，讓他算算我的命。」

二十三歲的嚴倬雲，梳著兩條辮子，不施脂粉，穿著她喜愛的藍布褂子，非常清純。

「阿清」看了看她的手相，對盛小姐說：「她的命比你好太多了。」過去五年壞運氣已到盡頭，接著就是一帆風順，一定會有非常好的歸宿。他還推斷，嚴倬雲不久會離開上海，到南方去。未來夫婿說他不屬政治界，卻與政治界有關係，說他是商人，也不全然是。婚後有兩個兒子，沒有說有幾個女兒。在命理裡，似乎也一樣重男輕女。

嚴倬雲聽了哈哈大笑，勸慰盛姐姐不要相信算命的話：「你想，我怎麼可能離開上海到南方去？」當時的處境和家庭因素，沒有任何跡象顯示她會去什麼地方，更別說南方。

有趣的是，「阿清」的話，似乎一一證驗。

盛姐姐結婚了，生一個兒子，二十九歲那年離了婚。

嚴倬雲不久離開上海，到了台北，嫁給一位跨越政經、國際事務的企業家；婚後生了二個兒子三個女兒，三代同堂，一家和樂。

縱使，嚴倬雲不迷信，但也無法完全否定「命理說」，她採取很明智的做法：「我不再算命。」

辜振甫對這段好姻緣的締結，認爲很自然，他說，板橋林家的女兒，嫁給福州嚴家；嚴家小姐嫁到辜家；辜家與林家有幾代交情，這三大家族有一個共同點，都受儒家思想的浸潤，相互通婚應該很自然。

日據時代，台灣首富板橋林本源後代，多與大陸官宦之家結親，尤其是與福州世家的姻親緣：嚴復、沈葆楨、陳寶琛三大家族，都是世居福建福州。

嚴家倬雲　書香門第

嚴倬雲的外叔祖林柏壽，娶清廷廣州知府陳望曾女兒陳瓊枝；大舅林熊徵，娶清末郵傳部尚書、名實業家盛宣懷五女盛關頤；二舅林熊祥，娶清宣統皇帝太傅陳寶琛四女陳師桓。姨媽林慕安，嫁給林則徐外孫沈林策、是船政大臣兼辦台灣海防事務沈葆楨的媳婦。嚴倬雲的哥哥嚴僑，娶二舅林熊祥的女兒林倩。

嚴倬雲原籍福建福州，書香門第，祖父嚴復，清末民初名作家，曾引進西方學術思想，並提出革命性的政治主張與文化價值觀，對中國現代思想有相當影響。父親嚴琥（叔夏）是大學教授，母親林慕蘭，是台灣板橋林家熊徵、熊祥的妹妹，外婆陳芷芳是末代皇帝溥儀的老師陳寶琛的妹妹。

嚴倬雲細說如蜘蛛網線似的家族歷史，帶著既敬又懼的心境。

她說，外婆和母親都是在中國傳統富裕世家中成長，家風嚴謹，十分重視禮教。

外婆有大官夫人之風，慈祥、能幹、好施，三十二歲守寡，對女兒教育是宮廷式。「她們對我和小我一歲的妹妹停雲，管教非常嚴格，別的女孩可以做的，我們都不能做，像看電影。向長輩請安，有一定規矩，我們都經歷過像平劇裡請安的禮數。坐在外婆前面，背要直，雙腿要併攏，衣裙要平整。」童年的生活是快樂的，過於嚴格的管教是痛苦的。表面上看起來，嚴倬雲是很溫順的女孩，內心卻充滿不平，她好抱不平，富正義感。

回想唸小學時，爲保護一位同學，她與老師頂嘴，回家捱母親打的往事：

嚴家是虔誠佛教家庭，卻將兩個女兒送進教會學校，「爸爸覺得教會學校是女校，較活潑、嚴格。」兩姐妹同進福州進德小學一年級，她們都喜歡唱歌，被選爲唱詩班，經常在學校禮拜堂獻詩，「我們兩個人互爭第一、二名。」六年級時，她參加各種活動，擔任學生會會長，是一個非常活躍的好學生。

她記得同班有一位同學，講話有點大舌頭，很怕站起來背書。有一天，老師叫她站起來背誦，半天背不出來，越急舌頭越繞不過來，老師誤會她，罵她不用功。嚴倬雲很生氣站起來說：「老師，她會背，剛才我們在一起背，她背得很好。她是怕你才背不出來。」老師錯愕責備：怎麼可以這樣對老師說話，要她與背不出書的同學一起罰站。「我反而坐了下來。」那時代的老師既專制又權威，吩咐停雲回家向母親報告。

停雲對媽媽說，姐姐今天在學校做了壞事。媽媽不問是非，認定與老師頂嘴，就是不對，打了女兒一頓，還叫佣人帶去學校向老師陪不是。「我永遠不會忘記這件事。表面上我向老師道歉，心裡並不平服。」這種好抱不平的個性，常常反映在她的生活與工作中；母親過於嚴厲管教造成的反感，讓她在教育下一代時有很大啓示。

一九三七年，中日戰爭爆發，這一年，嚴倬雲進入初中，隨著戰亂，她度過逃難、讀書交錯的不安定生活。

日軍占領福州，父親隨任教的協和大學轉到內陸永安、邵武等地，音訊杳然。母親在家每天必須面對日本軍人的騷擾，爲了保護兩個女兒，把她們終日藏在閣樓上，最後母親接受舅舅的建議，帶著一家人逃離福州，去了上海。

在上海，嚴倬雲考取南洋模範中學女生部，畢業後進入上海聖約翰大學深造。她的英文基礎就是在這段時間，打下堅實的基礎。

一九四六年，嚴倬雲來到台灣，她的人生有了很大的轉變，這個轉變，來自千里紅線牽成的婚姻。

事實上，辜嚴聯姻，對辜振甫、嚴倬雲都是人生的一大轉折；半個多世紀來，他們彼此扶持，鶼鰈情深，攜手譜出人人稱羨的家國情緣。

永不褪色的愛與尊重

選擇終身伴侶的第一個前提：爲人要正派。

這是嚴倬雲從女性角度提出的觀點。

經歷五十多年相處，嚴倬雲對辜振甫的「正派」印象，始終未變。「他走得正派，對朋友很厚道，對部屬不苛刻。」

「從來沒有眞正吵架」

辜振甫、嚴倬雲鶼鰈半個多世紀，雙雙出現在任何場合，總是那麼和諧、匹配，散發一股很自然的幸福感。

嚴倬雲證實：「我們從來沒有真正吵過架。」

「他的個性較偏內向，不太喜歡講話，很少發脾氣，如果發了脾氣，就更不講話了。我不太發脾氣，但是發起脾氣，幾乎要暴跳起來，連他都會嚇壞了。」

他們相知相諒，互忍互讓，辜先生發脾氣時，太太心裡有數，不去惹他。辜太太發起脾氣，先生沉默以對。就是這樣，他們永遠吵不起來。

這對伉儷有默契的寬容，留給對方空間，也留給自己空間。

辜振甫把這份「默契」的「寬容」，解釋是來自辜、嚴兩個相似的家庭背景：儒家思想薰陶，嚴謹的家教。他不避諱表示，他們兩個人對某些事情，會有不同的看法，大方向從來沒有不同，小節方面常有「衝突」，他說：「有衝突才要談，沒有衝突，就沒得談，多乏味？」在他們的「衝突」之間，總會找到交集點，「這樣就好了。」在辜先生的言談中，他所謂的「衝突」，似乎是增添家庭氣氛的調和劑。

辜太太認為，辜先生是一個很講理、講原則的人，他個性其實很強，有些事他很固執，也會堅持，但不是無理的堅持，很少情緒化固執。關乎家庭和夫婦之間的事，他都會跟她商量，「對事情他不是絕對轉彎不過來的人。」

人不可能十全十美，人總是有缺點，辜太太坦率表示，她不能說辜振甫完全沒有缺點，「當然他有他的缺點，但是，我也有我的缺點。」她說：「我容忍他的缺點，他也容忍我的缺點。」她進一步說明她的「容忍」：「我是相當能容忍的，我的女兒都說，如果有一個人被媽媽認為不可原諒，這個人絕對是不可原諒的。我可以原諒任何一個人，只要是不傷害到人，不是處心積慮的掩飾。」

她總是將心比心，如果這種事發生在自己身上，會怎麼處理，「不要只想自己，應替對方著想，設身處地的想。」她把尊重溶入容忍，更凸顯她的豁達人生觀。

終身「半」侶　越老越好

嚴倬雲帶著幾分幽默分析她和辜先生性格上的差異：「我是個透明體，他把我了解得很透徹，我在想什麼，我要講什麼，他都看得清清楚楚，我的喜、怒、哀、樂，都形於色。他很深沉，不容易情緒化，我不能完全了解他，老實說，我只能看出他的一半。」但是，她卻很欣賞自認只讓她看到一半的這個終身伴侶，「他不嘮叨，不講人是非，他心地好，他非常愛我們的孩子，也很尊重我。」

一九九八年「辜汪會晤」，辜振甫與江澤民坐下來面對面晤談，辜夫人坐在一旁，靜靜地看著、聽著，她對辜先生所表現的從容、沉厚、機警和智慧，不禁由衷佩服，她用很直接的讚嘆語句：「他應對得很恰當。」

在媒體報導中，辜振甫、嚴倬雲共同經營的家庭，被列爲「特優」，幾乎沒有缺點，他們是好丈夫、好妻子、好父親、好母親，受人尊敬的君子。記者問辜夫人：你最欣賞辜先生那一點？她燦爛笑開：「他啊！他是越老越好。」走過五十多年綿長婚姻路，辜先生在辜夫人的心目中，日日歲歲都在加分，「越老越好」，是何等平實又令人羨慕的婚姻寫照。

當嚴倬雲娓娓細數辜振甫的種種，她似乎沒有覺察到她對辜先生的關切與了解，遠超過她所說的「我只能看出他的一半。」

辜先生談起辜太太，很含蓄，給人「盡在不言中」的美感。

他說：她凡事都能往好處想，只要出發點是好的，任何行事準錯不了。

他說：我們家裡讓我煩心的事很少，沒有婆媳問題，沒有孩子問題，她很用心經營這個家庭，很不容易。

他說：夫妻婚前熱起來很容易，婚後要共同培養一些興趣，否則熱度會慢慢減退，甚至消失。

他們的共同的興趣是什麼？讀書、音樂、藝術、旅行、看電影，最典型婚後培養起來的興趣是平劇，辜夫人從排斥到接受，最後和辜先生一起著迷，一起上台演出，爲「夫唱婦隨」寫下最美妙的一頁，也傳爲美談。

油畫對話　生氣勃勃

辜振甫說，唱戲，是他最大的享受，收藏藝術品也是一樂。

二十歲以前，有一段時間他愛上油畫，也留下一些作品，多取材觀音山。台泥大樓落成時，他選了一幅「遠眺觀音山」，懸掛在大廳，那是用藍色和紫色，層層疊染出觀音山的瑰麗山景，非常淡雅。最近，在他辦公廳，出現另一幅他的作品，無論在構圖、色調、線條與運筆上，都與前一幅有很強烈的對比，鮮明的紫與黃，鋪設大地，襯托著一列矮籬，斜切過整個畫面的枝幹，凸顯恣縱而富生命力，觀音山遠遠地隱約在雲際。

面對一甲子前的作品，辜老似乎回到了青春少年時，顯得生氣勃勃，坦直爽朗，「我用了紫色，這是畫家很少用，也很難用得好。」他又指著畫面左側的一整片深色的牆說：「我在處理時頗費一番心思。」談到稍稍傾斜的那株樹，「樹的葉子表現的密度，不能過多，也不可少。」他的結語「這幅畫有生命力，好像在跟人講話。」沒錯，這幅畫富有節奏的共鳴感。

這兩幅辜振甫二十歲的油畫，給人很不一樣的感受，第一幅似乎描繪了辜老今日的心境，恬澹、怡然。第二幅卻充滿衝擊、挑戰與突破，也許那是少年的辜振甫。環境、心境的改變，他放下畫筆，把潛在的藝術喜好和修養轉為欣賞。他說，他不是收藏家，純粹是藝術欣賞者。收藏家對收藏的作品是有計畫的，他著重自己的愛好，或是難得一見的藝術品。「因爲我看得比較多，有自己的選擇品味和水準。」

這些藝術品來源，最主要部分是他「興趣所至」購得的，有的是透過國際拍賣，只要是他喜歡的，價錢縱使高了一些，他也會買下。最近，他託朋友在一場拍賣會中，購買一幅法國畫家亨利．馬丁（Henri Martin, 1860-1947）的油畫。另一個來源，是親友贈送或朋友割愛。第三種是爲了幫助藝術家。

瓷器，是辜振甫的另一個「最愛」。

他說，每一件瓷器，都反映一個民族、國家、社會和時代的生活，蘊含著藝術家的創意與心血，也象徵人民的憧憬和歡躍。它是文化的傳承。

他買骨董，不是爲投資；他買骨董，是藉古物與古人心靈交流，增添精神的愉悅。

談起瓷器，他像談繪畫一樣豐富，一樣興趣盎然。

與「水泥」結緣半個多世紀的辜振甫，在籌建「台泥」新大樓過程中，把他的文化構思摻入設計，在二樓，闢文物展示廳——三合堂，在三樓設表演廳——士敏廳。

水泥，給人的感覺是堅硬的、生冷的，缺乏美感，辜振甫把古代文物、表演藝術，注入台泥大樓，一泓文化活水，流過高敞、留白的大廳空間，散播文化生命力。

這兩個廳的命名，都與「水泥」有關，「士敏廳」取於「士敏土」，是建築材料，即水泥。「三合堂」意指「三合土」，也是一種建材，是水泥、砂與石的凝固體，也可以解釋是「天、地、人」或「日、月、星」。從命名可見辜振甫的文化修養與對事情的用心和細心。

辜振甫收藏的瓷器，定期在「三合堂」公開展出，第一期展出的八十六件文物中，有四件屬西元四世紀以前、早期的陶瓷作品，分屬新石器時代、漢及東晉；百分之六十是宋朝各名窯的產品，有官窯、定窯、吉窯、磁窯、龍泉窯和景德窯等。

對收藏名家畫作、陶瓷，辜太太不像辜先生那麼著迷、投入，但是她尊重、支持先生的愛好。她認爲，夫婦之間應該尊重彼此的愛好，這種尊重不是消極容忍式的，而是進一步關懷、探索去認識、了解對方的喜好，耳濡目染久了，懂得多了，興趣可能隨著產生，最後兩個人喜愛與共，同樂融融。她的這段體會，來自她對平劇由排斥到沉迷的心路歷程。

老伴互信　分工合作

辜先生曾說，他們兩夫婦，對某些事情，會有不同的看法，但是大方向從來沒有。

什麼是這個家庭的「大方向」？

答案是：女主內，男主外。

辜先生說：「我們結婚五十多年，家裡的事，我尊重她，我少管；公司的事，她不管，我從來不讓她管公司的事，內外分清楚。原因是，太太管公司的事，容易牽涉到人事問題，譬如，公司有升遷機會，某些人就會向她鑽營，這是非常麻煩的。」

在這個觀點上，辜太太完全同意辜先生的看法，並給予百分之百的支持，「太太介入先生經營的事業，有時反而增加困擾，成了阻力。」

在家庭與事業之間，他們很自然分工合作，彼此互信，辜先生經營事業，辜夫人主管家庭事務和子女教育，雙雙收穫豐茂。這個大方向，也成了辜家很特別的傳統。

辜先生對分工合作，有他的看法：一個家庭一定要分工合作，分工不是分庭抗禮，分工是合作的基礎，沒有分工就沒有合作，沒有分工的合作是假的。「我總是喜歡找一個理論，自圓其說。」他自嘲地笑了，「我想我們做一件事，總有一個理由，每天面對各種各樣的事，都在考驗你的選擇，在選擇過程中，一定有自己的看法，那就是不要做無意義、無價值的事。」最後，他把這些邏輯落點在一句令人思索的話：「我的人生是很莫名其妙的。」

他們和煦的「分工」、「合作」、「互信」，點點滴滴聚凝在五個兒女的心田中，發諸語言，都流露出相當一致性的體會。

大女兒懷群說：爸爸媽媽意見的一致性，就像銅牆鐵壁，滴水不漏，我們別想攻進任何一方，取得同情或支持。爸爸出國，每天都打電話回來，他們表達感情很特別，別具韻味。

二女兒懷箴說：母親非常尊重父親，處處以他爲中心，盡量讓父親做他喜歡做的事。

小女兒懷如說：爸爸把最好的，都給了媽媽。

大兒子啓允說：我們一家人相處得這麼好，是因爲每天有一個互動時間，祖母健在時，晚餐一家人共圍一桌，她老人家不會說國語，我們都要用台語交談，在這互動中，蘊含著祖母、父親和母親的愛心。「長大以後，我還常常想念那一段快樂的時光。」

小兒子成允說：母親個性率直，富有正義感，是父親的後盾，絕對的支持者。他們兩個人有極佳的默契，從不在孩子面前說對方負面的話，是一對很完美的搭配。

篤信佛教的辜懷箴說：「我們五兄弟姐妹感情這麼好，我們很感恩。」從小，媽媽就教導我們「家和萬事興，和樂爲善。」我們都深深體會，篤實力行。

婆婆媽媽　潛移默化

進了辜家，嚴倬雲開始扮演全職的家庭主婦。

許多人憂心的婆媳問題，在辜家完全不成問題，二十七年婆媳情緣，猶如母女。嚴倬雲說，「我母親對我的要求，比婆婆嚴格多了，婆婆是傳統婦女，很重視禮節，但不苛求。」早晚，她向婆婆問安，全家一起吃飯，外出、回來，向婆婆稟告。她陪同辜先生出國參加國際會議，家和孩子都交給婆婆，「她老人家非常愛孩子，有她在家，我們都很放心。」

做了婆婆，嚴倬雲和兩位媳婦相處得一樣融洽，她不僅是位好媳婦，也是媳婦心目中的好婆婆。

大媳婦謝載慶，形容婆婆聰明、溫柔又能幹，「媽媽對我們非常好，她總是客氣，永遠客氣。」

辜家在台灣是個大家族，不免有一些大大小小的規矩，在一般家庭長大的兩位媳婦，非常敬佩婆婆無論應對、處事，既有條理、明快，又很周密。

二媳婦侯天儀謙稱她生性粗枝大葉，婆婆像母親，像老師般指導、鼓勵她，教她待人處世，帶她進入社會福利工作的範疇中，她很喜歡，也做得很開心。「媽媽個性爽朗熱情，對慈善事業下很深功夫，她給我們許多愛和尊重，我受她的影響很大。」

公公和婆婆的彼此尊重、包容與了解，重視家庭的倫理與和協，都是兩位媳婦的最好身教，在潛移默化中，她們受益很多。

謝載慶還記得她要與辜啓允結婚前，父親對這門親事，有點顧慮，他擔心他的獨生女大部分時間在國外受教育，能不能適應辜家這個大家庭。當他見到辜振甫夫婦以後，他完全放心了，認爲由這對辜家伉儷教導出來的孩子不會錯。

進了辜家二十一年，謝載慶深深感受到公婆的美滿婚姻，是很少見的，「他們配合得太好了。」公公學識淵博，見解深刻，對婆婆的愛，蘊含著尊重與溫柔，最近十年，婆婆對公公的照顧，更是無微不至，「爸爸的事情，總是排在最前面。」

侯天儀說：「爸爸媽媽的IQ、EQ都很高，人情練達，相通相容，爸爸溫文含蓄，媽媽爽朗熱情。在人生大舞台上，兩人都是要角，在個人舞台上，各有志業和貢獻；同台演出時，搭配有致，彼此呼應，更顯燦亮。」

在她的心目中，公公是一位嚴謹、思考周密，講求守分不踰矩的長者，無論講話、寫文章，都很有分寸，他這樣做，是避免無謂的麻煩。

謝載慶和侯天儀加入這個大家族時，辜家老奶奶已經去世，她們常常聽到家人談起這位很不平凡、大家都很懷念的奶奶往事，非常有趣感人。

啓允、成允說，爸爸媽媽不打他們，奶奶有時候會打，因爲他們實在太皮了，該打。奶奶也會帶他們到圓環吃路邊攤，嚐芋頭冰淇淋，留給兩兄弟很深的印象。

辜家仍保持中國傳統習俗，家裡置一間佛堂，供奉辜家列祖列宗，辜振甫出國、回國，都要拜告祖先。

辜振甫與嚴倬雲很重視兒女教育，他們認爲婦女對家庭責任重大，子女在成長過程中需要母愛。「縱使家裡有保姆、佣人，也無法替代母親。」這是嚴倬雲的親身感受，她一直在家裡，陪著孩子成長，直到最小女兒懷如上了幼稚園，才抽出時間，參與社會服務工作，這是她最喜歡的工作，四十多年，沒有離開。她曾任中華民國基督教女青年會會長，現任中華婦女聯合會秘書長，這兩個婦女團體，是嚴倬雲投入時間、心力最多的工作，成績斐然，充分顯現了她領導的才能。她參與、主持的婦女社團，涵蓋面很廣，包括崇她社、工商婦女企業管理協會、中華民國聯合國同志婦女委員會、國際職業婦女協會等。

她的女兒、媳婦，也一樣重視兒女教育，以家庭爲重。兩代子女，一路走來，個個循規蹈矩，難得的是，沒有紈袴子弟的驕奢氣息。

嚴倬雲說，第一個孩子要上學時，她確花了一點心思。大女兒懷群要上幼稚園，她先到住家附近的學校觀察周遭環境，老師教學情形，最後經妹妹停雲、明勳夫婦的推介，拜訪私立再興小學校長朱秀榮，兩人的教育理念很相近，朱校長對學生愛與嚴兼重的主張，很獲辜夫人的贊佩。辜家五個孩子，一個接一個成了「再興人」，從幼稚園到中學。「我們的孩子都沒有上補習班，也沒有請過家庭老師，我很感謝朱校長和再興老師對孩子們的教導。」

從爲兒女選學校，到每天檢查家庭作業，解決學業等各種問題，辜夫人一肩挑起。大學以後，辜先生參與較多兒女大方向的學校教育。

屏東農場　地方分享

兒女長大了，獨立了，也各自成家立業，嚴倬雲開始接觸一些家族事業，擔任中國信託公司的常務董事，但是她立即表明，「那只是掛名，不真正管事。」她真正管的是一個大農場，經營得欣欣向榮，這是她很得意的「傑作」。辜振甫也不得不佩服，「她現在是台灣的大地主之一。」

屏東農場位於屏東縣高樹鄉，原是河流沖積地，日據時代列爲開發預定地。辜顯榮向日人岡部子爵、一森彥助購得三千七百甲，進行墾荒。辜振甫繼承了這大片土地，政府實施耕者有其田政策，他熱心響應，大部分土地被政府徵收，換取實物土地債券和四家公營事業股票。

農場原委託當地人經營。因爲是河川地，上面滿布大小石頭，只能種苧麻，每年收成所得，還不夠支付日常各項開支。

爲了籌流動資金，繳納稅款，常得分割一些土地出售。

對經營農場一點經驗也沒有的辜夫人，接下管理的工作，她說，「我爲了爭一口氣。」這是她的個性，也是激發她成功的動力。

向台灣糖業公司貸款新台幣七百萬元還債，條件是把屏東農場免費租給台糖六年，種植甘蔗，那時候糖價很高，台糖有利潤，就接受了。

這塊廣大田地，由貧脊而豐沃，由零散變完整，辜夫人說，我們買下散置在我們田地裡的零星土地，成了一整片完全屬於辜家的農場，而且每一筆土地產權都清清楚楚。

經過十多年經營，屏東農場種植的木瓜、鳳梨，開始豐收，每年營收三、四百萬元，二〇〇〇年，高達一千萬元。

辜家把這些土地的收穫，讓地方分享，捐地開闢道路，興辦學校，建立圖書館、寺廟，購贈救護車，一生獻身社會服務工作的嚴倬雲，處處不忘奉獻。

談起屏東農場，嚴倬雲掩不住內心的喜悅和驕傲，她說：「我最得意的就是這一塊田地。」

當她領著一家人，來到她一手經營的屏東農場，面對一望無際的果園，蒼茂枝葉，纍纍果實，這一份豐收的美景，象徵著辜家四代過去、現在和未來之間的傳承。

父母子女兩代情

我們得天獨厚，有這麼一位父親。

辜懷群提到父親辜振甫，很直接表露她的感覺。她的兩個弟弟啓允、成允和兩個妹妹懷箴、懷如，有著絕對的一致同感。

「碰到困難時，常常會想如果爸爸在這裡，他會怎麼解決。」辜懷群有時候會去問爸爸。

答案呢？

「爸爸從來不直接告訴我應該怎麼做，他總是做了各方面的分析，然後說，如果他是我的話，他會怎麼做。」留給她很廣闊的思考、探索空間，自己決定該怎麼解決難題。

她和兩個妹妹都說：父親很少講話，聲音也不大，但是大家都感受到他對她們的關懷。

父慈子孝　和樂融融

辜成允說，家人對父親的感情非常特別，父子間似乎沒有代溝。

辜夫人嚴倬雲女士的說法是：「他是很好的父親，對孩子愛得很深，做他的兒女非常幸福。」

辜振甫半調侃地描述他和子女的相處：

「想想這一生，我好像沒有對任何人發過脾氣，對孩子，以前還會說兩句，現在年紀大了，連兩句話也沒有了。」

他把五個子女當成朋友，如果他們犯錯，責罵無濟於事，重要的是如何讓他們不二過。

辜懷群旁證父親的這個說法：

讀初中時，被家人視爲「書呆子」的懷群，有一次月考數學只得五十六分，成績單上出現了紅字，「媽媽不在家，成績單由爸爸簽字，他看了看，臉上泛出疑惑的神色。」爸爸問：「紅字是什麼意思？」懷群回答：「那是不及格。」爸爸說：「下次要讓成績單的顏色都一樣，好不好？」父親的話講得很輕，分量卻十分的重。從此，紅字不再出現在她的成績單中。

辜振甫認爲，父母動怒只會擴大和孩子間的距離，引起年輕人的反彈。但是孩子對父母也不能因爲毫無距離而沒有禮數，他的家庭在這方面就很傳統，「中國人強調父慈子孝，必然有其不變的道理。」

他說：「現在世界變化太快，因爲有所不變，才會生變而有所變，父母應該讓孩子擁有有所不變的部分。」

子女小的時候，父母就應該設法和他們的心靈相通，成爲一體，培養倫理觀念，很重要的一點，是一定要告訴孩子家庭傳統。子女有了這些「不變」的特質，外面世界不管怎麼變，他們和父母之間還可以有所「交集」。

辜濂松形容他的叔叔對孩子的教育，完完全全做到了「慈愛」，不僅沒打過孩子，甚至沒有真正罵過。可貴的是孩子們都很孝順。

這一家人，做到了父慈子孝。

辜啓允解釋他們的「家庭傳統」，基本上，不是父親管教、兒女順承的那種典型，「我們五個兄弟姐妹和父親之間的互愛互重是很自然，也很特別，在做事時，一家人是共濟的一體。」

「我和我的弟弟，都感到很驕傲，有這樣一位好父親，父親是我們最好的朋友，最接近的朋友。」

辜振甫也說：「我們一家人，相處跟朋友一樣。」

這一家人，三代同堂，共聚在台北市雙城街一座大廈的屋頂下，各自擁有一層樓的空間，獨立生活，相互照應，和樂融融。縱使二女兒懷箴旅居美國，一樣保留一戶，歡迎隨時回家，永遠是辜家的一份子。

大家長辜振甫喜歡安排全家假期出外旅行，儘管忙碌，他仍一樣重視事前規劃，盡量做到「體貼」、「投大家所好」，希望留給孩子一些印象，也許是一件事、一句話、一份囑咐或是一項建議。

辜啓允印象很深刻的一次旅行：

一九九八年，父母親帶我們全家，除了二姐在美國，到屏東農場去住，晚上，大家圍著父親，他第一次對家人講述辜家族譜，還要大家背下來，第二天考試。在敘述過程中，父親還試著用各種引喻、故事，讓孫輩們對這件事有興趣，父親認爲這是一件很重要的事，也當做很重要的事細心處理每一個環節。

名父身教　永恒光束

有人說：自古名人與名將之子，必須在父親的陰影下奮鬥立足，心路歷程較一般人尤為坎坷。

這個邏輯，似乎不適用於辜振甫的家族。

作為揚名國內外企業家辜振甫之子，辜啓允並不覺得有多大壓力。他承認成長過程中，有一段叛逆期，覺得所有的人都不注意他，只看到父親，好像沒有他這個人存在。「但是我從未認為父親對我是一種壓力。」

辜成允說：「如果有壓力，這種壓力是來自我自己。」

兩兄弟一致體認：比父親做得更好，本來就應該當做他們追求的目標，也是父親對他們的企盼。「我們的父親給我們很大很大的發展空間，他從來沒有告訴我們要選那一條路，或那一種投資可以賺錢。」辜振甫投射給孩子的不是陰影，是一道永恒的光束。

五個子女的記憶中，很少看到父親生氣，幾乎沒有發過脾氣，更少見到父親懶散地閒坐閒蕩，大部分時間都是靜靜地在看書、批閱公文、修改中、英文講演稿。

在辜啓允的心目中，父親是他所見過最用功的人，數十年如一日，看的書涉獵很廣很高。對每一件公文，都仔細批閱，做事認真細心，一點也不馬虎。「我一直不敢簽公文給父親，因為他不但改我的錯別字，可能連文法都被修改。」部屬都知道父親處事的態度，落筆非常小心。

三個女兒從不同角度，捕捉父親的印象。

懷群：父親是個安靜的人，很少把事情掛在嘴巴上。他身體力行鴨子划水哲學，要做一件事，先做下決定，用很深的工夫，默默努力。不會嚷來嚷去，指東劃西。

懷箴、懷如：我們從來沒有看見父親脫下衣服，隨便丟在一邊，他總是把衣服掛起來。出門時，一雙拖鞋放得平平整整，桌面潔淨不亂。家裡的擺設，牆上的字畫，爸爸喜歡經常調整、變動。

走進台泥大樓十四層辜振甫董事長的會客廳、辦公室，一樣井然有序，溢滿文化氣息；精緻頗具特色的藝術品，一、二幅張大千、楊三郎，或是莫內、雷諾瓦等名家作品，點綴其間，增添了視覺的美感，拉近了賓主的距離，也凸顯了辜先生的藝術修養和品味。

子女惜福　不亂花錢

辜家五兄弟姐妹的志趣，都是由自己決定，自行追求，「父親很尊重我們的選擇，偶爾略作問詢的提示。」

懷群是辜家老大，對弟弟妹妹有著帶頭、示範的意味。她高中畢業參加大學聯考，要填志願，「這是我們家的第一次經驗。」父親問：「懷群你將來想做什麼？」

懷群猶豫中，父親接著試探：「學法律好不好？」「學法律要背很多法令條文，我不喜歡。」母親說：「你英文很好，讀外文系應該不錯。」她接受了母親的建議。

通常，聯考考生在選校上，第一志願大概都會塡國立台灣大學，辜懷群卻拒絕台大，因爲台大「校園太大」。小學三年級那一年，再與小學老師帶她們去參觀台大，她迷路了，對台大留下「不好」的印象，「事實上，第一次印象不一定正確」。後來，她在台大教了十多年書。

她塡了第一志願東海大學外文系，錄取了，她卻抱著父親痛哭，「在車上，我抱著枕頭從台北一路哭到東海，通常我不是好哭的人。」爲什麼哭？台中離家太遠了。

四十歲過後，辜懷群回想十八歲時父親給她的建議，是很貼切的。「我的個性很像媽媽，好管不平的事，經過歷練，發現社會上不平的事還真不少，如果唸法律，應該是不錯的律師。」父親聽了她的感喟，沒有半句反譏她當時何以不接受他的建議，「他是很好很好的父親。」她不斷加重「很好」，唯恐無法表達內心對父親的那份敬與愛。

辜家兒女的婚姻是自主的。

辜振甫說，他們的兒女婚姻，都是自己選擇；兩個媳婦謝載慶、侯天儀，大女婿胡其龍，都是出身良好家庭。二女婿趙元修、三女婿張安平都是企業家族子弟，他們是在很自然的機會中與辜家女兒相識、相愛。

啓允、成允兩兄弟和大姊懷群，都是自由戀愛結婚。懷箴勉強算是經過介紹認識趙元修，事實上，辜振甫與趙元修的父親趙廷箴原就很熟，元修是趙家的長子，他有姊姊和弟弟各一。懷如和張安平的婚姻很自然，是緣份。

辜啓允說，他和張安平是再興同班很要好同學。有一年，「父母親到紐約來看我，我約安平一起吃晚飯，道別時，媽媽說了一句客氣話：安平如果以後你回台灣，來我們家坐坐。第二年，張安平回到離開十多年的台灣，真的去看我爸爸媽媽，也看到了我的妹妹，很自然開始交往，結成佳偶。」

對婚姻，辜懷箴有很深刻、透徹的體認，她認爲，婚姻不是比金錢，是論知識，「思想上不能默契的伴侶，相處是很辛苦的。」她將婚姻比喻像一株樹，需要不停照顧，「一株健康婚姻的樹，不是可以用金錢買得到的。找到一株樹，還要培養，長時間，有耐心的持續培養。」

辜振甫律己甚嚴，重視對子女的身教，他提醒孩子要惜福，享受要有限度，不要以爲什麼都是天上掉下來的。

事實上，辜家子女從小就養成不亂花錢的習慣。

辜夫人說，孩子們從小就知道錢要用得適當。「他們要花錢，必須說明做什麼用，適當的才給。進了初中，開始每月發給零用金。」她教養孩子絕對不可有「公子哥兒」的習氣。「感謝上天，在他們成長的過程中，一切順利。」她臉上蕩漾著一個成功母親的驕傲又欣慰的笑容。

辜成允在一九八七年四月二十八日寫給爸爸媽媽的信中，詳列美國賓州大學新學期的生活費、學費的預算，並報告暑假的計畫，包括上暑期學校，探訪女朋友侯天儀，在這封信裡，他也表示要與相交三年的天儀結婚，「我和她之間互相都能信任，而且坦誠相對，這份感情應該是可以接受考驗的。」他認為，這種坦誠相處的感情，是不容易找到的。

他如願在畢業後，與天儀結婚，父母給他們誠摯祝福，他們共建一個美滿的家庭，現有一子一女，天儀追隨婆婆，在孩子長大後，獻身社會服務工作，是嚴倬雲在女青年會和聽障中心的得力助手。

這封信夾雜在辜家照片的資料中，十五年前的家書，顯示了辜成允在求學過程中仍堅守「家規」：惜福，錢要用得適當，要有交代。沒有富家子弟揮霍、享樂的習性。

辜家子弟都警惕「富不過三代」的教訓，他們也知道儘管自己不炫耀、誇示辜家背景，大家也都知道是誰家的子女，他們盡可能的自奮其力，用心對事，謙虛對人，沖淡門第色彩。

他們記得父親常說：做事要以事實表現讓人服氣，而不是因爲你是某人的子女，或是那一家的子弟。

母親也常告訴他們，一個人靠自己努力得到的成就，才是真正的成就，靠父母或任何人而成功，是不真實的，不應該的。

孩子們也都記得雙親的提醒：人並非生而平等，有些人運氣好，條件好，一步登天；有些人要靠自己努力，一步一腳印。一步登天，是可遇不可求的；最靠得住的，還是自己努力去爭取。

珍惜友情　無形富源

辜啓允回憶他剛出道做事，父親的一席話：「你現在出來做事，絕對不是我給你多少資金，或是什麼樣的事業要你去接棒，我能給你的最大財富，是在世界各地所認識的朋友。首先你自己必須要很努力，有困難時，相信在全世界這些朋友都會幫忙。」這是父親給他的最大資源，最大助力。但是，他從來沒有想去運用父親朋友的力量。因爲他了解大家都知道他是辜振甫的兒子，該幫忙時，不必開口請求，都會主動給予助力。「這是父親高明的地方。」

啓允開始做事以後，父親幾乎從來沒有管過他，沒有教過他，也沒有說什麼事要向父親報告，但他明白：「父親是以他過去的經驗和智慧在關注我，關注我不要走錯路。」

辜啓允講話總是很直接，他說一個年輕人，儘管留過學，拿了碩士學位，但在商場上這有什麼用。他坦直又謙虛表示，過去他做的幾件還算不錯的事，不完全是靠他的努力和能力，許多部分是來自無形的助力，那是父親一生累積下來的無形財富。「幾十年來，父親不重名利，尊重他人，所以有許多好朋友，父親視朋友爲他一生中最大的富源。」

辜振甫非常珍惜友情，他說：「學問和朋友，是人一生中用不盡的財產；學問要靠自己用功讀書，結交好友，要能知人用人。」

不貪不奢　永續榮景

辜振甫知交滿天下，他對維持良好友誼，有他的一套原則和堅持，其中最特別的，是「不借錢給朋友」、「不替朋友個人作保」。

他的經驗：借錢給朋友，就會失去朋友。有些很要好的朋友，借了錢做生意失敗了，在路上碰見，都會躲了過去，就這樣失去了幾位好朋友，非常遺憾。「我不要借錢給朋友，我可以量力資助朋友，讓他不尷尬，沒有負擔。」他承認，不是全部會如此，但是絕大部分是如此，「借錢給朋友，是最容易失去朋友的。」

爲人作保，就要負責，看來容易，其實所擔保的往往會超乎自己負荷的能力，替人作保可能賠倒了自己，還連累許多相關的人。

這位被列台灣首富之一的企業家對錢財看法，似乎與一般商場的人很不一樣，他說，「錢財這個東西，可以娛人，也可以害人，它是兩面的刀。」他要求自己，也要求兒女對錢財要清清楚楚，不貪、不奢。令他安慰的，是他的兒女從小養成不依賴、獨立的個性，自己找一條路往前走。

美國一位金融及工業家曾說：「繼承來的財富使人雄心幻滅，就像古柯鹼使得道德敗壞一樣。」如果不懂得善用錢財，金錢就具有毀滅性。

辜振甫說，過去有些巨富家族，自認爲他的子弟只要冠上家族姓氏，在社會上就占有一定的地位，不必去爭取，因此，子弟繼承財產後，爲了怕虧損、怕被騙，不鼓勵子弟做事，認爲家族財富足以供他們過一輩子。也有富家子弟認爲錢會生利，只要不亂用就會越滾越多。「在今天社會，這些觀念都是錯誤的，不管是那一個大家族的後代，如果自己不奮鬥，不努力，誰會管你是誰家的子弟，財富不好好運用、經營，最後必然坐吃山空。」

辜家傳統是代代奮發，投入不同企業領域，自創事業，從辜顯榮到辜振甫而辜濂松、辜啓允、辜成允，到第四代辜仲諒、辜仲瑩、辜仲立，已打破「富不過三代」的迷思，延續辜家百多年榮景。

辜成允對「富不過三代」，有很透徹的詮釋：承襲先人前輩的資源、財富，首先應該認知，先人留下來的，不屬於自己，有一天也可能會失去。所以要提醒自己，靠自己努力發展的事業，才屬於自己。

「不借錢」、「不作保」，說起來容易，做起來可不簡單，辜振甫對他的孩子能不能做到，表示「我有點疑慮，希望他們做得到。」最後，他加上一句話：這和交遊有關係。他說，有一種人做親戚很好，做朋友不見得也一樣好。他把老師、同學、球友、牌友、唱戲的朋友，分開來，不攪和在一起。

辜懷群非常服膺這個「家訓」，她幾乎記得父親說的每一句話，她承認在處理的過程中，掌握分寸很不容易，當她對向她借錢的朋友，動了惻隱之心時，她總是想，可以幫忙的不一定是錢。

她認同父親深信的「教育是父母給孩子最大的財產。」她說，「我讀完博士學位，是爸爸媽媽給我最有價值的嫁粧，它比任何有形的財富更有用。」

辜啓允對父親「不借錢」、「不作保」的觀點很清楚，他說，父親的意思是：作保看起來很容易，其實所擔保的往往會超過自己負荷的能力。父親的理論是，自己的公司，固然不能不出面作保，但是朋友或同業有困難，寧願視交情，估算自己力量，把手頭能調動而不動本的現金相助，超過自己能力替人作保，不僅影響本身事業，也可能讓許多相關的人受害。關於不借錢，父親認爲，借錢給人的時候，就要作收不回來的打算，討債比不借錢給人，更傷感情。

他很了解父親的這些告誡用意很深，「我還不到父親的年紀，也沒有他那麼深的修養，有時候我會做不到，但我從教訓中得到經驗。」這是他性格中的「率性」與「真」；這種性格也造成了他經營企業的「致命傷」。

他迴避了「受過什麼教訓」的話題。如果做不到，「父親不會罵我，但會警告我。事實上，我早已做心理準備，如果事情不像我想像的那麼樂觀，我必須對後果承擔責任。」

他很佩服父親在創業過程中，很少發生金錢的瓜葛。身爲辜振甫的長子，辜啓允感到最特別的是：「父親給了我一筆最大的財產，那就是他這個人。」

家族企業　企業家族

「謙沖致和、開誠立信」這八個字，具體描繪了和信集團過去半世紀企業經營的文化與理念。

辜振甫是和信集團的大家長，他特別重視企業文化，認爲在競爭激烈、經濟自由化國際化的大環境中，一個企業體經營的成功或失敗，究竟會成爲泡沫企業，或是永續企業，關鍵性的要件就是企業文化—企業精神、經營理念、管理風格和組織架構等的綜合體。

正派經營　堅守信念

他選擇「和」與「信」兩個字，做爲建立辜家企業文化的基礎。並從「和」者，對內以和爲貴，「信」者，對外無信則不立，引申出「致和之道在於謙沖」，「立信之道在於開誠」，他親撰「謙沖致和」「開誠立信」，懸掛在辜氏家族企業體的主管辦公聽，共同履行。

辜振甫說，中國文化對於我們爲人處事要「謙沖致和」的教訓，其實一樣可以做爲企業文化的基礎。企業最重要的一項資產是人，如果企業裡人才濟濟，人人各依其職位謹守企業倫理，各盡其才，內部和諧團結，都能認同企業的理念、價值和政策，這個企業豈有不成功的道理。企業體對於本身的業務和爲商之道，做過札實的切磋琢磨工夫之後，才能達到「開誠立信」的境界。爲企業創造一個良好的營運環境，企業自然得以經營順遂。

這位堅守「以和爲寶」「以信爲利」的企業家，領著龐大的「和信」企業團隊，屹立在台灣群雄雲集的山巔，歷經政治環境轉變，數十年不衰。許多人問爲什麼？答案很明顯，和信講求企業文化，代代領導人都能信守正派經營哲學的傳承。

二〇〇〇年三月，在一次訪談中，辜濂松說：「正派，是我們家族共同堅守的信念，不僅企業經營要正派，爲人、處事，思想和一切行爲，都應該正派。」

在經營理念上，辜濂松說，「我和家叔的經營理念，沒有什麼特別不同，他創訂的謙沖致和、開誠立信，是他對我們所有關係企業要求的經營基本理念，我們都遵守實踐。」

他不否認近年來由於社會環境急遽變遷，企業界競爭激烈，他主持的中國信託商業銀行在某些經營理念上，做了一些修正。「中信銀行初創時，我們從謙沖致和企業文化基調，打出『大家庭』的企業精神，視員工如自己的子弟，做錯了事，不會一腳踢出去，總是給予一次又一次機會，所以沒有開除過員工，除非貪污、犯罪或自請離開。過去四、五年，我們有了另一種體認和看法：與其讓不適任銀行工作的人員強留下來，不如助他換個工作環境，對他的將來發展和企業體，都有好處。」現在中信銀行每年經評鑑，一百名員工中約有二名安排轉業，打破以往「終身」的觀念，比較考慮雙方立場。

回顧具有代表性的辜家企業台泥，都非常重視「人」的倫理，視人才為企業的資產。「台泥人」絕大部分員工，離開學校經考試進入台泥，就不想離開，許多主要幹部都是從基層，一步一步往上升，他們對這個企業的忠忱度非常高。

有人說，辜家人丁再旺，也只能統御部分的事業，真正興旺的根由，還是一群專業經理人，為他們效命馳驅。

尊重專業　充分授權

四十多年前，辜振甫就提出專業經理人的觀念：一個國家的進步，大體上可分為開創時期和制度化時期兩大階段。在開創時期，需要的當然是革命人才，但進入制度化時期以後，就需要專業經理人才來治理。他強調「地位」並不等於「知識」，也就是說，「做老闆的或者企業家，當然有創業的魄力與膽識，但是，企業管理的專業知識卻不是天賦的，不是與生俱來的。」

他警告：企業家不可誤認爲，自己可以創業，便可以管理，這種余智余雄的老闆心理，會不知不覺中，爲整個專業機構種下落後或衰退的種子。「要有專精的管理知識，才會有完善的管理績效。」

專業經理人的產生，來自企業「所有權」與「管理權」的逐步分離。辜振甫解釋，企業所有者將管理權交付給專業經理人，多數不是管理權完全捨棄，而是企求更大的管理效益。「專業經理人在企業內部，具有雙重的身分，一重是爲雇方的利益而經營管理，一重是爲勞方的利益而提供服務。」專業經理人同時還要扮演對社會及消費者的負責人，以比較超然與客觀的地位，在企業家與消費者之間，作良好的「溝通」。

辜振甫領導的企業，相當重視專業經理人，也深知「所有權」與「管理權」的分際，他常說的兩段話是一個明證。

「一年當中，我經常有四個月在國外參與國際事務，許多外國朋友問我，這樣怎能辦好你自己的事業？我總是回答他們說：同事們各有專長，充分的授權，能使他們更負起責任放手去做。」事實證明，確是如此。

「我穿梭於國際之間四十多年，一旦跨出國門，從來不寫信、不打電報更不掛電話回國詢問企業經營的情形。這是尊重專業經理人，完全信任與充分授權帶給我的回報。」

在國外他不過問公司業務，但是，他每天打電話給夫人，不時寄各地風景明信片給孩子們，對家庭、對孩子，他是另一類「專業經理人」。

企業界人士對辜振甫的經營哲學，感到疑惑，重點是如何找到這麼讓企業主管完全信任，又值得充分授權的專業經理人，一旦找錯人，可能整個企業都賠了進去，這種情況也屢有所聞。有人把辜振甫用人的成功，歸於他的知人善用。有人認爲是運氣，也有人以爲是基於時代背景。

辜振甫對這些疑問，作了回應：人才需要去發掘、自己去培養，提供完善的工作環境和不斷磨鍊的機會，俟培育有成後，再做恰當的安排，使每個人適得其所而能循其所長自我發展。這個時候，經營者如果能做到充分授權，他們就會奉獻所有的智慧和能力。他說：這就是知人、用人、做人的道理，「知人、用人的成敗，最後還是繫於你的做人。」

事實上，辜振甫自己就是過來人，他經歷過「專業經理人」的歷鍊，也深切體會孔子說的「不患人之不己知，患不知人也。」的哲理。他不僅培養企業體的專業經理人才，也有計畫培養辜家子弟，到其他企業從基層做起，接受養成專業經理人的訓練，進而成爲能知人、用人的企業領導者。

基層淬煉　循序漸進

這是辜家的傳統，一代接一代，循著辜振甫親身體認的指標，循序漸進。他們的模式：大學畢業，工作一段時間，出國進修，進修完畢後，再到國內外大企業從事基層工作，接受試煉，最後回到辜家企業，開始中級主管的實習和訓練。

辜濂松是第一位接受淬鍊的企業家，他說：「這是我們家族的傳統，我們認爲，要做企業領導人，必須被人家使令，才知道基層人員的痛苦、辛勞和想法。」他大學畢業，考進中國銀行（現在中國商業銀行），做了二年練習生，一九五八年到美國深造，半工半讀完成學業，進入華爾街投資銀行工作，年薪八千美元，又交了一位美籍女朋友，事事順遂。「但是，我的內心老是覺得很空洞，優渥的物質生活，似乎彌補不了精神上的空虛。」他毅然決定結束異國之戀和高待遇的工作，回國，重返中銀。

朋友們都勸他不要回國，認爲他的所學和專長，在台灣無處可施展。一九六〇年代的台灣，社會大眾對證券投資的了解有限，物質環境又差，那時候幾乎沒有人願意回國工作。回首三十多年前，面對婚姻與事業的重大抉擇，他說：「現在看起來，回來還是對了。」

那個年代，美國機構對外國人員有很大差別待遇，他預計如果在美國銀行界工作四十年，退休時也不過升到副理，而且工作成效被肯定比率，遠比美國人低，沒有真正的精神回報。

辜濂松回中銀，發生了一段插曲，也讓他領會了五叔辜振甫處事的圓融與重視企業倫理的用心。

中銀原答應給辜濂松副科長職位，沒想到比他早回來兩星期的羅萬俥大公子羅光華，先被聘爲副科長，他只好屈就辦事員。他說，中外銀行界在編制上都有一個共同點，分主管與非主管兩個管道，差別很大，主管管道升遷快，可達副總經理、總經理、董事長；非主管管道升到最高也不過是組長。中銀副科長屬主管級，辦事員是非主管。「當時，我心裡很不滿意，認爲中銀前後允諾不一，對我失信。決定不幹，另找其他工作。」

他去跟辜振甫商量，「家叔勸我忍耐一年，他說，你留下來，俞董事長（中央銀行總裁兼中國銀行董事長俞國華）覺得虧欠你，如果現在你不幹了，他就不欠你什麼。家叔的這席話，我聽進去了，忍耐了一年，很辛苦的一年。」後來，俞國華與辜濂松的關係越來越深，「他很照顧我。」

第二年，辜濂松離開中銀，開始追隨辜振甫，參與「促成資本證券化，證券市場化」的理想，引導、教育社會大眾認識、了解證券投資，共同加入，活絡台灣經濟。他的專業獲得了發揮機會。

叔侄情深　絕佳配對

一九六〇年代初期，台灣的證券市場慢慢起步，辜振甫是主力舵手。他於一九六二年，創立台灣證券交易所，一九六六年成立中華證券投資公司，四年後改組為中國信託投資公司，一九九二年改組為中國信託商業銀行，辜濂松出任董事長。

辜振甫退出領導奔馳整整三十年的台灣證券投資疆場，把棒子交給和他並肩作戰的侄子辜濂松。

對於辜濂松領導中信銀，一般認為是「水到渠成」，非常自然。他從練習生、辦事員、組長、副總經理、總經理、董事長，一步一步邁經三十多個寒暑，歷練了中外金融企業的理論與實務。

辜振甫說：「濂松一直跟著我，也能接受我的建議。他剛從美國回來時，我沒有讓他立刻進入我主持的證券交易所，勸他到中國銀行從基層開始磨練觀摩，然後回到我的身邊，擔任業務組長。」

辜振甫不僅把中信企業交給了追隨他將近四十年的辜濂松，也將他領導了三十三年的中華民國工商協進會理事長的棒子，交給辜濂松，甚至長期扮演國際經貿的角色，也由侄子接替。

這對辜家叔侄，被企業界認爲是「絕佳配對」，他們的個性、作風很不一樣，但在企業經營合作模式上，深爲工商人士稱羨。

辜濂松每提起辜振甫，總是很恭敬稱「家叔」。他說，家叔從小就是一個品學兼優的學生，力求上進，聰明智慧，耐性很強，幾次大手術，所有醫生都說他是「絕對聽話、絕對合作」的病人。經營台泥數十年，家叔更發揮了他的最大耐性。

家叔一路走來，非常辛苦，不像外界以爲的「一帆風順」。他爲「莫須有」罪名坐過牢，旅居香港那一段日子，並不愜意。他事業的起步，是將承繼的土地，響應政府「耕者有其田」政策，換取債券。在他完成台灣第一家公營事業——台灣水泥公司移轉民營以後，他的才識受到賞識，半個世紀，他由台泥協理、總經理而董事長，「台泥有今天的規模，家叔實在投入很大很大的心血。我們都知道，在民營企業，總經理是被僱用的，每一個大股東都有各自主張、意見和保護自身權益，辜家在台泥不是大股東，家叔面對眾多大股東，經營起來，確不容易，如果不是家叔有那麼大耐性，是幹不了的。」

辜濂松很感性說：「台泥，就是家叔的生命。」

他分析他和五叔個性、作風上的差異性：叔叔內斂、沉穩、圓融、細膩。侄子豪爽、直率、積極、有時很衝。「家叔許多爲人處事的態度，值得學習，但是，每個人本性不同，有時候學起來很難。」

他記得擔任中華證券投資公司副總經理兼業務組長時，體認台灣證券市場規模狹小，上市股票僅約二十種，阻礙國內證券市場的健全發展，同時他發現自己公司的另一項主要業務──證券承銷，開業二年，始終無法推展，認爲如不拓展這項業務，積極輔導優良公司證券上市，證券市場必難壯大，間接也將影響公司證券買賣業務。於是他向總經理建議，對現金增資的上市股票，均需提出資本額的百分之二十，交由證券承銷商公開銷售或募集，促使上市公司的股權分散達到一定水準，擴大投資買賣股票的社會大眾層面。

總經理對於辜濂松的想法，認爲在時間上還沒有到必須實施的急迫性，應再加考慮。「事實上這也不是我獨創的想法，外國都這麼做。」辜濂松很焦急。

他說，當時，他很年輕，很衝，認爲應該做的，爲什麼不做。於是他就向董事長報告，「家叔了解這項業務應該做，但是他認爲我做事太急燥，也不應該越級，違反公司倫理。」過了一段時間，辜振甫很技巧地徵詢總經理有關外界反應實施「證券承銷」業務的可行性，很平和地溝通了總經理與業務部門之間的意見，建議證券管理委員會核准公布實施，自此奠定我國證券承銷事務的基礎，真正達到「資本證券化、證券大眾化」的目的。

事後回想，「家叔的看法、做法是對的，所有的人如果都越級辦事，那要總經理幹什麼？」

辜濂松三歲多喪父，由寡母獨力撫養成人，他說，他很幸運有這麼一位叔叔，在他步入社會以後，給他適時的忠告、指引和關懷。在輩份上，他們是叔侄，在情感上，他們似父子、摯友，「我們兩個人相知甚深，他對我很放心。家叔從不對人發脾氣，但是，他偶爾會對我發脾氣。」

辜振甫發脾氣？似乎很不可思議，許多人很好奇，他的脾氣會發到什麼程度。

「如果他說：我想你這樣做不對。已經是很不正常。」這就是辜濂松感受到的叔叔發脾氣。

他們攜手經營中華證券投資公司開始，一點一滴累積起財富。辜濂松說，中華證券創辦初期，我們慢慢從小額投資做起，有一些盈利，就買一些股票。當時公司資本額新台幣一億元，辜家叔侄出資三百萬元，只占百分之三。

辜家在台泥的股份，到了一九九〇年代大概也只有百分之五，後來漸漸增到百分之三十。

一般來說，辜家是以漸進方式，多層面投資經營，造就業績取得衆人肯定爲重。辜濂松的這段話，印證二〇〇一年十二月，外傳和信集團叔侄「分家」，辜振甫接受媒體專訪講的話，叔侄兩的投資經營理念是一致的。

辜振甫說：我們企業團涉及的行業範圍廣而分散，像百貨公司一樣，因爲我們並不是由某一個主體母企業向外多角化發展所造成，其實多年來我們爲了協助中小企業的發展，以承銷股份方式投資了很多公司，這家公司成長上市了，就把股票的一定部分賣掉，再幫其他的人士，就這樣這些公司逐漸慢慢形成了集團。「事實上，沒有一家公司我們是股權過半的，五十多年來，都是這樣的。」

目前和信許多投資的企業，董監事都有許多外人，「因爲我尊重專業，並體認到專業分工的時代已經來臨。」他很泰然表示，辜氏家族，從來都是秉持專業分工而不分家的原則，「以往如此，未來依然如此。」

分工不分家　交叉接班

一九九〇年代，國內家族企業普遍面臨世代交替的難題，屬於大家族之一的和信企業團，已經確定「分工不分家」的原則，辜家交叉式「接班」的藍圖，也明顯浮現，那就是辜振甫傳侄子辜濂松，辜濂松傳堂弟辜振甫長子辜啓允，辜啓允傳侄子辜濂松長子辜仲諒。

辜濂松於一九九六年向媒體說：「我跟家叔已下定決心，我們永久不分家，將來第二代也必須同心協力，不可以分家。」他很欣慰表示：我們家族很幸運的是，大家同心合作，一直都沒有什麼雜音。「我的三個孩子對啓允、成允兩位叔叔都很尊敬，他們感情非常好，以後可以互相支持合作。」

辜啓允在一次訪談中，提到一九九三年九月八日辜濂松六十歲生日，在家庭慶祝聚會中，大家請壽星講話，辜濂松憶述叔叔辜振甫三十多年來如何引導他，把責任交給他，他希望啓允、成允兄弟要努力、自信，接續他這一棒。然後，他要他的三個兒子仲諒、仲瑩、仲立和啓允、成允兄弟站起來，很慎重表示，他把三個孩子的照管，託付給兩位堂弟。

辜啓允說，我們家裡的事，就是這麼自然。沒有人認爲有什麼不對。「我父親長我堂兄十六歲，堂兄大我二十歲，我是他抱大的，這份濃蜜的感情，深植在我的記憶中，我與仲諒相差十一歲。我們家族是橫向的「之」字形的傳承，父親是掌門人。」他形容：父親和堂哥是超越輩分的關係，是極佳的事業夥伴。他和弟弟成允，同樣與三個侄子，是同心的事業夥伴。

他還記得，他的兒子公怡出生後，他抱去給濂松的孩子們看，表示將來要由他們三個哥哥來教管。

主控家族企業發展走向的機制，是定期舉行的「和信集團關係企業聯合會」這個高層會議，辜振甫是會長，辜濂松是副會長，啓允、成允、仲諒、仲瑩、仲立，都經過「列席」的過程，成爲其中一員。

在家族會議中，辜啓允觀察到父親與堂兄間非常特別的互補作用，他們兩老的經營理念是一致的，但是他們的個性、作風和處理事情的方式很不一樣，奇怪的是，兩人的差異性，沒有造成衝突、排擠，反而在互補中，發揮更大的動力和效用。他說，他和成允許多想法是一樣，但是做法不一樣。企業人士都認爲，辜啓允比較像堂兄辜濂松，辜成允比較像父親辜振甫。在辜家事業的分工上，也有這種趨向。

辜振甫在談和信集團分工時表示，辜濂松的專業在證券投資，對金融方面興趣，所以就向這方面發展。啓允喜歡無煙囪的事業，走金融的路子，發展的方向接近濂松；成允喜歡煙囪事業，負責企業團的生產事業，並進行現代化工程。

辜啓允從來沒有和成允在同一公司做過事，他們深信，兩兄弟在不同領域中各自發展，最後連結起來的面更廣，影響的層面也更高。

員工肯定　才能服眾

辜振甫與美國前總統雷根，有很不錯的交情，他很欣賞雷根送給他的一方小匾上的一句話：“You can accomplish much if you do not care who gets the credit”，用中文說：「一個人假如不計較功勞歸屬於誰，他的成就會更大。」辜振甫深深體會這句的含意，並引申爲：「一個人要以樸實誠真的態度，一心不亂去做他應該做的事。」自我期勉，也教導他的子侄們。

雷根的這句話，對一個家族企業的每一個成員，都是很大的啓示，對一個企業體的經營者，也是一種警惕。

初到家族公司做事，辜啓允、辜成允兩兄弟都非常小心、用心，一切依照公司規矩，在基層力拼，希望有不同於別人的表現。辜振甫一再提醒他們：「你們的升遷必須建立在其他員工的肯定中，將來才能服眾。」

辜振甫很堅持要孩子從基層做起，不計較，而且一定要給人家用；所謂給人家用，就是讓別的主管來督導、訓練。啓允和成允都在外面工作很久，才回到家族的企業。

辜啓允東海大學經濟系畢業以後，到中國信託公司企畫課實習一年，一九七七年前往美國，取得賓州大學華頓學院企管碩士學位，進入美國大陸銀行、日本三菱信託公司，接受金融業務訓練，拓展國際視野。

回國以後，他重回中信，從辦事員開始，一步一步往上走。一九八八年，他接任由華僑人壽承接過來的中國人壽保險有限公司總經理，他形容當時的中國人壽：「兩億資本額，每年虧慘了。」但是他不以爲意，認爲這是父親在試探他的能力，「中國人壽能不能在我手上轉虧爲盈。」他說：「我知道我的責任是去打仗。」

八年多的慘澹經營，創新發展，他打贏了這場「責任仗」，他去問父親：中壽是不是可以上市了？得到肯定的回答，理由很簡單，外面持股的人越多，對公司關懷與監督的人也越多，做總經理的也必須更加努力、用心，促使公司更朝正向發展。

一九九七年，中國人壽申請獲准上市，辜啓允感到最高興的，是他實現了父親「資本證券化，證券大眾化」的理念，看到他經營的公司的股權，分散到大眾的手上，他說：「這是另一股新壓力，時時催我要做得更好。」

留住人才　抓住重點

逐漸接掌高層，辜啓允對父親在經營事業的一面，認識更多、更深。

父親管理方式很特別，他不多講話，與他共過事的主管都知道，他什麼都知道。父親做事非常細心，一點都不馬虎，每一件事，都記得清清楚楚，要和他打「馬虎眼」，那就「完」了。所以公司主管們，包括啓允兄弟，都會很本分，很小心。

父親給每個主管很寬闊的權限空間，在大原則下，各自全權處理，如果處理失當，或過於踰越界限，到他必須開口的時候，那又如啓允所說的：那就「完」了。

辜振甫的「用人不疑，疑人不用」的原則，辜啓允很能體會，「父親教我要用比自己有能力的人，但是自己要用功，要去懂；不可以因爲有了能幹的幫手，一定會做好，就不去懂。不過，他告訴我，要有度量，不然無法留住比你能幹的人，人家也不一定肯幫你。」

辜啓允常開玩笑說他的父親，是一流大集團領袖，三流生意人，父親不喜歡談錢，認爲錢夠用就好。他花在企業經營的時間，不會比領導工商協進會以及參與國際經貿、外交活動來得多。擔任海基會董事長以後，他懷著一股使命感，「父親真的很想爲台灣做事，認爲這是他的使命。」面對父親那麼從容成功地扮演著不同角色，他不禁問：「父親如何做到？如何應付每天排得滿滿的活動時間表，還能享受他的生活，唱平劇、看戲、欣賞骨董、讀書，與孫子們歡聚。」他把一連串「爲什麼」向父親要答案，答案很簡短：要懂得抓住重點，安排自己的時間。

沒錯，父親對自己的角色塑造得很清楚，他幫公司做長期規劃，訓練人才，建立制度，但不爲繁文褥節浪費時間，不是他該做的事，他一定不做，是他該做的，他不會退縮，而且堅持原則與理念，「父親處事抓到了所有重點。」

辜啓允在事業上接近父親越久，越體認到父親的高瞻遠矚，寬闊大度，掌握大原則，通觀大局。每當他看到父親與姨丈葉明勳在一起，高談闊論，他發覺他們對台灣的過去與現狀，非常了解而且透徹。他喜歡、敬佩這位父親的至親兼好友；他敬佩這兩位長者，一樣地處理事情明快果決，一樣地對人對事分寸掌握得極其妥恰。有一次，他爽直地對葉明勳說，「姨丈，除了爸爸外，我最敬愛的人就是你了。」辜啓允的語言充滿真摯、熱情與開朗。

有無煙囪　合作分工

辜振甫一手創建的和信企業文化、經營理念，經過半個多世紀的主客觀環境的轉變，還能適合社會潮流、企業生態嗎？

辜啓允對許多人提起的這個疑問，答覆得很明確，父親建立的企業文化與經營理念，是一個企業體的基本精神，不會因時代或環境的轉變，減低其價值。講求「和」與「信」，仍是和信企業文化的精神標竿，但在經營策略、管理、行銷、組織架構等方面，隨企業需求與發展，不斷調整。引進新觀念、開闢新投資管道，一直是和信企業追求的目標。他舉例：一九九〇年代初期，和信集團就意識到電訊事業未來一定會影響大眾生活型態與企業的交易方式，在一次高層會議中，決定將電信、電訊事業列爲最重要的企業轉型計畫，期望從掌握資訊與科技的結合，帶進傳統產業，進行突破與改革。透過網際網路的功能，提升中國人壽、中信銀、中信證劵對客戶的服務。他說，事實上，和信集團在電訊科技方面的投資，最後還是回饋到和信的主體企業，產生附加價值，加強傳統產業的競爭力，注入活水，再創生機。

辜振甫、辜濂松這兩位和信企業的兩代掌門人，一再提醒啓允、成允兩兄弟：台灣加入WTO以後，經濟對手增強，開放後的市場，我們縱使無法立即超前，但也不要落在後面。

辜啓允是辜家第一位投入複雜又充滿「惡性」競爭的衛星與有線電視事業，創設緯來電視網，一九九八年成立「和信超媒體」公司。接著辜成允也在台泥企業轉型中，投資大哥大，掌管「和信電訊」公司。

辜振甫對兩個兒子原始的分工型態，啓允主管無煙囪的服務業，成允主持有煙囪的生產業，在一九九〇年代後期兩者之間的界限，開始模糊。「他們都長大了，也有相當的歷練，投入超媒體、電訊事業，是他們的選擇。我告訴他們我沒有意見，要他們自己負起責任。」這是辜振甫的一貫作風。

耀眼家族　坦蕩家風

在企業界、傳播界、民間人士的眾多話題中，對大家族、富豪世家、大財團的成員相互比較，是大家都有興趣的話題之一，辜家成員在企業界的地位，在經貿外交的耀眼表現，經常成爲「比較」的訪談對象，譬如：辜振甫與辜濂松叔侄的比較，辜啓允與辜成允的比較，他們兩兄弟與三個堂侄仲諒、仲瑩、仲立的比較，以及他們五位堂叔侄與他們父親的比較。

辜成允對這類「比較」的問題，答覆得很得體，也很貼切。他說：辜家每個成員，都是專業經理人，每個人都扮演好自己的角色，因爲因緣際會、成長環境以及興趣不同，而有不同的發展方向。「我們彼此之間會有競爭，不過彼此的合作更多。」

就像辜成允所說，辜家每一個成員，都是專業經理人，都接受一定程度與過程的磨練。他在美國華盛頓大學取得學士學位，回國在以嚴格著稱的宋作楠勤業會計事務所，做了三年查賬員，然後到美國賓州大學華頓學院攻讀碩士學位。

一九八二年，辜成允二十八歲，他追隨父親進入台灣水泥公司，從資料處理室專員，到企劃室代主任，六年多以後，升爲副總經理。

一九九一年，辜振甫卸下肩擔了三十二年的台泥總經理擔子，交給三十七歲的二兒子成允，專任董事長。他說，他於一九五九年出任總經理，那一年，他四十二歲。

二〇〇三年，辜振甫服務台泥整整五十年，他選擇這一年，把長跑了三十年的董事長棒子，也交給了辜成允。他悠然走出他一生奉獻的「水泥王國」，留下永恒的背影。

辜成允在學校主修會計和電腦，爲什麼不進金融系統的中信，而選擇台泥？他解釋，他的個性不適合，他不喜歡「擠來擠去」的金融業務，喜歡觀察事物從無到有的演變過程，也就是自製創作的過程。他不否認進台泥多少受了父親的影響，「父親每次跟我談台泥，總是強調台泥與台灣的經濟轉型，息息相關，非常重要。事實上，台泥也是父親的主要事業，經營數十年，對他具有特殊的意義。」

他不後悔參與台泥企業，「我很幸運，開始做事就跟著父親。」他了解父親的經營理念，也儘力延續父親的經營哲學，「父親那一套中國儒家思想，我完全能夠接受，這也是我們能和全世界競爭，或經營上不一樣的地方。」

儘管社會變了、時代不同了，辜成允和他哥哥啓允一樣認爲，父親的經營理念基本上是正確的。他解釋：人性不會因爲外在環境的改變，有太大差異，任何年代都有不忠、不義、不孝的人，也都有忠心耿耿、重孝道、講義氣的人。他秉承父親的理念，致力選擇最好的專業經理人，在甄選過程中，他請父親與濂松堂哥參與，借重兩位的閱歷、經驗與智慧，減低用人不當或找錯人的風險。

辜成允也了解，這一代人的需求與價值觀，與過去不一樣，因此，在客觀環境的條件上，他做了調整，在管理表達方式上，他比父親直接、快速。

這對父子，在事業溝通上很特別，「父親多是教我怎麼做人、待人，很少談經營。」辜振甫不僅對兒子不太講怎麼做生意，如何投資可以賺錢，他對外國學者也一樣。辜成允還記得：美國賓州大學於一九九二年五月十八日在畢業典禮中，頒贈賓大榮譽法學博士給辜振甫。典禮前，賓大請華頓商學院院長湯瑪斯·傑瑞提（Thomas P. Gerrity）和副院長沈本漢（Jeffrey Sheehan）來台北訪晤辜振甫，以便撰寫推薦文稿。

訪談結束後，他們對辜成允說，他們很驚訝，他們接觸企業界的人很多，各國都有，「你父親是最特別的一位，他講的都不是做生意，而是人生哲學，做人處事的大道理。」他們很難理解，人生哲學、做人做事道理跟企業經營有什麼關係？

辜成允向他母校的兩位教授解釋，這是辜振甫的企業經營哲學，認爲一個企業體的員工，都能坦蕩蕩做事，公司就能夠坦蕩蕩在社會立足，一切公開，被大眾認同，有了良好的形象，生意就會好，員工才能長久爲公司服務。「我的父親講求企業文化，重視人才培養，他不講求經營技巧，他從不用耍詐獲取利潤。」

辜振甫是我國第一位獲得賓州大學榮譽法學博士學位，湯瑪斯・傑瑞提說明賓大頒贈學位的意義：「辜振甫先生在商業、公共服務、國際經濟關係以及外交上的成就卓越，在當前全球整合的時代中，辜博士是世界領袖的理想典範。」

辜振甫的企業文化、經營理念，在台泥發展的過程中，發生很大的效益，也爲台泥奠立堅實基礎。

默然耕耘　凝聚群力

追隨辜振甫二十多年，並曾任主任秘書的莊惠鼎說：董事長講求正派經營，數十年如一，他常自謙：「我沒有專業知識，只憑常識判斷，容易做出錯誤，不如交給專業人才負責。」事實上，他對企業經營有遠見、有新觀念，決定營運政策，非常嚴謹，認爲離本行太遠的投資，成功機率較低。因爲重視專業，在遴選主要幹部時，都經過很長時間觀察，一旦任用，就充分授權。他主持每週的各單位主管業務會報、一級主管業務會議，效率很高，指示精簡，留給專業經理人很大的思考與發揮空間。

辜振甫機要秘書王佾，是辜懷群的東海大學同學、室友，一九七九年她由農復會轉任台泥，跟隨辜振甫，她說，在她心目中，董事長是慈和的長者、長輩；在工作上，是要求很高、很嚴格的長官，「我很幸運能爲一位非常高水準的長官服務、學習。」二十多年來，她從沒有看見董事長發過脾氣，縱使內心可能澎湃洶湧，也不形於色，對同人從不疾言厲色，犯了錯，也多用迂迴方式勸誡。董事長話很少，指示非常清楚、明確，「我們在工作上有很好默契和配合。」

一群「台泥人」，自嘲「台泥人」就像「水泥」，沒有聲音，但有很強凝聚力。走過台泥每一辦公樓層，任何時間，場景差不多都一樣：寬大的辦公廳，人在走動，輕輕的、靜靜的，縱使在討論問題，聲調也是低沉的、委婉的，聽不到喧嘩，似乎雜音也很少。一位主管說：我們公司的企業文化，就像我們的董事長爲人，話很少，功夫下得很深。人人知道按部就班把事情做好。「董事長的授權；不是放任，他建立良好制度，明確方向指標，讓大家發揮專長。」

台泥的員工，多以招考方式進用，工作環境好，待遇高，人事安定，進了台泥很少人會想離開，平均年齡四十五歲，年資二十年，算是年輕。這樣的人力結構，在過去是企業的優勢，面對急速變化的大環境，大家擔心老公司缺乏彈性，會不會阻礙發展。

台泥大家長對於子弟兵們的憂心，感到欣慰。他說，台泥是傳統產業，也有傳統文化與制度，但是台泥絕對不是墨守成規不求進步的產業，半世紀來，台泥不停推展分階段轉型。

辜振甫說，「知識經濟」時代來臨，「企業轉型」是一個重要的歷史性課題，也是一個非常重要的跨時代性課題。過去五十多年，台灣經濟結構發生質變，產業發展重心迅速蛻變演化，企業在不同時代或階段，必須採取不同經營策略，也必須隨著產業本身的成熟度，及時做好企業轉型工作。

他說個故事：

有一天，兩位老闆一起去爬山，在森林裡休息時，突然聽到後面傳來一陣低吼的聲音，回頭一看，原來是一隻黑熊正朝向他們直撲而來。其中一位老闆見狀，馬上將背包放下，取出運動鞋，脫下登山鞋之後準備換鞋逃命。另一位老闆說：「黑熊已經逼近了，換鞋有什麼用?咱們都一大把年紀，跑不過大熊呀！」那位老闆回答：「這你就不懂了，換了鞋就會跑得比較快些，只要我能跑得比你快就成了。」

辜振甫說，這個小故事的含義是：「我們是否比同業跑得快，轉型得更快，更具競爭力？」

他形容企業轉型的成敗，就像一場音樂會：要讓企業轉型成爲企業成長史中振奮人心的樂章，除了配合場景的曲目，關鍵是落在音符和音符間的節奏、臨場的交感回響和一份餘韻。

辜振甫往往在談很生硬、嚴肅的話題中，穿插一些故事，和很感性的引喻。

台泥企業的階段性轉型，是一場成功的音樂會嗎？他沒有正面回答：「是」或「不是」，他列舉事實：

重點轉型　突破瓶頸

台泥自一九五三年移轉民營到八〇年代，是第一階段轉型，重點以水泥的製造運銷爲中軸，設立台灣士敏工程（自製水泥製造機械）、台灣通運、香港水泥等公司，屬一貫作業導向型態。

八〇年代中期開始進入第二階段，向光電、石化和高科技產業多角化經營，如投資聯誠（modem）、福聚、中國合成、信昌化工、信昌電陶等。

一九九四年，台泥在花蓮縣的和平工業區，投資新台幣八百億元，興建水泥廠、專用港和火力發電廠，開創了全世界「三合一」的首例。這個投資案，於二〇〇二年九月，陸續完工，矗立在花東海岸邊的工廠，形成壯麗的景觀，經過嚴格的環保和綠化規劃，和平工業區宛若一座大型公園，也成了台灣第一座公園化的水泥廠。

一九九〇年代，辜成允接掌台泥，他說，父親是董事長，台泥發展的大方向由父親主導、規劃，他負責執行，「父親還是花許多時間在台泥業務上，所以比較不會出錯。父親至少每個月主持一次業務會議，各廠廠長和一級主管參加，聽取每個單位的報告，並做重點指示。」

這位年輕總經理，漸漸發現台泥發展已到頂點，又有很大瓶頸，如果要成長，要更大發展，必須在投資方向上做大轉變。辜成允說，「我把我的看法與初步計畫，向父親報告，和他溝通，得到他的支持。」

一九九〇年代中期，台泥開始展開第三階段重點大規模轉型，以高科技產業爲主，結合寬頻網路、衛星通訊、多媒體電訊等事業，形成通訊事業，相繼成立和信電訊、和信超媒體。在這個階段，並跨足廢棄物處理和能源產製、再生利用事業，主要投資事業有：達和環保服務、和平電力。然後再朝國際化方面發展，如投資經營英國Synpac（製葯：盤尼西林）、美國Synpac N.C.（孤兒葯）、美國Continental Carbon Company（碳煙）、菲律賓馬尼拉水泥發貨站。

辜振甫爲和信集團企業轉型，定出六個主要方向：高生產力、高顧客滿意、高創新、高合作、高文化、高國際化。他說，一九五四年，台泥每一生產員工平均生產水泥二百公噸，二〇〇二年已達五千公噸，「台泥企業團在高生產力和高顧客滿意方面領先。」

台泥第三階段轉型中，積極將台泥調整爲「水泥與科技掛鉤」的型體，但在這兩種產業關聯性有相當差異的環境中，「掛鉤」的經營，面臨很大的挑戰和考驗，出現一重又一道的難題，辜家一貫的經營理念，也受到質疑。

辜成允坦率表示，經營理念是可以互通的，不過有一個最大的差別，那就是速度，在水泥業循環一個週期如果需要一年，在電信業可能只有三個月。

辜成允說，開始投入高科技領域，他嘗試先做小的投資，希望由台泥同人跨行經營，「雖然我們選的行業都很好，但是經營的觀念趕不上新行業，或是與行業本身的契合有問題。」他深深體會到「隔行如隔山」的經營原理。

在關鍵時刻，他一定向父親報告，認爲在傳統水泥本業方面，台泥只做自己會做而且能夠做得最好的事業，自己不會或無法做得最好的，只投資，不經營，或是處分掉。

經過和信集團的評估發現，台泥在廢棄物處理（經營焚化爐）和能源產製（發電）方面，與水泥廠的運作環境與技術類似性很高，由台泥同人跨行經營比較容易，而且會做得很好。至於其他與水泥不相關的企業，逐漸淡出。辜成允說，我們決定調整方向以後，處分了好幾家經營不善的企業。

在台泥與科技相結合的轉型方面，他們選擇了「電訊」，成立和信電訊公司，辜成允擔任董事長，聘請專業經理人，重組團隊，台泥人力只支援財務的管理，走向只投資，不經營。二〇〇三年七月，和信電訊與遠東集團的遠傳電訊合併，以便達成和信「3G」電訊的理想目標

「只投資、不經營」是辜振甫主要經營理念之一。他透露他經營企業成功秘訣：寧可做一個大公司的小股東，比做董事長好。他認爲，出錢的人就要管事，出主意，這種中國傳統的老觀念，他不以爲然。他主張公司大眾化，「公司大眾化以後，無論是經營者，職工或社會大眾都成了股東，共享公司所創造的經濟利益，而不爲少數資本家所壟斷。」他認爲，有這樣理念的人，才能經營大事業，才配得上被稱爲「企業家」。

他偏向多角化投資，優點是這個事業做得好，可能另一個事業做不好，相互支持，事業才能持久。

他一貫堅持，要用有能力的專業經理人才，不一定要由自己家族的人把持；充分授權，讓員工拿出真本事，他說，一個企業如果不授權，又沒有升遷機會，員工可能背叛，離開公司自創一家類似的公司對抗，你就沒有前途了。

一般認爲，辜振甫的這些成功秘訣，不全然是他成功的全部要素，他的個人特質和時代背景，可能是導致成功的重要因素。

辜振甫以他一貫的「工作態度」，做了回應：他有耐心、誠意、虛心，深信做假是沒有用的；他從小養成求上進、奮鬥的精神；他有幹勁、勇氣和企圖心。他說，一個人做事不居功，人家自然知道你的能力。他就是這樣，帶領台泥集團，走過將近半世紀的企業榮景。

分分合合　風風雨雨

當時序由十九世紀邁過千禧，迎向二十一世紀，台灣大環境隨著發生劇變；政權輪替、經濟衰退、高科技快速突破層層技術障礙，企業面臨業務環境的變局與競爭等一股又一波的衝擊，台泥企業第三階段轉型的壓力，也相對加重，辜家第二代接班人啓允、成允兩兄弟，分別從不同方向，力圖突破、掌握來自內外各個層面的不均衡變動，希望在「變」與「不變」之中，建構起台泥企業、和信企業通盤的順序。

就在這個重要關鍵時刻，傳出辜啓允健康的警訊，接著，沒有幾個月，又傳來這位正值盛年，全力衝刺的辜家第二代執棒人的噩耗，震驚了企業界，也打亂了辜家企業接棒的承傳，必須重新佈局。

二〇〇一年，對和信企業團，是一個巨大的「激變」；對辜家大家長辜振甫和他的家人，都是無比沉重的「傷痛」。

不滿五十歲的辜啓允，在二〇〇一年二月，發現膽管有塊腫瘤，經中外名醫診斷爲膽管癌，治療過程中，一度控制了癌細胞。十一月中旬腫瘤有擴散現象，立即住進和信醫院休養醫療。

近年來漸漸淡出和信企業的辜振甫，面對長子病情的變化，似乎有不祥的預感，他重新打起精神，與和信家族團隊商議，對相關企業做了調整和應變措施。

十一月五日，辜啓允請辭台泥董事，由他移居美國的二姐辜懷箴接任。第二天，又辭去嘉新水泥董事，他在六月間已先後退出嘉泥常務董事和副董事長的職務。連續兩天辜啓允「請辭」的消息，引起外界許多猜測，儘管和信企業集團副會長辜濂松解釋是「因爲健康」的關係，但是大家多持半信半疑，甚至認爲在這新世紀初，台灣產業發展巨輪，在全速馳向知識經濟的同時，國內不少跨國集團也正處於先破而後立的陣痛期。對任何一個企業來說，這段過程，外界難免會出現一些流言，和信集團當然不能例外。當辜振甫、辜啓允同時以「健康因素」雙雙請辭中國人壽公司董事長和總經理的消息傳出後，很自然的，也必然的加劇了外界醞釀很久的傳言：

辜振甫、辜濂松這對攜手合作將近四十年的叔侄，要「分家」了。

親情思義　切割不斷

十二月五日，中國人壽召開臨時董事會，會中決定更換股東的法人董事代表，由辜仲立（辜濂松三子）與顏和永，分別接任原董事長辜振甫和副董事長蔡念祖的職位，並聘任顏和永爲總經理；原總經理辜啓允以健康因素請辭，仍擔任董事。

這一天，新聞界的話題圍繞著「爲什麼中壽在這個時候全面更換董事長與總經理？」「和信企業是不是要分家了？」誰也沒有注意到在短短一個月裡，一連串的「請辭」，在時間點上，與辜啓允的病情有很大關聯。

十二月二十四日凌晨，辜啓允依依不捨向他熱愛的、停留不滿五十年的塵世告辭，他對割捨不下的親情流下告別的淚水。也爲他經營企業的沉重負債，期盼家族諒解、承接。

辜啓允去世的消息，讓許多人恍然了解辜振甫處理內外事務時，在動與靜、輕與重之間，拿捏的分寸；在家族企業與親情之間，蘊含著很深的愛。

過去半個世紀，辜家事業的承傳，有默契、有計畫、有步驟，也有堅持「專業分工而不分家」的原則和共識。邁入二十一世紀，辜氏家族企業的「分」、「合」，輕風陣雨不斷。二〇〇三年六月，傳出和信集團「分家」、整合傳承的訊息，鬆動了叔侄世代交替的基石，也讓這個百年家族的成員，承受企業生命共同體從未有的重，包括債務和恩情。

了解辜家的人認爲，縱使辜家叔侄劃清了事業的版圖，但切割不斷他們的親情和恩義。

一手建立起和信集團的大家長辜振甫，面對這場遽變，懷著一份感傷和無奈，他淡然表示，人世間事，合久必分，分久必合，「分不分家不重要，重要的是：我們辜家的血緣永遠一脈相傳。」

第四章

引吭高歌 澈悟人生

緣深情濃八十年

一九九二年一月二十六日，台北市國家劇院一場轟動菊壇的平劇演出，媒體以「台上台下群英會」妙喻爲標題，顯著報導。

這一場台上的「群英會」，由平劇名角劉玉麟、高蕙蘭先後分飾周瑜；李寶春飾魯肅；馬維勝、陳元正先後分飾曹操。最引人好奇的是七十五歲的辜振甫，在「借東風」一折裡，客串孔明——諸葛亮。

台下的「群英會」，是指來觀賞辜振甫相隔三十年重再粉墨登場演出的政商要人，包括李登輝總統、行政院長郝柏村、總統府秘書長蔣彥士、國防部長陳履安、台灣省政府主席連戰……，的的確確是冠蓋雲集。

這次演出是中華民國婦女聯合會和辜公亮文教基金會共同主辦的義演，辜夫人嚴倬雲女士是婦聯會秘書長，辜公亮文教基金會的副執行長是辜振甫的長女辜懷群，她們是促動辜先生登台客串演出的幕後主力。

辜振甫上一次公開演出平劇，是一九六二年參觀左營海軍官校時，在晚會中被邀和陳元正合演「二進宮」，前後相距三十年。

傳統京戲　父子同好

辜振甫與平劇結緣八十多年，播種人是他的父親辜顯榮。

父親能唱南管，不太會平劇，卻極喜愛。這份喜愛揉雜了他對中國傳統文化、民俗、歷史的渴念，以及生活在異族統治下的掙扎、矛盾的心境。父親常說：京劇劇情都是中國歷史，內容蘊涵忠孝節義，反映中國傳統道德觀、人生觀，也提示許多爲人處世的道理。

辜顯榮深深了解，要傳播傳統文化，就要有演出場所。一九一五年，他從日本人手中買下「淡水戲館」，位於台北市大稻埕（現太原路舊址）。經過改建整修，這座三層樓採用中國翹尾式建築的戲館，改名「台灣新舞台」，成爲台灣最重要的表演場所，邀請的表演團體，有本地的，更多是來自上海、北京的京劇團。辜振甫還記得「狸貓換太子」演出時的盛況。「父親最喜歡關公戲，在大陸飾演關公的紅生小三麻子，曾來台灣表演。」

在日本殖民政府蓄意抑制台灣民眾對祖國舊情的環境下，辜顯榮利用禁忌的夾縫空間，一齣戲接一齣戲地演，在民間，維繫了中國傳統史事、文化、風俗和民族意識的散播；在家裡，培養了愛子對京劇的興趣，種下濃濃不解之緣。

父親這種矛盾掙扎的心情，辜振甫從小旁觀、感染，深深體會在心。二次世界大戰末期，「台灣新舞台」毀於盟軍飛機轟炸，並未炸斷辜振甫對京劇的情緣，和辜顯榮的苦心孤詣。

辜振甫五歲，父親就帶他去「台灣新舞台」看戲、聽戲，「對平劇，我一看就迷上。」從台下迷到台上，由喜愛轉爲癡迷。隨著歲月的增長，平劇，堂堂皇皇晉入他人生的「第一享受」。「不跨進門檻的人，體會不到這種喜悅。」

名角較勁　戲迷過癮

一九四〇年代初，他在日本東京大學研究所進修期間，常常利用短暫假期，到北平看平劇。那時候，大牌平劇名角多長駐北平，如四大名旦：梅蘭芳、程硯秋、尚小雲、荀慧生。四小名旦：李世芳、毛世來、張君秋、宋德珠。名老生更多，真是好戲連台。辜振甫觀賞了不少名角名劇，留給他最深印象的是：譚富英和李少春打對台演出的盛況。

六十多年過去了，他還記得這場「對台戲」的部分戲碼：雙方爲了競賽，各顯看家本事。李少春以武生爲基，兼唱老生，他先唱「三岔口」，後唱「失空斬」；又前唱「野豬林」，後唱「戰太平」。譚富英一口氣唱全本「龍鳳閣」，從「大保國」接唱「探皇陵」，再連「二進宮」。

辜振甫說：他們這種唱法過去沒有人嘗試過，真是了不起，也真過癮。台上名角較勁，台下觀眾過癮。

事實上，譚富英和李少春兩人淵源很深。譚富英的祖父譚鑫培是鬍生大宗師，他的傳人余叔岩正式收徒只有四人，依拜師先後是：楊寶忠、譚富英、李少春、孟小冬。同門師兄弟，一時間演出對台戲，比個高下，滿足了多少戲迷，不知是否也傷了他們的感情！

譚富英、李少春打對台，分別在不同戲院演出。辜振甫不顧嚴寒，趕場看戲。談起這段過戲癮、償心願的往事，他依然興奮，似乎又回到那個年代的場景，餘音仍繞迴，青春歲月是那樣無牽掛，那麼美好！

辜振甫很得意，在余叔岩四大弟子中，他先觀賞了譚富英、李少春的多場對台戲，又私淑孟小冬。他喜愛余派的戲，談到余派唱法，更是興味高揚：「余叔岩唱法的妙處，在於你聽不出他在什麼地方換氣，氣韻貫串沒有稜角，聽來極其舒服。」辜振甫喜歡這位師祖，認爲是最好的藝術家。

年紀越大，對舊事物懷念越深。

他懷念北平時代的平劇演出，演員好、戲好、連老式的「戲園子」的氣氛，也覺得有趣。他描述北平一家戲院「廣和樓」的景況：小小一方桌子，沏上一壺好茶，用大碗斟著，閉上眼睛聽戲，那感覺真好。

台上演員絲毫不敢馬虎，只要稍出差錯，馬上倒采、噓聲四起；唱到精彩處，掌聲、喝采聲共鳴。坐在台下的人，多是行家。台下也有「戲」，演的是「隔空」擲接手巾把兒，看戲的人有不時擦把臉的習慣，戲院的堂倌遙遙相對，這邊扔來毛巾，那邊一手接住，也是一種表演。

辜振甫讚嘆：「平劇，實在是迷人的藝術，一旦入迷，迷你一生。」他迷了整整八十多年。

自喻「終身戲迷」的辜振甫，真正踏進平劇殿堂，是在香港。

一九四九到一九五二年間，辜振甫帶著新婚妻子旅居香港。當時中國局勢逆轉，大陸變色，國民政府遷都台北，在共產黨統治下，人心惶惶，許多平劇界名人避難香港，掀起一股平劇熱。

辜振甫平劇啓蒙老師是譚（鑫培）派名鬚生李和錚。「李老師在行內輩分很高。」那時候，他才十歲。

於香港，辜振甫最初在上宗譚派的鬚生泰斗余叔岩的琴師王瑞芝指點下，專學余派，隨後又受教於余派女弟子有「冬皇」之譽的名鬚生孟小冬。

辜懷群對爸爸學戲有一段很生動描述：

「爸爸真正學戲是在結婚之後，根據受洋式教育的媽媽之說法，是『每天搖頭晃腦，唱個不停，又不夠專業！乾脆勸他正式拜師，以免耳朵遭殃。』爸爸在媽媽鼓勵之下，衝到當時最負盛名的余派傳人孟小冬女士家裡，央央求求就拜了師。」

辜振甫跟孟小冬老師學了不少戲：「洪羊洞」、「八義圖」、「捉放曹」、「二進宮」、「空城計」……等。後來又跟楊寶森老師學「文昭關」、「空城計」。

學戲，他攻老生。他認爲，平劇生、旦、淨、末、丑，老生戲最難學，講究火候、韻味，他喜歡也不怕向高難度挑戰。早年看戲，偏愛英武威猛的花臉角色，但他自喻在「唱不來花臉，不喜愛小生」的比較下，選擇了自覺適合的老生；老生頗多悲壯的戲，他覺得悲劇性格的角色演來更有味道。

余派嫡傳　冬皇親授

孟小冬不隨便收學生，不願輕易傳藝；辜振甫是票友，她才答應指點，「孟老師門下極少職業藝人。」

辜振甫回憶跟孟老師學戲，「她教戲是一句一句地教，每一句一唱再唱。王瑞芝在一旁輕聲操琴，她拿板邊敲邊唱，教得很細膩、很認真。高興時，教來很有韻致，不高興時，一句話不說。」

孟小冬的每一齣戲，都有自己的調，「洪羊洞」有她「洪羊洞」的調，「捉放曹」有她「捉放曹」的調，知音內行人，一聽就知道是她的唱法。辜振甫舉例：孟老師的「捉放曹」，唱到「落花有意」時，以低音把「意」字拉到底，韻音盪漾，留給人無限回味。他情不自禁右手輕拍桌面，唱了起來，韻味十足。

有一次，辜振甫唱「捉放曹」，仿傚孟老師的特殊唱法，李炳莘聽了就知道，他問我：「是孟小冬的唱法？」我說：「對。」孟老師唱戲有她的訣竅，可惜執意不肯輕易傳承。

孟小冬對傳藝的堅持，幾乎近於無情，她不許錄音，她拒絕灌唱片。甚至吊嗓子，也不讓人聽。那個年代，沒有冷氣，大熱天，她也要關緊門窗。有一天，她的女兒把錄音機放在床下偷錄，被她發現，將錄音機摔到樓下去。「她的這份執著，大概是受老師余叔岩的影響。余叔岩臨終時，把自己用的戲本大部分都燒掉。」

世間事，有時也有例外，孟小冬在辜振甫的苦苦要求下，竟然還答應這位票友弟子錄下她教授若干齣戲的部分說戲過程。學生沒有辜負老師的一片好意，隨著錄音反覆練習，直到融會。

像孟小冬這樣親受余叔岩真傳的名家說戲錄音，對平劇界朋友，應該很有研究價值，辜振甫感慨說：「可惜，從來沒有人來找過我。」蔣彥士先生擔任教育部長時，曾向年輕的平劇界人士透露辜振甫先生擁有孟小冬說戲的錄音，「你們學老生的，可以找辜先生聊聊。」結果，還是沒有人來，沒有人重視這批珍貴的承傳遺音，「反倒是大陸平劇界人士（包括名琴師）聞風來找過我。」辜振甫有點無奈，有點遺憾。

孟小冬前後兩任丈夫梅蘭芳、杜月笙，梅蘭芳曾鼓勵她灌唱片，留之久遠，沒有被接受。辜振甫說，香港八大公司曾出高價希望爲孟小冬出唱片，杜月笙卻採和梅先生不同態度，站在孟小冬這一邊，終於無法改變這位最負盛名余派傳人的初衷。

有人說，孟小冬的才藝、韻音失傳了，因爲她的學生中沒有職業藝人；事實上，她的票友弟子，默默傳承，發揚了余派藝術。被認爲宗余鬚生票友中最傑出的趙培鑫，是她的門生之一。

辜振甫稱趙培鑫「我的好友」，「他比我資深多了，我受教於他的地方也不少。他最初拜師馬連良，唱馬派戲，後來轉向孟小冬學余派戲。」杜月笙六十大壽，孟小冬與趙培鑫在上海廣生日堂會，合演「搜孤救孤」，趙培鑫演公孫杵臼，孟小冬飾程嬰，十分轟動，也成了他的成名戲。辜振甫頗受這位同門前輩名票的感染和鼓勵。

對於這位數年前在美國去世的老友，晚年經營事業不順遂，他有很深的感慨，「他不是做生意的人。」

辜振甫五歲開始看戲、聽戲，十歲拜師學戲，三十九歲第一次登台，在「李陵碑」托兆一折中，飾演老令公。

一九九一年，辜振甫七十五歲，突破三十年未正式上台成例，重新粉墨登場，引起很大的驚奇。

有人以爲他是無師自通，記者追問他的師承？問他爲什麼三十年不曾公開在戲台上亮相？辜振甫說，孟小冬老師及趙培鑫先生確曾都對他說過，戲沒有學好之前不要上台演唱。他同意老師的要求，一直等到孟老師去世才正式票戲。辜振甫贊同老師認真求全的態度，但光是聽戲、練唱不上台，不能算是學全了戲。戲劇是綜合藝術，不僅是唱，還有演技，有許多地方得到實演經驗過後，才能體會、察覺、糾正；也才能真正感受到平劇整體的美。

對平劇，辜振甫有一股執著的意念：平劇，是一門藝術。平劇，是經過許多年和許多位前輩名家，累積傳承的傳統藝術，劇情、唱腔、做工有多樣變化，再經名角不同詮釋，不同表現方式；同樣的戲碼，甚至同樣演員，場場都能引人入勝。聽戲久了，轉成內行，越聽越有味，老戲碼，老名角，百聽不厭。

一位平劇演員的成名過程，既艱辛又漫長，有的經過二十年、三十年的淬鍊，甚至投注一輩子的心血。辜振甫認爲，平劇名演員足以與外國歌劇名演員比美，毫不遜色。但是，西洋歌劇被視爲高尚的藝術，平劇卻得不到同等的藝術評價。歌劇名演員，擁有社會地位，平劇演員除登峰造極者外，在社會上極少有地位，而且，老來還得靠親朋好友接濟。他企盼平劇演員，「不要只把演戲當做生活的手段，應自勉自強，爲探究傳統藝術的精華而終生投入，才能得到社會的敬重。」他問：這是觀念問題？還是社會制度問題？

禮敬前輩藝人，長期默默幫助老藝人的辜振甫，面對這些問題，有著很沈重的無力感。

戲裡戲外融和一體

平劇，辜振甫能唱，唱得有板有韻；辜振甫能演，演得瀟洒自如，氣定神閒。每次他粉墨登場，總是引來相同的疑問：他真的能唱又能演？他怎麼學的？一個在台灣土生土長，在日本殖民時期，受完小學、中學和大學教育的工商界領袖，是那一種因緣際會讓他接觸平劇，愛上平劇？又有時間經常演練？大家都很好奇又關注，每每造成未上演先轟動，甚至遠在美國的中共駐美大使館人員，風聞辜先生要粉墨登場，也打電話向參加演出的菊壇名角李寶春查證。

翻閱報紙，幾乎每次傳出辜振甫要上台演平劇的消息，記者在報導中，都會提出相同的疑問和好奇，辜老也一次又一次說明，綜合整理答案，平劇繞住辜先生的是：親子的思慕之情，童年深植的興趣，濃厚的藝術情操，對中華文化的熱愛與關懷。有時，他會自嘲：「我這是──『不務正業』。」

觀眾、媒體給這位票友演出的評價，湧現在掌聲中，呈現在讚語裡，對他的唱腔、身段、扮相，都有生動的描述，一些行內朋友對「復出」後第一次之「借東風」的評語，最令辜老心領。

十五年來與辜振甫所創的「辜公亮文教基金會」合作，推廣傳統戲曲的知名文武老生李寶春，形容辜先生「臉長鼻挺」，極似馬連良。在「借東風」中，採取馬連良早年唱法，幾個翻高的音，唱來臉不紅、脖子不粗，劇藝精湛。

辜振甫說：本來他是不唱「借東風」的，因爲那是馬連良先生的戲，以扮相、做表著稱。「我追隨孟小冬老師，學余叔岩先生的戲。」但是，李寶春慫恿他試演「借東風」，替他說戲、陪他吊嗓子和設計身段，演出時還爲他把場，推他從幕後亮到幕前。他說：「當時大家要我湊和一段，只有獻醜了。」聽了李寶春的評賞，他很高興，他歸功「老師」的指導有方。

曾多次在台上台下爲辜老操琴的王克圖說，辜先生中音很厚，唱老生是「入對了行」。在行腔技巧上，掌握甚好，韻味很足，吐字發音清楚。

舞台上老搭檔名淨陳元正，也認爲辜老的扮相極像馬連良，他很佩服辜先生「息演」三十年，到了七十多歲一登台就挑戰「借東風」，而且扮相穩重。名伶顧正秋說，辜先生不但扮相俊美，韻味更好。

中國京劇院一行十人，在一九九三年五月，辜振甫演出「空城計」前夕，來到台北。院長呂瑞明表示，他們在中國大陸就已聽說辜先生是位戲迷，還能演戲，演的余派老生是出自孟小冬。這次他們不僅見到了辜先生，又觀賞了他老人家劇中的孔明，真是「百聞不如一見。」

愛好余派，也飾演孔明的中京院名老生孫岳，觀賞了辜先生的「空城計」，很感動。他說，近八十歲的孔明，雖調門稍低，但字正腔圓，韻味醇厚，頗有余派之風。三十分鐘折子戲，表現沉穩，扮相瀟灑，氣宇軒昂。

呂瑞明推崇辜先生是「頭號大票友」，與一般票友很不一樣，能唱能演，又建劇院，還爲年老失依的京劇藝人籌募基金，「這次，我們能與辜先生會面，特別有意義。」

上海清唱　名角雲集

辜振甫的平劇造詣，於一九九三年四月在新加坡舉行「辜汪會談」時，由媒體報導遠播中國大陸。五年後，他率領十二人訪問團，到上海、北京進行「辜汪會晤」，中共特別安排了兩場平劇晚會，大陸名角獻藝，台灣名票清唱，心聲交融，隔閡盡撤。不禁讓人想起辜老常說的一段話：「人生事十之八九不如意，唱戲、聽戲時，就可拋在腦後，讓自己不要氣餒，多一些希望。」他對兩岸問題總是抱著很大希望，從不氣餒。

一九九八年十月十五日晚上，海協會會長汪道涵夫婦，陪同海基會董事長辜振甫伉儷，到上海蘭心大戲院，觀賞京劇堂會，十多位大陸一流京劇演員梅葆玖、李世濟、葉少蘭、李維康、張君秋、孟廣祿、于魁智、張克、穆宇等，每位彩唱一段名戲，以饗這位「名票」貴賓。然後他們在台上一字排開與觀眾一起以掌聲邀請辜振甫上台。站在他們中間，辜老清唱了「洪羊洞」、「魚腸劍」，由名家燕叔平操琴，他的余派腔韻，第一次在中國大陸響起，不再是媒體的傳聞。

坐在台下的辜振甫機要秘書葛保羅說，董事長演唱前，觀眾都紛紛疑問：他真的會唱京劇？聆聽以後，他們一邊鼓掌，一邊叫好。

十月十七日，中共在北京長安大戲院，安排了一場京劇晚會，辜振甫入神聆賞之餘，再一次應邀上台唱了一段「空城計」。

大陸四天訪問，日程排得密集緊湊，參觀、訪問，會晤中共領袖階層。被政府委以重任的辜振甫，不管是觀賞古物、京劇；或是與江澤民、汪道涵等人晤談，爲尋求兩岸關係長期穩定的發展方向，殫思竭慮；或是面對中外記者不斷湧來的各種問題，他永遠保持一貫的雍容儒雅，謙和沈毅。讓大家感到驚奇、佩服的，是這位八十歲的無任所「大使」，在忙碌一整天之後，還能悠然自若聆賞二、三小時京劇，隨興上台清唱，一無倦態。

有人問他「秘訣」。

他說，養生之道在唱戲。

唱戲是藝術性很高的娛樂，在忙碌生活中，在人生無常中，唱戲可以調節情懷，滌除繁雜不安的心靈。不高興時，從心底放聲高唱，憂惡之氣頓時舒散；高興時，唱得更是心神暢快。吊嗓子，必須運氣、入丹田，增加肺活量；走台步，腳要穩、要定、要實，等於在練腳力。他風趣地說：「唱戲比打高爾夫球運動量大，而且時間容易控制。」

七十歲以後，辜振甫歷經心臟、腎臟等大小手術；唱戲，助他重建了健康；唱戲，讓他盡情揮灑，更澈悟了人生。

眾人感嘆「人生聚散無常」。辜振甫卻說：唯有如此，才能產生如「花前月下，人面桃花」等東方人的優雅情懷，這種情懷，超越西方人的「理性主義」。

群英會萃　樂在戲中

以戲會友，是辜振甫痴迷平劇的另一個樂趣。

台灣光復以後，隨著國民政府遷台，正宗平劇文化也散播開來。平劇界名伶很自然成爲辜振甫的朋友。當時政府官員、工商界領導人，有很多平劇愛好者，常常聚會談戲、唱戲，辜振甫與他們多了一層交往的際會。

新聞界碩宿葉明勳先生在一篇文章中描述：「……襟兄辜公亮，他與少老都酷愛余派老生平劇。台北迪化街辜府老家，每月便有幾次絲竹管弦之盛。公亮兄才識，即爲少老所讚賞……。」

葉明勳一生熱心新聞傳播和新聞教育，三十年代，投入中央通訊社。一九四五年十月，中央社社長蕭同茲先生調派他擔任駐台灣特派員，接管日本同盟通訊社台灣分社，籌備成立中央通訊社台北分社，並任主任，爲中央通訊社打下基礎。他是台灣光復後，第一位由大陸來台灣接管新聞機構的報人。他的夫人嚴停雲女士（筆名華嚴，是一位名作家），與辜振甫夫人嚴倬雲女士是親姐妹。

文中的「少老」，是指國之大老黃少谷先生，歷任行政院秘書長、副院長、外交部長、司法院長、總統府資政等要職，是一位很受人敬重的政治家。葉明勳先生認爲，少老從政六十多年留給後代的典範，是在對權位無所爭，對責任從不推諉，待人則極寬厚，爲善不欲人知。

辜振甫是由葉明勳引介，認識少老，又由少老力荐，擔任經濟部顧問。葉先生說，台泥公司由公營轉民營，業務發展，爲水泥、工礦、農林、紙業四大公司之冠，公亮兄由台泥總經理而董事長，氣勢非凡。「少老之知人，於此可見。」

辜振甫對少老非常敬重，他說：少老說話很少，但說得很正、很直；而且沒有私心，功不自居；看事情很深入、有擔當。他更心儀少老的雍容大度，意態自若。「少老是一位傑出、了不起的長者。」

很多人說，辜振甫爲人處事有許多地方酷似少老，辜先生連說：不敢當。「我努力向他老人家學習。」

一九九一年二月財團法人海峽交流基金會成立，辜振甫擔任董事長，在歷任副董事長兼秘書長中，焦仁和是唯一喜愛平劇，從小蒐集平劇資料，對平劇淵源流派曲目、名角等如數家珍。更巧的他唱的也是老生戲。每次辜董事長到海基會，在聽了焦仁和的工作報告，並作指示以後，兩人就開始談平劇。焦仁和說，這是我們兩個人的共同喜好，他與辜董事長共事四年二個月，是一段非常愉快的日子。

儘管，辜老常說，以戲會友可以縮短彼此距離。焦仁和認爲，辜董事長把個人關係與事業不會連結在一起。

辜振甫與國際知名財稅專家劉大中，連袂登台票戲「群英會」，在財經界傳爲佳話，也留給辜老很深的回憶。劉大中的「周瑜」，辜振甫的「諸葛亮」，一時瑜亮，兩個戲迷，相契甚歡。劉大中去世，追悼會中，辜振甫的祭文引用「遙想公瑾當年」

名句，爲這段「以戲會友」留下恒久美談。

鄉土傳統 一體圓融

看到辜振甫醉心平劇，支持推廣平劇，又那麼禮敬平劇前輩藝人，不免引起一些人懷疑他冷落台灣本土的歌仔戲，是因爲他不懂、不喜歡歌仔戲。

辜先生說，有人總愛問他「國劇與歌仔戲有何不同？」「傳統文化與本土文化有什麼差異？」

有幾次，他接受記者訪問時，回答了這兩個問題，「這個問題很好，我很樂意談。」他說，由於對平劇著迷，自然會對中國戲曲有粗淺認識，談不上深入研究。

「我所了解，歌仔戲也是國劇之一，沒有什麼差別。」

「平劇歷史悠久，包羅萬象，比較爲多數人欣賞，因而稱之爲國劇。事實上稱爲平劇，似乎是因爲它是在北平集地方戲的特色而大成的緣故。」他說，中國大陸稱「北平」爲「北京」，所以稱京劇。

「平劇的發展以京城爲中心，皮簧─西皮、二簧爲原始曲調，由陝西南邊的漢中的地方小調開始發展，後分二路，一路由四川到河北，一路由河北到安徽，其中包括了『徽音』、『徽腔』，也包括了『崑腔』、『梆子』。」

「平劇流傳地域廣，發展歷史長，又吸納各種地方戲的長處，因此，發展『無聲不歌』、『無動不舞』、『無唸不是旋律』的藝術，是一門相當精緻的戲曲。」

「歌仔戲是以福建、台灣等地方爲主，漳州、泉州是發源地。早期叫『錦歌』，在傳到台灣的歷程中，融入了『車鼓』、『採茶』以及『亂彈』諸調而成，流傳地域比較小些而已。」

「如果一定要把平劇與歌仔戲加以區分，或許可以這麼說，一個在北邊，一個在南邊；一個比較宮廷，一個比較庶民、大眾。歌仔戲比較著重小生、小旦、小丑；平劇包括了生、旦、淨、末、丑。平劇坐科至少七年，訓練非常嚴格。除用的語言不同，歌仔戲演員，以女性爲主，平劇相反。」

「也許，我們可以把歌仔戲稱之爲台灣的鄉土文化。」

「我認爲所謂本土文化就是鄉土文化，鄉土文化也是傳統文化；傳統文化是累積下來的文化，在鄉土累積下來的文化，也是傳統文化。對我來說，沒有所謂傳統文化與本土文化之分，本土文化就是傳統文化。」

辜振甫語重心長提醒大家真正應該重視的，是整個文化的傳承問題，不管是平劇、歌仔戲、粵劇、豫劇、越劇……，乃至北管、南管，都面臨同樣的困境：缺少年輕觀眾，薪傳不易。如何推廣這些藝術，讓重要的傳統文化延續下去，這是政府和民間都要一齊努力的。

他說，國劇一詞，從廣義角度涵括了所有中國傳統戲劇，如平劇、歌仔戲、粵劇、豫劇、越劇……。在台灣，平劇和歌仔戲較爲普遍。他從小接觸平劇較多，緣深情濃，但也喜歡歌仔戲。

辜先生每次談到歌仔戲曲調發展時，都是用台語發音，另有一種韻味。

有人說，辜振甫戲裡戲外，融和一體，已臻於論語標榜的「游於藝」的境界。他從戲劇中的不斷領悟，揉合豐富的經歷，發諸爲辜振甫圓融的人生哲理。

戲中自有天倫樂

一九九二年二月，農曆年剛過，辜振甫主持的和信企業集團舉辦一場「迎春聯歡國劇晚會」，其中最突出的一齣戲，竟是最普通、常見的「跳加官」。

這齣很平常的「開台戲」，一般是在節慶演出時作爲開場祈福納吉的樣板戲，演員大多是班底的無名角色。

和信晚會這次跳加官的「財神」，卻由大陸旅美文武老生李寶春飾演，他從未看過這齣文化大革命後在大陸禁演的「跳加官」，來到台灣，見獵心喜，想嘗試一下，新學乍練，「紆尊」露了一手。

李寶春以頭牌老生上「開台戲」，伴隨一批稚真的小「龍套」，更使這齣「跳加官」，跳得火爆。

圍捧加官，一下上來八個小小「財神爺」，他們是辜振甫在台灣的八個孫兒女：辜啓允的一對兒女辜公怡、辜承慧；辜成允的一對兒女辜公愷、辜萱慧；辜懷群的一對兒女胡晉恒、胡晉華；辜懷如的一雙女兒張倚蘭、張倚竹。辜懷箴的三名子女趙宗弘、趙宗儀、趙宗慧，因遠在美國，沒有躬逢其盛。

祖孫同樂　親情甜蜜

討喜的老「財神」，帶著可愛、逗趣的「小財神」，把「跳加官」跳得全場爆笑，掌聲如雷。

加官剛一跳完，小財神爺散發完喜禮，簇擁到台下，向晚會的主人也是壽星辜振甫「接」賞，每個孩子都從祖父或外祖父手上接到一個大紅包。

距離這場晚會將近一個月前，一九九二年一月二十六日，辜振甫突破將近三十年平劇舞台的「沉寂」，在台北市國家劇院演出「借東風」，出場前後，這群內外孫都在後台、前台來來去去，端詳從來沒有看過「阿公」這般彩扮戲服的模樣。

辜振甫癮上平劇成迷，孩子們從小耳濡目染大都也喜歡平劇。他一直有個心願希望全家共演一齣戲，兒孫們不會唱戲，跑跑龍套也可以。

老大辜啓允認真求全，他覺得能全家一起登台唱戲，當然很「棒」，可是跑龍套也得跑出起碼的水準，他擔心沒有足夠時間去學。

孫子和外孫登台獻演，稍償了「阿公」一部分心願。

平劇在辜氏家族中已潛現了一份凝聚的親情。

大女兒辜懷群說她是先學會聽戲，才學會寫字。小時候除了坐在門坎上聽爸爸唱戲，還常常跟著祖母到淡水河邊看野台戲、歌仔戲。中國戲劇在這個女孩的小小心田裡，撒下狂熱，扎下深根。六歲，她開始接觸西洋音樂；學鋼琴、聽古典音樂，練聲樂。這些背景，促成她在東海大學外文系畢業後，到美國威斯康辛大學修戲劇與音樂碩士，在美國密西根大學獲英國文學博士學位。

跨越戲劇、音樂與文學三個領域的辜懷群，現在是「辜公亮文教基金會」執行長，掌理兩個很有特色的「舞台」——「新舞台」和「士敏廳」。扮演著：搭建企業界與表演藝術的友誼橋樑，把多樣、多元的藝文表演，帶給觀眾，共同追求精緻文化生活。

追溯「新舞台」的名稱由來，可源自一九〇九年，日本人在台北大稻埕興建「淡水戲館」；一九一五年辜顯榮買下戲館整修改建，更名「台灣新舞台」，一九四五年被盟機炸毀。一九九七年，一座新的「新舞台」，矗立在台北市信義計畫區，中斷了五十二年的「新舞台」重現了，距離辜顯榮那座修建的老「台灣新舞台」，已相隔八十多年。

回顧歷史，「新舞台」由黑白走向彩色，由凋零到重新出發，過程中有著長達半世紀歡愉的行軌和掙扎的痕跡。象徵著辜家三代熱愛藝術、薪傳文化的執著。

辜家的兩座表演廳「新舞台」、「士敏廳」，分別依傍著辜家兩大企業；「新舞台」緊靠中國信託銀行總行大樓旁；「士敏廳」設在台灣水泥公司大樓三樓。隱約透顯辜振甫內心念念不忘父親傳播中華文化的一片苦心孤詣。

造價新台幣十二億的「新舞台」，占地五百五十坪，可容納一千人的表演場地，目標走向：試圖結合周遭資源，努力尋求一個平衡點，希望在觀眾、表演團體以及企業體間，形成一個網狀的思考模式和營運空間。辜懷群表示，中國信託商業銀行再建「新舞台」最大目的，不僅在於營運一座設備優良的場地，更在於一顆回饋社會與大眾分享的文化心。

「士敏廳」於一九九九年啓用，比「新舞台」晚了約兩年。這是一座多用途、具有專業設備、標榜「小而美」的場地，可作集會堂、大會議廳和舞台表演。三百二十個座位，適合音樂、舞蹈、偶戲、平劇、曲藝和原住民歌舞等表演。

辜懷群形容「士敏廳」有著媲美「新舞台」的設備，以及較「新舞台」活潑的小劇場功能。

兩座表演廳啓用首場大戲，都是平劇，辜振甫也都登台演出，展顯了他痴心平劇，也關心平劇的另一層意涵。

「新舞台」重生那一年，他八十歲，登上舞台義演「文昭關」，扮演伍子胥；這是他下過工夫學的一齣戲。同場大軸是顧正秋和李寶春的「鐵鏡公主」。

慶祝「士敏廳」揭幕，他選了過去很少唱的「捉放曹」，飾演陳宮，扮曹操的，是他的「老對頭」陳元正。

夫唱婦隨　琴瑟和鳴

辜振甫的家庭「平劇化」，最成功的是他的夫人嚴倬雲女士。

在大學時代喜歡歌劇、聲樂，參加合唱團的嚴倬雲，原本對平劇幾近「討厭」，每當收聽廣播到平劇節目，她立即關機。事實上，在她年輕時，曾接觸過京劇，只是沒有發生興趣。那時候，她寄居上海大舅媽盛關頤家裡，盛關頤是清末郵傳部尚書盛宣懷的千金，侄女盛岫雲熱愛京劇，從四大名旦之一的程硯秋學戲。嚴倬雲說，她只是在旁耳聞而已。

婚後，在香港，辜振甫聚友在家練唱學戲，辜倬雲說，她是以「嫁雞隨雞」心情，寬容忍耐。久聽耳熟，慢慢培養出興趣，也掉入辜振甫所說：「一旦跨進那道門，就出不來了。」她對京劇認真起來了。

既然學戲，就得有板有眼，有師承，有所宗，這是嚴倬雲處事的態度，她選擇了程（硯秋）派，認爲程派唱腔特別講究內心情感，她喜歡那股憂鬱的韻味。她向顧正秋女士求教、切磋。

辜懷群對父母學戲、唱戲，有一段很感性描寫：

爸爸和媽媽是名副其實的「夫唱婦隨」。本來完全不喜歡平劇的媽媽，竟然在「伴讀」多年後牢牢地愛上了平劇。他倆一個唱「一事無成兩鬢斑，歎光陰一去不回還」，一個接唱「春秋亭外風雨暴，何處悲聲化寂寥？」聽著聽著，我和弟弟妹妹們也掉進戲裡去了。

她說：媽媽學戲非常認真，爸爸聽過多少好戲，但是，當他聽媽媽唱戲時，搖頭晃腦，那種神往、陶醉，那種「琴瑟和鳴」，讓她感動，真想呼籲天下的夫妻都去學唱戲：試著分享對方的成就，分憂對方的不足，欣賞對方的長處，指正對方的錯誤，成爲學習上的伙伴，終生相扶相攜。

辜懷群期盼天下的夫妻都去學唱戲的感受，事實上就是她雙親五十二年美滿婚姻的寫照：分享、分憂，相互欣賞。

辜振甫把夫人帶進他的平劇天地，辜夫人卻喚醒了辜先生「息隱」了三十年的「舞台癮」，最後，雙雙由「客廳」對唱，一起上了人生的另一個「舞台」，爲義演而唱。

一九九二年一月，嚴倬雲主持的婦聯會，舉辦「傳遞薪火、光揚國劇」義演，籌集照顧年老無依資深國劇藝人基金，她硬催帶勸，終於打破辜振甫三十年沒有登台的紀錄，爲「振興國劇」、「禮敬前輩藝人」，和「吸引票源」，走上舞台客串「群英會、借東風」一折中的孔明。

辜振甫記得這次義演在國家劇院連續兩場，第一場由顧正秋、李寶春合演全本「四郎探母」。「我只是在第二場客串客串。」他連聲說：「不好意思。」

一九九三年五月，婦聯會再度和辜公亮文教基金會合辦「傳遞薪火」晚會，邀出引退十三年國劇名旦王復蓉與高蕙蘭主演全本「紅娘」，辜振甫也再度粉墨登場，和陳元正合演「空城計」，此外還邀請李寶春、高蕙蘭和在日本進修的大陸京劇新秀袁英明、葉芳等人。

連續兩年義演，扣除演出支出，收入新台幣三百八十五萬餘元，婦聯會另捐助二百萬元，以「中華婦女聯合會光揚國劇藝術基金」名義，存入銀行專戶，以孳息濟助年老失依、貧困的國劇藝人。

一九九四年「傳遞薪火」國劇義演第三度舉辦兩場演出，辜振甫三度登台再飾孔明，演出「借東風」。

這一次義演，辜振甫反將夫人一軍：「妳也學了點京戲，該上台陪陪我了吧！」

她上台了，夫妻倆合唱了「二進宮」。

嚴倬雲學戲以後，最大心願是能陪她的老師顧正秋同台唱一齣「鎖麟囊」，但是，老師卻一直站在舞台後面，扮演「把場」，給學生鼓勵和掌聲。

「二進宮」是余派名戲，也是辜振甫最得意的一齣戲，對初次登台票戲的嚴倬雲，卻是高度挑戰，她花了半年時間，在名師王鳳雲和顧正秋指導下，每天苦練一兩小時，每星期還和辜振甫吊三次嗓子合戲、對戲。

演出這一天，前台後台一齊緊張，嚴倬雲要求顧正秋老師盯在台旁「把場」，丈夫和兒女們的心情也不比她輕鬆。

上場了，女主角台風雍容典雅，唱作極有韻致。辜振甫不禁讚賞：「總算磨出了點程味。」

這一場，嚴倬雲全場飾李艷妃一角到底，辜振甫只同唱了前半段楊波，下半段由李寶春接替。辜先生說是不讓夫人緊張，請專業名家輪唱後段楊波，以穩陣腳。辜懷群卻笑謔說：因為「二進宮」下半段，楊波要跪諫李妃，爸爸年紀大了，跪不下去，而且，也未必肯向母親下跪。

她半開玩笑說，最初討論爸爸媽媽合演戲碼，有人提議「三娘教子」，那是要爸爸在台上向媽媽以老管家跪女主人，那就更別提了。

這場被譽爲「琴瑟和鳴樂唱隨」的義演，顯露了辜振甫、嚴倬雲夫婦感情篤厚，相契相合，深得唱隨之樂，也引來社會大眾的稱羡。辜振甫欣然微笑說：「能與內人同台唱戲，是夫婦一樂。」

不屈不撓　逆勢開創

一九九九年，「士敏廳」揭幕，辜振甫夫婦再同日登台，辜先生與陳元正先生合演「捉放曹──宿店」在前，他飾演陳宮。辜夫人和嚴淑蓮女士特別演出「鎖麟囊──春秋亭」在後，分別客串富家女薛湘靈和貧家女趙守貞。

過了兩年，二〇〇一年，婦聯會創會五十一週年會慶，舉行京劇表演，嚴倬雲和嚴淑蓮兩位女士，再一次特別演出默契良好，很受歡迎的「鎖麟囊──春秋亭」。

在一篇〈深情告白──寫在演出之前〉的文章中，婦聯會秘書長嚴倬雲女士說：去年（二〇〇〇年）四月十七日，婦聯會五十週年會慶，爲求完美演出，慶祝半世紀婦聯深耕歲月的好戲，今年始精心推出。

這場三齣「好戲」，嚴倬雲做了進一步詮釋：「春秋亭」中富家女薛湘靈，路見貧家女趙守貞，慷慨贈予妝奩，象徵婦聯會五十多年幫助貧病殘障孤苦無依的胸臆。「空城計」中的孔明，足智多謀，允文允武，忠貞愛國，象徵婦聯會愛國愛家，無私奉獻的精神。「三娘教子」強調婦德婦功，相夫教子甘之如飴，是婦聯會姐妹良好的形象。

她說：「舞台是人生的呈現，婦聯會將持續演出精彩好戲，開發新服務領域，回報家國，闢建和樂境土。」

大病初癒的辜先生，在夫人的特別情商下，唱了「捉放曹─宿店」片段，韻味不減，中氣不弱，從從容容，散播他的自娛又娛人的氣宇，引發共鳴。

唱戲，似乎已成爲辜振甫的精神健康指標。

二〇〇〇年下半年，辜振甫體內唯一的腎臟出了問題，面臨摘除與手術醫療的抉擇，這是他八十四年人生的最低潮，不似十多年前，當他聽到他的心臟必須動大手術時，所表現的那股豁然與豪情。

辜懷群回憶：醫生宣布爸爸必須動心臟大手術，「家人都很擔心，他卻不慌不忙，請來了久違的琴師，引吭高唱。只聽屋裡琤琤琮琮、樂聲悠揚，爸爸一個下午就恢復了二十載無暇浸淫的『吊嗓』。」

「自那時至今，又已持續十餘年。其間大小手術接二連三，他總是唱到動身去醫院，出了醫院又立即開始唱，熱忱專注，時刻鑽研，還應邀參加過婦聯會的『傳薪遞火』義演，及『新舞台』開幕義演。每次手術之後，嗓音與體力皆差，爸爸不屈不撓，逆勢開創，直至最佳。」

他的「不屈不撓」、「逆勢開創」，在治療腎臟過程中，再獲印證。他說：「我是最好、最合作的病人，從來不抗議。醫生告訴我：一個人活得長命，就會遭遇不同的病痛，尤其過了七十歲、八十歲。」

他走過了七十歲，又邁入了八十歲，他說，他很認命。但是，他從不對他喜愛的平劇認命。

經過半年醫療和調養，腎臟內的息肉縮小了，細菌感染也被控制了，體重卻減輕了十幾公斤，他說，這次身體受傷很重，免疫力很差。

沉寂數月的辜家客廳，樂聲又起，辜振甫恢復每週定期「吊嗓子」。他的健康指數在提升，家人的情緒也昂奮起來。

在辜家服務三十多年的施政權說，只要一聽到董事長吊嗓子，我們就知道他的身體康復了。我們也放下心。

辜振甫讚賞吊嗓子的許多好處：在消遣娛樂中，是藝術性很高的活動。對調節情懷很有幫助，不愉快時唱個幾段，憂悶之氣煙消雲散，高興時唱，更不亦樂乎。他說，唱戲，運氣；走台步，練腳力，對身體健康甚好。

二〇〇一年四月三十日，他在中國信託商業銀行創辦三十五週年紀念晚宴中，一時興起，即席票了一段「捉放曹」，贏得百位嘉賓熾熱掌聲；這連串掌聲，不僅僅是對辜老十分鐘精湛戲曲演唱的讚賞；更蘊含著大家對這位大家長、中國信託商業銀行榮譽董事長，身體康復的喜悅和祝福。

這是辜振甫病後第一次公開隨興而唱，似乎在爲二〇〇一年五月二十九日慶祝婦聯會創會五十一週年會慶京劇表演，預作試練；他試練嗓音，也探試他的體力。

辜振甫擁有一個和諧、充滿喜樂的家庭，他引領一家人與戲結緣，共享因戲凝聚的親情、愉悅的天倫之樂。

他描述：「我上承父母，對平劇喜好極深，愛聽、愛唱，也滿愛演。內人本來沒有什麼興趣，受我影響，慢慢喜歡上。」他們兩人有時候在家裡一起吊嗓子，其樂融融。

能引使夫人喜歡平劇，辜振甫視爲得意之筆，「這是我的成功。」他用了他很少用的自滿字句。

他說：「在晚年人生最後階段，還能夫唱婦隨，真是不容易！」

這對牽手超過半個世紀的夫妻，將人生溶入戲劇，從戲劇享有人生。

舞台人生　人生舞台

辜振甫分析國際情勢、國內時局以後，常常謙虛說：「我不懂政治，不知道說得對不對。」

許多時候，辜振甫總是被擺在政治舞台的重要位置，縱使他出現在平劇舞台上，似乎仍然脫不開政治的聯想。

一九九八年十一月初，辜振甫率領「台北新舞台京劇團」，應日本東京「辜振甫藝術欣賞委員會」的邀請，於日本文化節，在新建的國際論壇大禮堂，演出三天，連日滿座。他分別登台演唱「空城計」、「文昭關」和「借東風」備受日本各界矚目和關注。他們的了解，辜振甫是一位工商界名人，活躍國際經貿、外交舞台，這次卻在日本登上京劇舞台，扮演起諸葛孔明、伍子胥，是不是有意透過這些戲碼，傳遞什麼訊息。

湊巧的是，辜振甫演唱的時間，正好是中共國家主席江澤民訪問日本前夕，中共對日本就台灣問題苦苦相逼之際。

敏感的日本新聞界人士，報導、聆賞了辜振甫的「戲」，給予不錯評價。難得的是，向來對我國消息冷處理的「朝日新聞」，第二天在頭版正中央刊出劇照。NHK全程錄影，每三個月播出全戲一次，歷時超過二年。

日本記者曾在一九九八年十月十九日，辜振甫結束在中國大陸四天「辜汪會晤」回國，在東京成田機場過境時，提出問題：辜先生下個月要來日本唱京戲，有沒有什麼政治行程？辜先生回答：「唱京戲還有政治行程？我不是政治人物。」

辜江辜汪　戲談政治

儘管辜先生一再表示他不是政治人物，唱京戲與政治似乎也沒有什麼相關，但是大家公認，海基會董事長辜振甫在「辜汪會晤」中，所表現的政治才華、文化修養、京劇素養，令人折服，上台清唱一段「借東風」的畫面，更是印象鮮明；不僅讓大陸人士敬服，也爲這次會晤增添不少和穆氣氛。

江澤民、汪道涵都是京劇愛好者。辜振甫在美國華府一次與記者會面中，有記者問：有沒有可能和江澤民同台演一場「捉放曹」或「將相和」？他笑著說，他在溫哥華與江澤民會面寒喧中，沒有什麼話題時，兩人就談京戲。當沒話說的時候，京戲是個好話題；不過，他與江先生都唱老生，在一齣戲裡有兩個主角，而兩個主角都由老生來唱的太少了，兩人恐怕不會有同台演出的機會。

他短短的一段話，既回答了記者問題，也說明了他在一九九七年APEC會議中，遇到江澤民時不一定有什麼特殊話題，但會晤本身也點出了兩人並不是沒有交談的基礎；最重要的是，他沒有和江澤民同台演出可以用來作政治文章的戲碼。

記者們公認，辜振甫無論在演說或答覆記者問題時，條理清晰，不迴避問題，具有邏輯說服力，平易近人，充滿智慧。

一九九一年五月，辜振甫領導的中華民國工商協進會舉行晚會，慶祝總統、副總統就任週年暨第四十屆會員大會，特別邀請大陸京劇名演員李寶春等，演出「將相和」。其時正當國內政局動盪，街頭運動及抗議示威頻傳。

第二年，辜振甫重披戲衫，登上睽違三十年的平劇舞台，客串「群英會」中的「借東風」一段，飾演孔明。外傳「失和」的李登輝總統和行政院長郝柏村，都應邀觀賞，引發諸多臆測。

「將相和」，是描述戰國時，趙國名相藺相如和大將廉頗失和的故事。最後在寬容與了解下，盡釋前嫌，強秦不敢入侵，國家安泰。

「借東風」，寓意借他人智慧，補己之短，渡過難關。

另一齣辜振甫常演出的「空城計」，意涵只要恢復對話，就可化解兵戎相見的危機。

「將相和」、「借東風」前後演出，適逢政治敏感時刻，敏感人士把台上的歷史故事轉移到現實政治場景，對辜老安排這兩齣戲碼，試圖消融「李郝嫌隙」，認為真是「用心良苦」。

有人就這類事例，推論辜振甫優游人生與戲劇舞台之間，台上台下收放自如，以人生為戲，也以戲入人生。

辜振甫確是常談到「人生如戲，戲如人生」這一話題，是不是有刻意運用平劇戲碼的籌謀，他沒有正面回答，只說，以戲會友，可更拉近距離。

對自己登台演出，除了濃烈興趣，更希望藉此引起大家對日漸式微平劇的注意與喜好；引發前輩名角、名票們，出來帶動年輕的觀眾、聽眾，更為斷層的平劇傳統，承傳創新。

辜振甫號公亮。在平劇人物中，他偏愛三國的諸葛亮。有人指稱他的「公亮」，是取自周公瑾（瑜）的「公」，和諸葛亮的「亮」。周公瑾與諸葛亮，被認為是三國時代的名將和名相。

提起他的號，想起他的名字。他說，他原名「晉甫」，日本人對「晉」字生疏無解，就隨便改為日本同音的「振」字，「辜振甫」沿用了七十多年。「公亮」是林熊祥先生為他取的。

林熊祥先生，是嚴倬雲女士的二舅，他促成了外甥女與辜振甫的婚姻。林家兩兄弟熊徵、熊祥都非常欣賞辜振甫。

在舞台上，辜振甫最常扮演諸葛亮，他的「空城計」膾炙人口。他說，他是自然而然地喜歡上諸葛亮，他讚賞諸葛孔明集大忠、大勇、大智於一身；他分析孔明「知其不可為而為」的堅持是大勇；透視時代大局而有所取捨是大智；對知遇者的鞠躬盡瘁是大忠。

他認為，孔明具有經邦濟世的才華，非常懂得政治藝術，有高度的政治智慧；用現代說法，孔明很有科學頭腦，精通企業管理，治國、治軍，盡在掌握中。

辜老於「借東風」中飾演孔明，嘗試以一位有科學素養，上知天文氣象、下知地理的知識分子角度去詮釋演出。當他在簾內唱起「習天書、顯妙法，有如反掌」時，他不強調孔明的玄奇妙算，他凸現的是孔明的書生本色。諸葛孔明還未出場，台下已是掌聲如雷。

飾演劇中人物，要多了解、深入揣摩，才能演唱出適恰身分和喜怒哀樂的情緒，並切合歷史背景。這樣入戲時，你在台上感覺你就是他，和劇中人融合如一。辜老說：那份感覺：「簡直難以形容。」

如果飾演的是自己心儀的歷史人物，一演再演，台上入戲久了，其人的智慧、風範、處人、處世，都對飾演者有潛移默化的影響。

「推」上台去　站穩位置

潛心裡，辜振甫應是深受孔明的影響。當他出席「辜汪會談」、「辜汪會晤」，爲海峽兩岸問題奔走，未嘗沒有孔明在「群英會」中的心境；當他從容不迫，處理工商大局時，未嘗不是比擬孔明那樣羽扇輕搖，指揮若定，運籌帷幄。

舞台的幕起、幕落，劇中人的出場、退場，辜振甫感受最深的是「上台難，下台更難」，也體悟出一段「上台的身段，下台的背影」妙諦。

他說：「上台和下台是不一樣的。」

上台的動作與過程要學習，第一次登台，尤其新人上路，一定要老師推出去。推出去了，就退不回來，只有往前走。此時，難免慌張和不自在，所以要盡量在最短時間內，找到自己的位子，穩住。

他回想「息演」三十年後，第一次再粉墨登場飾演「借東風」一折的諸葛孔明，這是他練了許多時日戲碼，也經過彩排，出場前，他提醒自己「放輕鬆、要自然」，但是，他形容當時心情「比率團參加任何國際會議都緊張」。

「輪到我了，我的腳就是邁不出去，還是要老師從後面推我一把。」簾子一掀，他亮相出場。「這時候，一切操之在我，誰也幫不上忙了。」

演唱過程，時時刻刻都在表演。辜振甫說，平劇演員很講究「站」的工夫，站在那裡非常重要，站，不是隨隨便便的站，站，也得入戲，站對位子，才能入對戲，才能唱什麼像什麼。站錯了地方，戲就對不上了。

這位劇中的孔明，散淡飄逸，頭上二龍珠，身著袢襖，另加十幾斤重的八卦法衣，足登雲頭靴。他說，這些戲裝已夠沉重，雲頭靴底部墊有高度，要踏穩，又得邁開，真是十分吃力。

辜振甫往台上一站，立即滿足了觀眾的期盼與好奇，也贏得全場熾熱掌聲。這是他絢爛人生「舞台」的另一股滿堂彩聲。

他很得意說：「他們都沒有看出我的緊張。」他也對自己從七十多歲到八十多歲，一再粉墨登場，自覺也真是太有勇氣了。

站好「位子」，站對「位子」，他穩住了。

瀟灑俊逸的跨步、捻鬚、舉足「上樓」，怡然自得的托腔轉韻，令許多人歎服；歎服他在工商界的成就，政治、外交界的聞名之外的另一面才華。

對四面擁來的掌聲、讚語，辜振甫不否認這是「無法忘情」的。但他了解一次演出，幕前、幕後多少人的投入與配合，他意味深長地說：「唱戲，是一個人唱不起來的。」

這一認知，當然不會只是體現在舞台上下，在辜先生的事業、家庭和他的人生中，必是一以貫之的。要回溯這一認知，是先從生活與事業上體悟而轉以印證到戲劇演出？還是萌思自舞台？他似乎也難作確切的分界，他說，大概是相互的。

背影可觀　下台從容

談到台上表演，他提出從另一角度欣賞的心得。他說，一般人看戲，通常只注意演員正面表情、動作、姿勢，其實人的性格、氣概是整體的。造詣高深的演員，更懂得在背影上發揮演技。

他舉例：

四大名旦之首梅蘭芳的背影戲，超越同行。「三堂會審」尤其是他的代表作之一。這齣戲述說的是名妓玉堂春（本名蘇三）因一件命案，遭人嫁禍，誣指為兇手，一審時縣令因受賂，問成死罪。複審時由三堂會審，主審官卻是曾與玉堂春有過海誓山盟的舊情人王金龍，二名陪審官是身穿藍袍的臬司，和紅袍加身的藩司。王金龍當初與玉堂春熱戀，因床頭金盡，被逐出妓門，而後埋頭苦讀，金榜題名，如今已成爲山西八府巡按。他與玉堂春雖隔別離散，音訊不通，但兩人間的愛情火花熾熱未褪。如今玉堂春在公堂乍見舊情郎，過去的深情濃意驟然挑起，甘美與痛苦之情交織，心緒波動起伏，好似忍不住直欲奔衝上去。在面對辛辣難纏的藍袍官時，玉堂春百般求饒，激動之中苦楚可憐。面對圓融寬厚的紅袍官，則對他的相助，極盡感激道謝之意。

在三堂會審時，玉堂春大部分時間是雙膝跪地，背向觀眾，藉由肩背的動作來詮釋面對三個審官三種不同的心情。玉堂春在梅蘭芳的扮演下，背影極盡變化之能事，把玉堂春的萬種心情，淋漓盡致的表達出來。全場觀眾的焦點，盡都專注在梅蘭芳的肩膀上面，緊緊扣住眾人的心弦。辜振甫說：「這就是梅蘭芳無與倫比的藝術價值之所在。」

辜振甫演過「文昭關」中的伍子胥，他深深知道如何把這位英雄人物的氣概，藉背影呈現出來。

他說：「下台也是戲，常常是一段重要過程的高潮，主要工夫在背影和步法。」平劇中的主要劇中人，很少會安排急迫匆忙退場，大都是給他們一個從從容容、不慌不忙，作一段漂亮的演出，該回顧時回顧，該前行時前行，從背影中展現身段、步法，襯顯出心情、氣概，留給觀眾美好的，不只是「繞樑三日」的聲腔餘音，還有那印象中不易消褪的風姿韻律。

「下台很難吧！」他似乎也在描繪自己多年來要退下事業舞台的複雜、矛盾心境。在一般人的印象中，戲唱完了，就下台，那裡知道下台還有這麼多講究。

辜先生說，下台不等於任務完成，其中還要帶些「回顧」。

回顧？什麼回顧？

辜先生解釋：有回顧，才有前瞻。「不回顧看得出前景嗎？」突然，他把話打住，沒有繼續說下去，留下一段弦外之音。

但是，在一次與青年朋友談話中，他對「回顧」有一段說明：「有人說老人不會看前面，只看過去。希望你們看未來時，也不要忘了看看自己是怎麼走過來的，畢竟，顧後才能觀前。」

表面上，辜老在談戲，深層處，話題往往旁觸人生哲理。

人世就是一個舞台，辜振甫在戲劇舞台，扮演不同劇中人；在人生舞台，他穿梭國內、國際，遍歷經濟、政治、外交各領域。他看盡不同舞台的幕起、幕落，不同人物的出場、退場。「人生如戲，戲如人生」，對這位走過八十多年絢燦人生的大老，何僅止於一個名句、一則感言。

第五章

期盼雙贏 俟河之清

兩岸架起的第一座橋

一九九一年（民國八十年）二月八日，財團法人海峽交流基金會正式設立，架起四十多年來跨越海峽兩岸隔絕鴻溝的第一座橋，引來各方的矚目。

辜振甫被推選為第一任董事長。

初創時的海基會，面對的環境，充滿著不確定性和「不信任感」。

海峽交流　歷史使命

海峽兩岸自從一九四九年隔海分治，長期存在軍事的敵對與隔絕。

一九六〇年代，兩岸關係開始出現和緩的氣氛；中華民國政府改採「三分軍事，七分政治」的兩岸政策。一九七九年中國大陸透過「告台灣同胞書」，在對台灣政策上，提出「和平統一」的主張。

一九八七年七月十四日，中華民國政府宣布：台灣地區自十五日零時起，解除戒嚴。

十一月二日，中華民國政府基於人道親情的考慮，開放台灣地區民眾赴大陸探親，結束了兩岸數十年的隔絕狀態。

面對當時兩岸的時空環境，蔣經國總統主導、決定採取的這項開放措施，被認爲不僅是歷史性的劃時代作爲，更促使兩岸未來長期的發展，產生結構性的變化。

基於兩岸文化、語言、歷史的相同因素，加上兩岸政府對於人民的交流同時採取審慎的開放態度，促成了兩岸民間交流快速的增長。從一九八七年至一九九一年十二月，四年裡，兩岸民間人員互訪，超過二百四十萬人次；書信往來，累計超過四千三百多萬件；經由香港的轉口貿易，約一百六十億美元，間接投資超過二十五億美元。前往大陸探親人數約五十萬人次，大陸同胞來台探病奔喪人數也超過一萬人次。

兩岸民間交流日益頻繁，也因此衍生出許多問題，這些問題，往往與民眾權益直接相關，必須仰賴外界的協助，但是，在兩岸政府互相否認對方之存在而不便直接往來的當時，民眾幾乎求助無門。逐漸積累的個案，代表不斷增加的民怨，政府已無法視而不見。這種形勢，促使兩岸政府應該尋求解決之道。

結合民間力量，成立民間仲介團體，以謀求保障兩岸民眾權益，促進兩岸民間交流，增進彼此了解。財團法人海峽交流基金會，就是在這種急迫需求與期許中成立。

辜振甫在憶述中很感慨表示：遺憾的是，兩岸政府數十年的對峙，一時之間卻不能釋懷坦誠相對，以致尋求解決交流衍生問題的道路，縱使彼此在認知上的距離不盡遙遠，卻是始終顛簸曲折。

一九八六年九月，民主進步黨正式成立，代表我國政黨政治的起步。當時台灣政治上的對立氣氛濃厚，持續的時間也相當長。在這種環境下，啟動兩岸關係新局的相關負責人，常須背負莫須有的罪名與指責，也肩負著內在和外在並存的沉重壓力。

海基會從成立及至隨後幾年，推動的各項會務，不少是史無前例，更是開創先例。但是，贏得的掌聲，遠不如質疑與批評的聲音來得大。

辜振甫就是在這種現實情勢與氣氛下，受政府的託付，承接籌組海基會的工作。稍後，又擔任董事長的職務。儘管現實環境嚴苛，他主持的事業非常繁忙，但是他的一貫堅持不變：只要國家有需要，他是從來不會拒絕政府託付的工作。

事實證明，辜振甫從一九五六年，受蔣中正總統指派，代表我國資方出席在瑞士日內瓦舉行的國際勞工會議開始，半個世紀來，他受託參與的國際事務，遍及世界，涵蓋經貿、外交。各國政府、著名學府頒贈的勳章、榮譽博士學位，都說明了他的卓越成就，和爲國家社會的默默貢獻。

二〇〇三年五月，日本早稻田大學頒贈榮譽博士學位給辜振甫，除了推崇他對台灣、亞太經濟發展的卓越貢獻，更指出在促進台日關係和協調兩岸關係，扮演了極爲重要的角色。

兩岸工作贏得肯定，正如辜振甫在致詞時所說：「這份榮譽也可以說是對我有生以來的時代變遷，及我所抱持的理念之最佳註腳。」

辜振甫沒有想到他接下海基會這份付託任務，一接就是十四年過去了，這也充份顯示，兩岸關係確實具有高度複雜性，各方面都需要協調折衝。

兩岸關係成了他晚年最主要的志業，投注的心力，不比他經營的事業少。他內心緊緊承載著兩岸關係的使命感，縱使遠在美國養病，心念的仍是如何促成再一次辜汪晤談，爲兩岸良性互動開創契機。他帶著些許焦慮問道：爲什麼雙方不能坐下來談？談，才能解決問題。辜振甫那份老驥伏櫪、豪情壯志的胸懷，令人動容。

海基會開始運作時，辜振甫第一次講話勉勵同仁：發揮犧牲奉獻的精神，不求名利；要以誠信務實的作法，爲兩岸民眾排除困難，解決問題；一方面做好主管機關行政院大陸委員會的委託事項，同時也要爲兩岸建立開誠互信的管道與溝通模式。十四年後，他對同仁的鼓勵，仍是如此，完全不受多年來外在環境轉變的影響。這就是辜振甫對海基會創會宗旨的一貫體認，也成爲他指導海基會會務的基本信念。

「高水準　低姿勢」

海基會設立，中國大陸以國務院台灣事務辦公室，作爲與海基會接觸的對象。十個月以後，一九九一年十二月十六日，在北京設立海峽兩岸關係協會，以民間的形式，由中國大陸那端也架起了一座橋。兩岸之間溝通、往來的管道正式搭建起來了。

當天，海協會致函海基會，告知成立的消息；也從這一天始，兩岸兩會間有了正式信函的直接往來，針對各種個案，相互通知，請求協助處理。

海基會、海協會，成爲兩岸的對應單位，互動也隨著次第展開。

曾任上海市市長的汪道涵，出任海協會會長。

據說，這項人事，大陸方面是考量以汪道涵在大陸的地位，作爲與辜振甫相稱的安排。如果這個說法屬實，可以理解兩岸當局對於架起兩岸之間這座橋的用心。

儘管海峽兩岸都在自己的一端建起了溝通的橋樑，但是要如何安排把橋的兩端接通？要如何使這座分別建構的橋，逐步發展成不分彼此的聯繫溝通管道？無疑的，是一項極高難度的工程。海基會不僅要面對毫無互動基礎的兩岸關係，也要應對台灣內部各界的期待和質疑。

辜振甫認爲，海基會絕不能只從自己的角度來看事情，應該站在各方的角度體會，只有取得各方的信任，海基會才可能成就任務。

取得政府的信賴與各方的支援，成爲海基會扮演兩岸橋樑角色的第一要務。

辜振甫向同仁一再強調：海基會深切了解兩岸事務具有高度的複雜性與敏感性，因此，在處理各項事務時，海基會必須以政府的政策爲依歸，嚴守分際，克盡職責。

一九九〇年代初期，海基會與行政院大陸委員會相關主管人員，對於海基會的角色定位、海基會的運作空間等事宜的看法，存在相當大的差異，甚至在公開場合有相左的意見表達，引發國人高度的關切。辜振甫認爲，各自謹守分際，彼此尊重，才是減少大陸工作體系內部歧見，強化團隊力量的不二之途。因爲辜振甫堅持這項原則，海基會與陸委會之間的距離，日漸縮小，各自的運作空間也逐步獲得確定。

首任秘書長陳長文，在海基會成立初期追隨辜振甫將近兩年，他說，辜董事長在原則上從不妥協，該堅決的時候，是非常的堅決的，是一位有定見而堅決的主管。

有人說辜振甫過於圓融，陳長文認爲，那是辜先生的人格特質，是促進溝通的技巧和方式，「高水準、低態勢」這六個字是辜老典型的寫照。

辜振甫對他所領導的海基會團隊，一直給予很高的評價，同仁們常聽到這位大家長勉勵的話：「你們很了不起」、「都是大家的功勞，董事長沒有什麼貢獻」、「各位辛苦了」。社會各界也認爲，海基會的工作人員，是一群有活力、熱情的年輕人，從事各項業務很賣力，不計較。

海基會這個大家庭，就是在這種環境下，不斷成長、茁壯，成爲一個嚴守分際、紀律嚴明、講求工作效率的團隊。海基會同仁深信，只有提供兩岸人民最有效、最即時的服務，只有克盡本分，才能贏得各界的肯定與信任。他們也坦承：推動大陸事務所要面對的，除了國內特殊的生態，同時還要考量大陸當局的態度和意願。海基會有一些業務無法順利開展，其實是正常的事。

累積互信　難上加難

儘管海基會從董事長到同仁都對兩岸工作充滿了熱忱和信心，但在兩岸互動上要建立起互信，卻是一樁最艱難的事。

辜振甫分析：海基會秉承的是政府的政策，也必須依照政府的指示去推動受託的事務。然而兩岸之間的爭議，尤其是政治爭議，幾十年來並沒有化解的跡象。因此，兩岸之間的互信必須從無到有，一步步累積起來。在累積的過程中，極為敏感、脆弱的互信，更需要時刻注意，才能避免斲傷。遺憾的是，兩岸之間的互動一直無法正常化發展。

大陸方面：五〇年代領導人所確立的以政治任務為優先的基本原則，至今沒有人敢質疑或修正，寧左勿右的政治性格，環繞整個社會，造就了一切事務必須先經過政治任務的檢驗、一切觀察必須從政治任務的角度先作衡量。在這種格局下，兩岸關係正常化發展的空間極其有限。

在台灣，過去十多年政治民主化的進程，正值步伐與幅度逐漸加大的時期；傳統的規律，一時無法配合運作，形成個人價值與集體價值位階混淆，甚至錯置的現象。而表現在高度敏感的兩岸關係上，各界習於將所謂「統」、「獨」的意見並提，導致在討論兩岸關係時，常常將理性與情感兩種因素夾雜在一起。

一般的反應認為：在這樣環境下，任何人從事兩岸事務，都難免遭受到來自不同看法者的批評。大家對於辜振甫受政府託付，不求名利，戮力以赴，仍無法避免遭到無情、莫須有的抹黑、攻訐，不禁要問：現階段有誰比辜老更適合扮演這個角色？

「一個中國」涵義的政治糾葛

一九九一年二月八日，海基會設立。

一九九一年十二月十六日，海協會成立。

一九九二年一月八日，海協會致函海基會，邀請海基會組團前往大陸訪問，就加強雙方聯繫與合作事宜，交換意見。顯示雙方在互動初期，已經展現出共同溝通聯繫角色與功能的意願。也是啓開「辜汪會談」的一個觸媒。

這封邀請函，經過七個月又十四天「你來我往」的協商、磋商，直到八月二十二日，海基會董事長辜振甫正式函覆海協會會長汪道涵，接受邀晤。不知內情的人不禁要問，是什麼問題阻延了這個「邀談」？答案是：「一個中國」的認知問題。

兩岸認知　各有堅持

辜振甫憶述：當時，兩會之間橫亙著一個重大難題，也就是雙方對于「一個中國」原則的認知問題。

當兩岸雙方在「共同打擊海上犯罪」、「文書驗證」、「掛號信查詢補償」等議題，嘗試作爲啓動兩岸溝通協商機制的第一步時，海協會在大陸方面的授意下，一再要求在協議文本上，必須對「一個中國」原則有所表述。他們所持的立場是，兩岸正式協商前，應先確立兩岸之間彼此的定位；堅持要先定位在「一個中國」的原則下，才願意與台灣展開協商；爲了達到這個目的，更進一步表示，「一個中國」原則的確立，與兩岸民間交流所衍生實質問題的解決，互爲條件。換句話說，如果台灣不接受「一個中國」原則，大陸就不同意與台灣共同研商解決實質問題。對於急待解決的許多兩岸交流所衍生的問題而言，這無異是一個重大障礙。

然而，當時海基會並沒有得到政府的授權。儘管海協會一再的主張，海基會未作回應。就如同行政院長郝柏村，在一九九一年三月四日於海基會舉行的會務人員研習會中的指示：「海基會雖然是民間組織，但從事的業務是一項歷史性的工作，也是台灣和大陸關係新階段的開始。海基會本身沒有政策，只是協助執行政府的政策。海基會和大陸發展關係，不談政治，只講業務。」

由於海基會不回應海協會的政治要求，兩岸兩會之間的協商始終難有具體進展，直到一九九二年秋天才有了關鍵性的改變。

創業維艱似乎是一項常識，兩岸正式互動關係的開始，也不例外。中國大陸的政治訴求，雖然使兩會的協商陷入膠著，但是雙方政府基於掌握協商契機的考量，共同發揮智慧，努力克服這個爭執。

首先，台灣方面由國家統一委員會在民國八十一年（一九九二年）八月一日舉行第八次會議，通過了「關於『一個中國』的涵義」。這個決議對兩岸關係極具關鍵性，也爲爾後兩岸擱置政治爭議，創造決定性的條件。

決議的內容：

一、海峽兩岸均堅持「一個中國」之原則，但雙方所賦予之涵義有所不同。大陸方面認爲「一個中國」即爲「中華人民共和國」，將來統一以後，台灣將成爲其轄下的一個「特別行政區」。台灣方面則認爲「一個中國」應指一九一二年成立迄今之中華民國，其主權及於整個中國，但目前之治權，則僅及於台澎金馬。台灣固爲中國之一部分，但大陸亦爲中國之一部分。

二、民國三十八年（公元一九四九年）起，中國處於暫時分裂之狀態，由兩個政治實體，分治海峽兩岸，乃爲客觀之事實，任何謀求統一之主張，不能忽視此一事實之存在。

三、中華民國政府爲求民族之發展、國家之富強與人民之福祉，已訂定「國家統一綱領」，積極謀取共識，開展統一步伐；深盼大陸當局，亦能實事求是，以務實的態度捐棄成見，共同合作，爲建立自由民主均富的一個中國而貢獻智慧與力量。

對於國統會的這項決議，辜振甫認爲，事實上是反映出台灣對於兩岸政治定位的完整看法。他說，當時兩岸雖然都有「一個中國」原則的想法，但是對於這個原則內涵的認知，卻是完全不同的。就台灣而言，在自由、民主、均富的前提下，一個統一的中國才有實現的可能，在認知上，「一個中國」並不是現在式，而是未來的。

應李登輝總統的邀聘，兼任國家統一委員會委員的辜振甫，躬逢了這個歷史性決議的現場。事實上，誠如他常提到的：我們所主張與追求的，是未來的，具有民主、自由特色的一個中國。

對民主多元、政治生態一向複雜的台灣來說，辜振甫的這種理念，不一定獲得所有人士的一致認同。經由國統會作成決議，代表著朝野之間的一個意見交集點，也是台灣內部最大的公約數。辜振甫說：這項決議在當時的環境下，確實得之不易，也突顯了它的時代意義。

大陸方面，也有意積極促成兩岸坐上談判桌，在中央高層的決定下，同意採取妥協的方式，處理這項存在幾十年的根本爭議。

一個原則　各自聲明

一九九二年十月底，就在國統會針對「一個中國」的涵義作出決議後兩個多月，雙方政府正式授權的兩岸兩會代表，在香港舉行會談。

從十月二十八日到三十日的三天協商會談中，在大陸代表的主張下，雙方針對「一個中國」原則的涵義如何表述的問題，曾經進行討論，也各自提出具體意見。會談過程中，大陸先提出五種「一個中國」的表述方案，台灣稍後也提出了五種方案作爲回應，但是，雙方都表示無法接受對方所提有關「一個中國」的各種表述方案。台灣方面再依據雙方所提的方案加以修正後，提出三種方案，大陸方面仍表示無法接受。幾經討論而無結果，兩岸協商一度面臨觸礁的危機。

香港會談結束前，海基會代表奉命提出新的解決方案。針對大陸方面要求就「一個中國」原則有所表述的問題，海基會建議：雙方採取口頭上各自表述自己立場的方式，在彼此尊重下，暫時擱置這項重大爭議，以便進入正式議題的協商。

海協會代表在會談期間，並未對海基會提出的這項最新建議，作出答覆；他們在一九九二年十月三十日離香港返回北京。同年十一月三日，海協會副秘書長孫亞夫，以電話告知在台北的海基會秘書長陳榮傑，表示「尊重並接受海基會的建議」。

同時，透過新華社發布新聞，公諸於世。

新華社是一個完全屬於大陸官方的新聞機構，對外發布的消息，代表大陸當局的意見，一定要經過授權。十一月三日新華社向全世界發布的這一則新聞，具體指出：「在這次工作性商談中，海基會建議採用兩會各自口頭聲明的方式，表述一個中國原則，……海協會經研究後，尊重並接受海基會的建議。至於口頭表述的具體內容，則將另行協商。」

辜振甫指出，在兩岸互動過程中，這是一件何等重大的事情——大陸接受台灣的建議，成爲兩岸數十年來第一個正式的政治妥協！他說，因爲有了這個妥協，一九九三年四月的辜汪會談，也才有召開的可能性。

事情不如預期的樂觀。一九九二年十一月十六日，大陸方面透過海協會致函海基會，一方面提及「我會充分尊重並接受貴會的建議」，再度表達十一月三日的相同立場；但是，在同一封信函中，卻提出「在這次工作性商談中，貴會代表建議在相互諒解的前提下，採用貴我兩會各自口頭聲明的方式表述一個中國原則，並提出了具體表述內容（如附件），其中明確了海峽兩岸均堅持一個中國的原則」。信裡並附了海基會代表在香港會談時提出的表述方案中一項，片面聲稱這就是台灣方面口頭表述的內容；同時，也一併附上大陸方面作爲其口頭表述的方案一種。大陸將香港會談的結果以及後續的發展，片面宣稱爲「雙方以口頭聲明的方式確認『海峽兩岸均堅持一個中國的原則』」，隨後進一步改說「兩岸均堅持一個中國原則」是一九九二年兩岸兩會的共識。這種說法與事實經過不符。台灣各界則一直以「一個中國、各自表述」作爲一九九二年兩岸會談過程及結果的簡稱。

海基會在十二月三日，函覆海協會表示：「我方始終認爲，兩岸事務性之商談，應與政治性之議題無關，且兩岸對『一個中國』之涵義，認知顯有不同。我方爲謀求問題之解決，建議以口頭各自說明。至於口頭說明之具體內容，我方已於十一月三日發布之新聞稿中明白說明，將根據國家統一綱領及國家統一委員會一九九二年八月一日對於『一個中國』涵義所作決議加以表達。」海基會去信表達我方對於中共來函持不同的意見與立場，大陸方面沒有再回函表示任何意見。依據一般慣例，既然不再回函，這就代表大陸已經接受我方有不同意見的存在。

當時，兩岸都感到建構協商管道的迫切性，因此當兩會代表就「一個中國」的爭議問題取得妥協的方式之後，兩岸也共同開拓了推動兩岸協商的廣大空間。當然，雙方並沒有忘記，這個政治爭議只是暫時擱置，問題並沒有實質解決。

辜汪會議　各自表述

辜振甫始終認為，兩岸都有責任，為有朝一日共同解決高度爭議性問題，先營造出良好的氣氛、創造出有利的條件。

在雙方互相諒解與互相尊重下，兩岸兩會協商的時代正式揭開了序曲——辜汪會談於一九九三年四月在新加坡舉行。

辜振甫認為，第一次辜汪會談能獲得突破性的成果，關鍵在於就「一個中國」的原則上，雙方得以「各自表述」其內涵。

一九九五年六月，李登輝總統接受母校美國康乃爾大學的邀請，以私人身分訪問，並發表演說。

同年下半年開始，大陸一再聲稱李登輝總統應邀前往美國康乃爾母校訪問等作法，是「公然製造兩個中國、一中一台的活動」，同時以兩岸氣氛不佳為由，片面延後第二次辜汪會談*的舉行。

一九九六年三月，大陸又以台灣舉行第一次公民直選總統為由，在台灣海峽引

* 請參考本章第四節「融冰之旅——辜汪會晤」中「具體實現第二次辜汪會談」一段。

發飛彈危機，四月底並公開宣稱：一九九三年辜汪會談前，海基會與海協會就「海峽兩岸均堅持一個中國之原則達成了口頭共識」。這是大陸再一次片面曲解一九九二年的事實。

一九九六年五月二十日，中華民國第九任總統李登輝就職，並發表演說。

一九九六年五月二十二日，海協會否認兩岸之間有「一個中國、各自表述」的共識，宣稱「雙方均堅持一個中國原則」才是一九九二年的共識。引發了兩岸之間對於當年解決「一個中國」爭議的過程與結果的爭論，也因此一再延宕兩岸關係回復正常的時機。

兩岸爭執　幾無寧日

一九九九年李登輝總統面對外國媒體詢問對「中共視台灣爲叛離的一省」的看法時，表達「兩岸至少是特殊的國與國關係，而非一叛亂團體，或一中央政府、一地方政府的『一個中國』的內部關係」。李總統的回應，是針對記者的詢問內容，也是針對大陸一貫的兩岸定位主張而發。從台灣絕大多數民眾的觀點，幾乎沒有人贊同台灣是以大陸爲中央政府轄下的一個地方政府。辜振甫在大陸的要求下，將台灣民眾的看法忠實地轉達給北京；不料，北京卻透過官方媒體，對辜振甫進行人身攻擊與批評，進而藉機中斷海基會與海協會之間雙向的業務聯繫。

二〇〇〇年三月，中華民國人民投票選舉第十任總統，民主進步黨候選人陳水扁當選，開創中華民國行憲以來中央政權進入政黨輪替的先例。「一個中國」的爭議，也經由台灣內部不同政治立場人士的激化，以致事實真相更難以釐清。

民主進步黨取得執政地位，各界預期大陸可能採取對台灣不利的作爲。陳水扁就任總統前，幾度拜訪辜振甫，除了就兩岸和台灣的經濟情勢交換意見，並一再懇請辜振甫繼續領導海基會，以穩固兩岸關係。陳水扁在二〇〇〇年五月二十日就職時，提出的兩岸關係政治宣示，獲得大陸方面及國際社會的肯定，也對隨後幾年的兩岸關係產生影響。

但是，兩岸之間的政治爭議卻未因此而停息；彼此間的爭執，由政黨輪替前一直持續下來。

九二共識　情緒之爭

儘管事實只有一個，但是台灣內部及兩岸之間，似已演變爲情緒之爭。行政院大陸委員會主任委員蘇起，爲了使各方能找到一個緩和的空間，費心思考後，在二〇〇〇年四月二十八日，提出「九二共識」這個新名詞。依據蘇主委的說法，他希望用這個新名詞取代兩岸三方對「一個中國」原則不能有共識的各說各話，以打破兩岸僵局。

遺憾的是，蘇主委的這項創意並未給兩岸僵局帶來突破的機會，兩岸各界反而陷入有無「九二共識」的論戰。在論戰中，台灣內部有人認爲有共識、有人認爲無；大陸方面則到二〇〇〇年八月底，才開始提出回應，表示「九二共識」是存在的，卻同時指出「九二共識」就是「兩岸均堅持一個中國原則的共識」。一時之間，兩岸各界又淪入各說各話的情境，爭議的話題也從「一個中國原則是不是兩岸互動的前提」，擴及到「兩岸之間有無『九二共識』」和「『九二共識』的內涵爲何」，伴隨著情緒性的批判，甚至以接受「九二共識」與否，作爲檢驗個人政治立場的工具。

從一九九五年夏天以後，兩岸始終只能把精力虛耗在政治的爭議上，不斷蹉跎了發展互惠雙贏的時間與契機。辜振甫對於這種現象，憂心忡忡，他不斷回顧一九九二年十月以來兩岸政治爭議的歷史與癥結，經過反覆思考，他指出，各界最好以Accord（附和），代替Consensus（共識），來描述兩岸一九九二年十月香港會談的結果。他說：「共識」必須是經過雙方當面討論之後，所得出的共同接納的意見。事實上，一九九二年的香港會談，雙方確實無法接納對方的各項建議方案，因此會談沒有任何具體結論。我方是在會談結束前提議：雙方「以口頭上各自表述」的方式，擱置「一個中國原則」的爭議，以便進入正式議題的協商。大陸代表在返回北京幾天後，以電話告知我方表示「尊重並接受」我方的建議，同時也透過大陸官方媒體發布新聞。辜振甫說，與其用「共識」表達一九九二年的結果，不如用「相互諒解」（Understanding）或「附和」（Accord）更能貼近事實，且可避免引起不必要的套用。他認爲：多年來各界熱衷於討論「一九九二年『共識』的內容到底是什麼？誰說的才是真話？」，事實證明應該是不必要的。

二〇〇二年九月，新加坡資政李光耀訪問台灣，會見辜振甫時談到兩岸關係。辜振甫詳述了兩岸各界對於一九九二年香港會談結果的爭論歷程，並正式提出Accord（承諾、附和）、或是Understanding（相互諒解）等詞，希望替代「共識」一詞，以還原歷史真相，盡早化解兩岸關係的僵局。辜振甫一再指出，一九九二年香港會談，以及其後兩會互動的演進，它的基本精神，就是兩岸互相不否定對方，這一步對於兩岸日後的互動是關鍵所在。

辜振甫在二〇〇二年秋天，正式向各界提出他的這項化解兩岸政治爭議的重要建言。這是他繼一九九三年辜汪會談、一九九八年辜汪會晤之後，爲兩岸關係長遠發展再一次貢獻他的心力。

二〇〇三年四月十六日，辜振甫接受日本早稻田大學頒贈名譽博士學位。他在典禮中致詞，談到台灣海峽兩岸的關係時，說明了一九九二年十月海基會與海協會「香港會談」的過程和引發的爭議，並再度提到他的建議：「本人認爲，改稱爲Accord或Understanding，更能正確寫照當時的經過。」

二〇〇三年四月二十九日，是「辜汪會談」十周年。辜振甫在書面談話中，強調「相互諒解」。他說：「正如同一九九二年兩岸採取了『相互諒解』的態度，便可以在政治問題論爭中，打上休止符。此等經驗值得銘記。」

辜振甫爲海峽兩岸層出不窮的問題，真是用心良苦。

他語重心長表示，海峽兩岸如果能順著他的建言，冷靜還原歷史真相，避免再使用較具爭議性的說詞，也不必再去計較一些根本不存在的問題，「雙方之間有無共同需要？」他提醒雙方的社會精英，應該進一步思索：「共同需要中有無先後之別？尤其了解到當前優先的共同需要何在？」，進而認真思考如何掌握兩岸發展與建設的機遇，未來將可以更積極合作，共同創造和諧穩定、互助互利的發展前景，爲兩岸同胞謀求更大、更久遠的福祉。

一九九一年海基會、海協會分別成立。十三年來，兩會間的兩岸溝通之橋，就是在這種不斷爭議、協商的氣氛環繞下，建構起來。

兩岸交流里程碑——辜汪會談

百多里海峽，隔絕了兩岸將近四十年的互通，這一「咫尺天涯」的冷漠與封凍感，在辜振甫和汪道涵相互緊握的雙手中，似乎溢顯出融釋的暖意。

忍辱爲國　大局爲重

一九九三年四月二十七日，海峽交流基金會董事長辜振甫與海峽兩岸關係協會會長汪道涵，在新加坡海皇大廈，舉行第一次會談。這一會談，雖然是海峽兩岸政府各自正式授權的民間中介團體最高領導人首度會面，但是，國際社會都了解，這是兩岸政府代表正式接觸的開始。

辜汪會談，代表著兩岸多少年來的期待，意涵著兩岸相互尊重與包容的精神，也成爲人類歷史上的一個重要名詞。

辜汪會談的舉行，是歷經無數人士幕前、幕後的共同努力。因爲是兩岸數十年來的一件大事，各界都高度重視會談進行的每一個階段，每一個步驟，從會談的籌劃、會談的情況，會談可能獲得的結果，甚至會談之後可能產生的影響。兩岸之間如此，台灣內部如此，國際間更是如此。

會談舉行前兩個月，海基會秘書長陳榮傑繼陳長文之後請辭。總統府副秘書長邱進益轉任副董事長兼秘書長，接棒推動會談協議事務。他是海基會第三任秘書長，也只做了九個月。海基會成立初期，連續三位秘書長，任期差不多在一年左右，折損率之高，顯示政府推動大陸政策歷程的艱辛，兩岸工作的顛簸難行。

要成就辜汪會談的舉行，台灣內部的意見並不一致，從排斥、反對，進而干擾會議進行。在各種政治立場的激烈表達之餘，辜振甫也遭受池魚之殃，他經營事業的背景，他的家世，都成爲被公開討論、誣衊、質疑的焦點。

當然，這是不公平的。任何了解國際事務的人都可以理解，作爲政府的對外代表，不可能將個人好惡或利害關係羼雜於任務中。當政府的代表，在執行完成任務之後，接受與否的決定權，不在代表個人，是在政府。因此，針對代表個人的批評與人身攻擊，一生堅守分寸、接受政府託付、協助推動無數外交工作的辜振甫，實在難以想像，也很難接受。

他第一次站出來，面對「莫須有」的攻訐，作了說明，也向執政當局表達人格不可受辱的立場，以及退出辜汪會談的意態。

在極具世紀意涵的辜汪會談即將召開前夕，台灣方面的代表團卻面對這種環境。民眾開始對一波接一波無關會議主題的各種政治表態，感到厭煩；總統及各級首長，一再請託、勸慰辜振甫忍辱爲國，從大局著想。從民間到政府的反應，充份說明了民眾對辜汪會談的殷切期望，也表示政府掌握契機開創兩岸關係新局的堅定決心，以及對辜振甫和海基會的信賴與支持。

雙手緊握　歷史畫面

一九九三年四月二十六日，在國人的注目下，辜振甫率領代表團搭機前往新加坡；四月二十七日到二十九日，國際社會透過數以百計的國際媒體，同步掌握會談情況；三十日，代表團帶著豐碩的成果返國。

在這段歷史性的時刻，根據隨團採訪記者的觀察：從辜振甫的言行舉止之間，絲毫看不出他曾遭受到不公平的對待。他展現在國人、世人面前的，是一位有禮有節的中華民國政府代表；這就是辜振甫，從大局出發，以大局爲重，是他接受政府託付任務時一貫的理念。事實說明這應該是政府過去幾十年來，一再委請他協助國內和外交事務的主要原因。

辜汪會談，是兩岸數十年來首次攜手呈現給世人的一個宏偉場景：

四月二十七日上午，來自海峽兩岸和香港以及國外的兩百多名記者，聚集在新加坡海皇大廈四樓會議廳，圍站在擺放著鮮花的會議桌兩邊，幾十台攝影機、照相機和數百雙眼睛，一起對準了會議廳的入口處。

十點剛過五分鐘，辜振甫和汪道涵以及十八位出席會談的成員步入會場。辜汪兩位先生到達預定的座位後，隔著會議桌，面帶微笑，向對方鄭重地伸出手，緊緊地握在一起。頓時，攝影機開始運作，鎂光燈閃爍不停，將這個重要時刻，凝結在兩岸關係的歷史中。

據報導：辜振甫、汪道涵爲滿足不同角度攝影記者的需求，重複握了四次手。同一時間，海峽兩岸的最高領導人李登輝和江澤民，分別在台北與北京，透過電視衛星畫面，注視著辜汪兩人緊握的雙手。

這一串握手的鏡頭，被當時中外視爲象徵兩岸談判時代的開端，兩岸和解時代的來臨，是辜汪會談的歷史性畫面。

在這場景、畫面中的兩位主角的背後，代表著一個深遠的意義：兩岸願意嘗試採取實際的行動，以有別於軍事的手段，來解決彼此間的爭端；更重要的是，兩岸能夠坐下來理性地進行溝通、協商，就是將彼此尊重、互不否定對方的態度，加以具體化落實。對兩岸而言，這種「坐下來談」的意義，實在是遠大於雙方歷年來任何政策作爲。

從這個觀點出發，我們可以理解到，辜振甫忍受外在的批評與誣衊，一肩挑起有形、無形的壓力，把最佳的姿態與結果，展現在世人面前，爲的就是顧全大局。

「顧全大局」，汪道涵似乎也感受到，他在會談後，答覆記者群對辜振甫的評價：「我覺得他是一個很有經驗的經濟專家。因爲他在處理問題上，很能照顧到兩會的一些共同原則，平等協商，求同存異，並按照互惠原則同我合作。當然，一些問題我們有一致共識；另一些則沒有，我們會後還會繼續商談。」

二老簽署　四項協議

辜振甫認爲，兩岸兩會的往來，最基本的意涵，就是相互尊重。換句話說，兩會互動並不是用來作爲否定對方的存在。事實上，既然兩會正常互動起來，就證明彼此是共存的，是對等的。

兩岸兩會互相往來時，許多彼此的忌諱事項，相互之間都會主動迴避，也有充分的諒解。他說，這不是互相否定或漠視對方存在的事實，而是對彼此立場的尊重。就是基於這種考量，海基會與海協會開始互動，並持續迄今。

辜汪會談簽署了「兩岸公證書使用查證協議」、「兩岸掛號函件查詢、補償事宜協議」、「兩會聯繫與會談制度協議」、「辜汪會談共同協議」等四項協議。

協議書的簽署過程，殊具指標性。辜汪二老先簽署前兩項協議，緊接著互相換文。然後互換座位，再簽署後兩項協議；隨即互相換文，並交換了用以簽名的筆。這一切舉動是那麼地自然，甚至現場數以百計的各國記者，以及全球數以百萬計的觀眾，都未必察覺其特殊的意義。

但是細心的人就會注意到，在正式的國際場合裡，締約雙方在簽約儀式上，均會採取與辜汪二老類似的簽署動作。

無疑的，兩岸要在對等的基礎上進行溝通、協商，辜汪會談的整個過程都是典範。包括：雙方使用的名義、出席人員的層級、發言順序、簽署文件內容的一切安排、簽署協議的儀式與過程、相互之間的所有接待禮儀等，整個過程所展現出來的，就是對等、互相尊重。縱使有些人旁觀時並不是那麼在意、也不是每一個細節都會有人加以重視，但是作爲一個受到政府託付這項世紀重任的辜振甫，和海基會全體同仁，個個不敢輕忽。

辜汪會談落幕，兩老都認爲這次會談，是兩岸間跨出歷史性的第一步，結果是「雙贏」，爲兩岸未來發展開啓、奠定了良好的基礎。

辜振甫對「雙贏」的解釋：是指在各方面都有收穫；反過來，一方面有所得，一方面無所失，就應是「雙贏」。這次雙方都有收穫，彼此都是贏家。

回國後，有人要求評價辜汪會談成果，辜振甫以他一貫謙沖風格回答：「不敢說成功，但我們仍有收穫。」

這個收穫，除了展現在具體的四項協議，更大的價值是，兩岸在這個歷史性的時刻，向世人呈現雙方願意以相互尊重、和平、理性的方式，尋求解決爭議的空間。

辜汪會談另一項重大意義，是使得台灣內部各界對兩岸關係的認識，有了進一步的信心，不同政治立場的人士也逐漸產生共識。會談前，少數人士高度懷疑雙方政府的動機，甚至橫加阻撓；辜汪會談後，這種懷疑已明顯消失，代之而起的是各界對於政府的批評減少，對海基會的能力給予肯定，對辜振甫的人身攻擊也不復見。

辜汪會談，揭開了兩岸對等互動的新時代。

融冰之旅——辜汪會晤

從一九九三年四月的辜汪會談，到一九九八年十月的辜汪會晤，相距五年六個月；其間兩岸制度化協商中斷了三年多。處處可見兩岸關係之路，崎嶇難行。

面對大陸自一九九五年元月以來，希望早日推動政治談判的攻勢，面對大陸自一九九五年六月以來，以杯葛兩岸兩會作為迫使台灣屈服的壓力，海基會都首當其衝。辜振甫說，我們沒有因此而屈服，也沒有放棄改善兩岸關係的一切可能機會。我們一再呼籲對岸，要依據兩會協議，儘速恢復談判，我們設法創造雙方可以恢復正常互動的機會。

漸漸地，台灣一再呼籲的聲音，得到了回應。

一九九七年十一月，大陸順利收回香港主權後，開始調整對兩岸關係的杯葛手段，嘗試邀請海基會秘書長焦仁和前往廈門參加研討會，順道訪問其他城市。依據大陸方面事後的說法，這是作爲重新啓動兩岸兩會互動的開始。

這是一個難得的契機。辜振甫說，畢竟大陸習慣基於主導地位，既然對我們一再的呼籲有了正面的回應，實現的可能性也就增加了。

爲了有效開展兩岸關係，台灣方面提議由海基會董事長辜振甫，率團訪問大陸，並會晤大陸有關人士。

這個建議提出之後，歷經兩個多月，大陸才慎重地作出正面回應。接著進行一連串兩會副秘書長、秘書長等各層級人員的磋商，促成了辜振甫與汪道涵的第二次晤面。

因爲不排正式會議議程，又爲了有別於第一次辜汪會談，這次訪問定名「辜汪會晤」。

上海會晤　相互定位

辜振甫率領的三十二人訪問團，於一九九八年十月十四日到達上海虹橋機場。據大陸大公報引述上海市台辦的統計，共有中外一百十二家媒體，派遣四百六十四位記者，採訪辜汪會晤。

在當時的時空環境，辜振甫率團訪問中國大陸，研究兩岸問題專家認爲具有幾方面的重要意義：

恢復兩會制度化會談

一九九五年六月以來，大陸藉李登輝總統訪問美國康乃爾母校為理由，以杯葛兩岸兩會制度化協商作為回應，導致兩岸兩會無法依據一九九三年四月簽署的協議，定期舉行會談。辜振甫率團往訪，使得兩會人員再度依據兩會制度化會談的協議，舉行多次會談。縱使大陸方面對外堅稱這是「磋商」，不是「制度化協商」，但是，兩會相對層級的人員會談的程序、彼此提供對方的禮遇等，仍然是以制度化會談協議作為依據。

具體實現第二次辜汪會談

一九九五年一月三十日，中共中央總書記、中華人民共和國國家主席江澤民，發表「為促進祖國統一大業的完成而繼續奮鬥」，所謂「江八點」的重要談話，被視為最新時期對台灣政策的綱領文件。一九九五年四月八日，中華民國總統李登輝，在國家統一委員會，發表所謂「李六條」，正式回應江澤民的八點主張。

一九九五年五月下旬，海基會副董事長兼秘書長焦仁和，與海協會常務副會長唐樹備，在台北舉行秘書長級會談，俗稱「焦唐會談」，簽署了共識文件，商定一九九五年七月二十日，在北京舉行第二次辜汪會談。這是兩岸在李登輝總統和江澤民主席這兩位領導人分別提出開展兩岸關係具體主張的「江八點」與「李六條」之後，第一次的高層會議；在兩岸關係發展所代表的重要意涵，與第一次辜汪會談足以等量齊觀。遺憾的是就在同年六月十六日，海協會以李登輝總統訪問母校美國康乃爾大學爲由，發函海基會表示：「推遲第二次辜汪會談」。這一「推遲」，在歷經三年多的努力之後，終使辜汪二老在上海正式會晤，本質上就是實現了辜汪第二次會談。

兩岸最高層級代表第一次在大陸會談

第一次辜汪會談，經過兩岸的折衝，最後決定在新加坡舉行。就深層意義而言，代表著雙方之間仍存在一定的距離，這也是互信基礎依然不夠的一種投射作用。辜汪第二次見面，兩岸顯然已經突破了這一層的心理阻礙，台灣願意指派代表前往大陸，汪道涵在辜汪會晤中接受辜振甫的邀請，願意回訪；江澤民也向辜振甫表示，贊成汪道涵前來台灣訪問。兩岸歷經多年的互動，彼此之間的互信，有了一定程度的基礎。

兩岸首度討論相互定位問題

一九九二年兩岸兩會針對「一個中國」原則的表述問題，採取擱置爭議的方式處理；兩會在往來的過程中，遇到對方敏感的地方，都會自動迴避，逐漸形成慣例。例如：在兩會往來的信函中，都不會使用可能令對方感到不方便的字詞。但是，在辜振甫訪問上海和北京期間，不論和汪道涵、錢其琛（中華人民共和國國務院副總理）或是江澤民會晤，在談話中，辜振甫都鄭重提醒對方，必須正視中華民國存在的事實。雖然大陸的領導人並未能接受辜振甫的呼籲，但卻是兩岸半個世紀以來，第一次面對面正式談論相互定位的問題。

二度會晤　四項共識

在上海兩天，辜汪二老兩度會面晤談，第一場，各說各話的時間居多。第二次會面，在台灣方面的建議下，雙方幾經商量，獲致四項共識：

一、雙方同意加強對話，以促成制度化協商的恢復。

二、雙方同意加強推動兩會各層級人員交流活動。

三、雙方同意就涉及人民權益之個案，積極相互協助解決。

四、台灣方面邀請汪道涵先生回訪，汪道涵同意在適當時機訪問台灣。

強調不排正式議程的「辜汪會晤」，達成了四項共識，這讓苦苦守候的海內外記者在採訪報導上，也增加了一份實質的內容。

在隨後三天北京的行程裡，錢其琛、江澤民與辜振甫見面晤談時，對於辜汪會晤所獲得的四項共識，都分別給予肯定的回應。他們的對話內容，雖然沒有獲致實質的交集，但是，兩場會晤結束時，雙方都同意，兩岸今後要多進行面對面交談，以促進彼此的了解。

辜振甫率團訪問大陸時，兩岸的氣氛依舊凝重：一時之間，似乎還沒有從一九九六年三月大陸當局對台灣附近海域發射飛彈的氛圍中立刻改善。因此，媒體多以「破冰之旅」比譬辜振甫這一次的任務。

辜振甫對媒體表示：他是執行「融冰之旅」。他認為，「融冰之旅」要比「破冰之旅」更為恰當。他的體會是：「破冰」之後，「冰」依舊存在，而且要採取強硬的手段，才足以「破」。「融冰」的方法固然很多，但是手段是溫和的；結果是，既有的障礙減少，或已不復存在了。

「破」冰、「融」冰，一字之差，道盡了辜振甫當時的心境。一字的意涵，充分映照出辜振甫對兩岸關係的苦心。

「融」冰，往往需要時間、逐漸演進。辜振甫認為，這一次的行程，只是兩岸關係改善的一個開始。對兩岸長期互動帶來的意義，就是證明了兩岸即使有一時無法相互接受的政治立場與見解，甚至依舊存有重大的誤會，但是兩岸只要能坐下來談，必然能夠共同發揮智慧，可以找到面對問題、解決問題的共識。

海峽兩岸交流邁入第十六個年頭，海基會與海協會正式互動也超過十一年，儘管歷程起伏多舛，辜振甫對兩岸長期互動，仍然充滿期望，溢滿信心。他常說：「雖度冬天，但必能熬過冰霜之苦。」他參觀上海名勝「豫園」時，在「得月樓」提筆題上：「但知春意發，誰識歲寒心」十個字，留下了他對兩岸互動的無限感觸和殷殷期許。

辜振甫的這種前瞻、不居功的心境，十幾年來，陪伴著他，也帶領著海基會同仁，一起開創出許多史無前例的業務，爲兩岸互動的和諧與穩定，始終默默奉獻。

起伏波折的兩岸關係

海峽兩岸關係，就像一幅起伏不定的曲線圖。表面上，掌操曲線的是兩岸的海基會和海協會；事實上，被定位「民間中介團體」的兩會，都只是受政府委託，在「奉命」和「授權」下，處理史無前例的兩岸事務。

過去十多年，海基會體認到：作為政府涉及公權力事項的唯一授權管道，它的業務發展，先天註定會與兩岸關係的發展，直接相關。

海基會接受政府的委託，就必須忠實地依照政府的指示加以貫徹，這是作為一個處理兩岸事務的民間中介團體、也是政府授權處理兩岸事務涉及公權力中介團體應有的本分。這個本分就是：「海基會本身沒有政策，只是協助執行政府的政策。」也就是說，海基會的相關作為，是完全反映政府的政策。

海協會也不例外，每當遇到重要的訊息對外發布時，一定會首先提到，海協會「授命」，也就是「奉命」，或表示他們是被「授權」的。

兩岸兩會都必須奉命，或是得到授權，才能就政府政策對外發言，這是雙方應有的認知；大陸領導人也必然了解。但是，基於兩岸政治對抗的考量，大陸方面常從政治觀點，批評海基會的作爲，並選擇海基會作爲指責、批評的對象。當然，他們的目標並不是海基會，實質上是對我們政府和民眾的一種宣示。

遺憾的是，過去十多年，大陸沒有停止利用批評海基會來向台灣各界表達不滿，因而讓少數人產生混淆，將大陸的指責當真，於是也同聲批評海基會，甚至認爲海基會的負責人是必須對兩岸僵局，負全部或主要責任。在台灣的社會裡，這些少數的錯誤認識始終存在，甚至演變爲部分人士批評政府大陸政策的論點之一。一九九九年七月兩岸關係生變就是一例。

「兩國論」述　軒然大波

一九九九年七月，李登輝總統接受「德國之聲」記者專訪，在對方預先提出的問題稿中第一題就問到：北京政府視台灣爲「叛離的一省」，將如何因應這項危機？李總統回答：「一九九一年修憲以來，已將兩岸關係定位在國家與國家，至少是特殊的國與國的關係，而非一合法政府、一叛亂團體，或一中央政府、一地方政府的『一個中國』的內部關係。」

李登輝總統對兩岸關係提出的「至少是特殊的國與國的關係」定位主張，國內外新聞媒體都顯著報導，被簡稱爲「兩國論」的宣示，引起軒然大波。

大陸方面，立即作出強烈反彈，隨即以切斷兩岸兩會的一切往來，作爲報復。當然也影響了汪道涵原本應允訪問台灣的行程。

「兩國論」引致的反應，決策高層授權海基會回應。辜振甫藉「辜汪會晤」一周年，發表闡釋「至少是特殊國與國關係」談話，並指出這只是對兩岸定位的陳述，並沒有修憲、修法，更沒有廢除國家統一綱領，希望大陸不要故意讓它成爲新的障礙。

辜振甫的回應談話，卻成爲大陸「報復」的表面理由：辜振甫所提有關的解說，與李登輝的論點類同。如果我們深究原因，就可以完全理解大陸真正的用意。

相互尊重　平等協商

辜振甫指出，大陸方面應該淸楚，兩岸互不隸屬是一個不容否認的事實。在口頭上，海峽兩岸對現狀一向也有不同的主張與描述。正如同大陸自從一九八〇年代初期，由鄧小平提出「一國兩制」的政治主張以來，在大陸方面的政治定位裡，台灣始終是中華人民共和國所轄的一個地方政府。縱使到今天，大陸這種片面的主張，依舊沒有任何改變。台灣方面雖然不接受大陸這種片面的主張，卻沒有因此而強烈的反彈，而是以理性的方式，繼續陳述台灣的一貫主張。

一九九八年，汪道涵接受《亞洲周刊》專訪時，提出八十六個字來詮釋大陸對「一個中國」意涵的談話：「世界上只有一個中國，台灣是中國的一部分，目前尚未統一，雙方應共同努力，在一個中國的原則下，平等協商，共議統一；一個國家的主權和領土是不可分割的，台灣的政治地位應該在一個中國的前提下進行討論。」

辜振甫一方面基於彼此尊重，對於汪道涵整體的主張，沒有給予主觀的評論；另一方面對汪道涵在這八十六個字說詞中，提到的「目前尚未統一」、「平等協商、共議統一」這種既貼近又尊重的說法，辜振甫說，「目前尚未統一」，代表的就是大陸方面認真面對了兩岸互不隸屬的事實。換句話說，所謂的「一個中國」，並不是「現狀」的描述；假如一定要主張是現狀，豈不是自己把自己套牢？

辜振甫也認同汪道涵所講的「平等協商、共議統一」。他認爲，平等協商、共議統一，代表著海峽兩岸必須在相互尊重之下、基於對等的地位，並以理性協商的方式，共同尋求解決爭議的方式，這種以和平、民主爲精神的方式，才能爲兩岸問題帶來真正解決的契機，爲兩岸人民帶來真正的福祉。辜振甫指出，依照大陸方面的意思，既然「統一」是要由兩岸來共議，因此，「統一」並不是現狀的陳述，而是有待兩岸未來協商的議題。他說，這一說法，再度說明了兩岸互不隸屬的事實。

二〇〇三年四月十六日，辜振甫在日本早稻田大學頒贈榮譽博士學位典禮中致詞時，對於如何打開兩岸之間的僵局，提出另一層面的思考。

辜振甫說，台灣海峽兩岸之間的關係，近年來在經貿相通上十分密切，進而也推廣了兩岸民間交流的層面。但是，兩岸政府在政治與安全議題上，仍然有著各自的堅持。其實，在今天日益全球化的國際與區域環境中，兼顧國家與個人，以及經濟與政治的「人類安全」（human security）概念，更能適用在兩岸關係發展過程中；也就是只有兼顧每個人的生活福祉和整體社會的永續發展，才能打開兩岸之間的僵局。這需要兩岸菁英，經由異中求同的共同認知，建構未來共同的榮景。

海峽兩岸目前處於分治狀態是一項客觀的事實，這不是一項政治主張。辜振甫說：「過去我在兩岸關係的協商中，曾經多次提到兩岸之間應該以理性與尊重相互對待，避免將自身主觀意志，強加諸於兩岸關係互動過程之中；也就是必須基於事實的認知與相互尊重的精神，維繫良性互惠的協商關係。」

儘管辜振甫一再闡述兩岸關係雙贏的理念，一再殷殷期盼重啓溝通的對話，但是，回顧過去十多年間兩岸一路走來的互動軌跡，起起伏伏，波折不斷。如果雙方都無法跳脫「政治」的窠臼，都不能寬容不同的意見，又如何增進兩岸人民的權益？又如何追求共同締造兩岸和平發展的新願景？

第二部　經世大戲

臺灣水泥股份有限公司移轉民

出席股數
18930031

1954年，辜振甫（前排左起二十）一肩挑起台泥移轉民營的主要工作，順利在三
球場召開股東大會，完成改制。此後半世紀，他與台泥結下了不解緣。

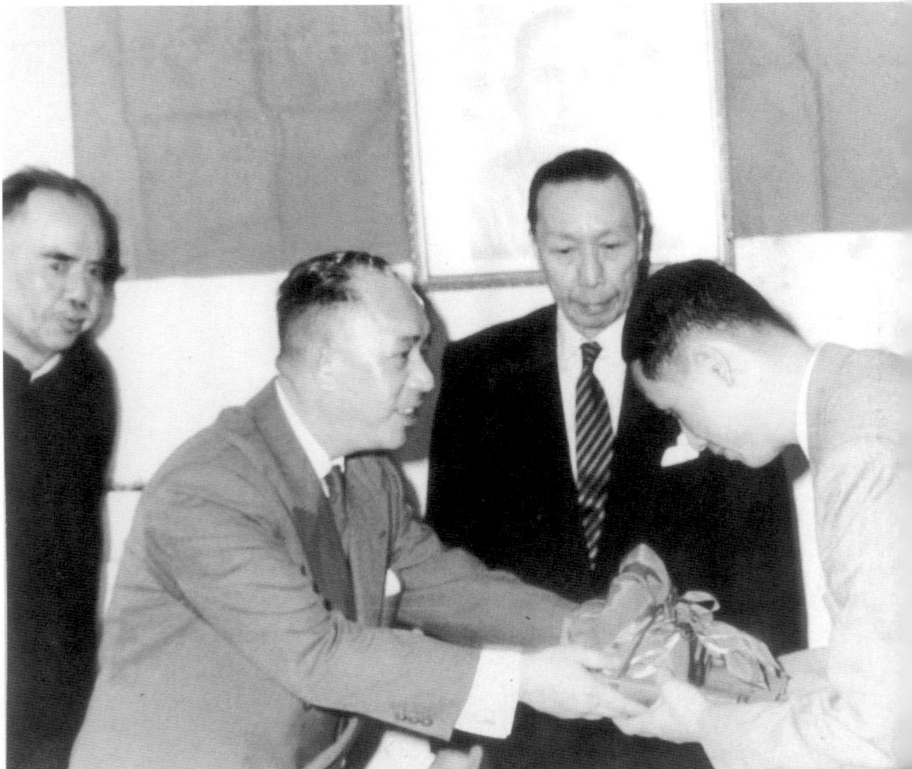

台泥移轉民營四大主要人物（左起：林熊祥、陳啓清、林伯壽、辜振甫）。

實施耕者有其田案台灣水泥股份有限公司高雄廠移轉民
中華民國四十三年十一月二十三日

台灣水泥股份有限公司移轉民營第一次董監事联席會議留影

改組後的台泥，辜振
從協理、總經理到董
長，努力經營。招考
進人員，他更親自到
巡視。

CHINA

1956、1957及1962年，辜振甫(右一)三度以資方代表身分出席日內瓦國際勞工會議年會，順利為我國完成了會費調整案，並累積了豐沛的國際人脈，為此後的經貿外交奠下了良好的基礎。

1961年10月中日合作策進會，岸信介(左一)與張群(左二)相見歡，辜振甫已扮演重要角色。

1965年，辜振甫(後排中立者)籌創亞太商工總會(CACCI)，並邀集日、韓、紐、澳等亞太地區各國工商領袖在台北市舉行創立大會，與各國代表蒙先總統蔣公召見。

辜振甫(中立者)進軍國際商會，1966年國際商會馬德里大會，與會長Lamba
交談。

1966年，辜振甫將「亞洲商會」改組並擴大為「亞洲商工聯合會」引起國際注意，並助我國順利恢復「國際商會」會籍。1968年，辜振甫當選「亞太商工聯合會」理事長。

968年「中日合作策進會」第二次全體委員會。圖中站立報告者是辜振甫。

日斷交後，「亞東關係協會」成為維繫中日關係的白手套。

1982年11月9日 第六次「中美工商聯合會議」，美國首席代表甘迺迪抵
台，辜振甫(右)與孫院長一同接機。

1984年PBEC年會在台北舉行，辜振甫(中)與各國來賓寒暄。

1986年，前阿肯色州州長柯林頓（右）來台參加「第十屆中美經濟合作會策進會」，與辜振甫（右二）建立深厚友誼，以後在國際場合互動密切。
（本圖來源：美聯社）

1989年5月18日PBEC議事槌交接。

1989年5月14~18日「太平洋盆地經濟理事會第22屆年會」在台北舉行。

1989年辜振甫因「推展經貿外交貢獻篤著」，獲李登輝總統頒授大綬景星勳章，為民間第一人。

1989年12月8日「東亞經濟會議」，接待日本代表團團長谷川周重。

990年8月8日辜振甫與「美中經濟協會」總經理羅大為交談。

1991年「太平洋盆地經濟理事會第24屆年會」在墨西哥舉行。左起：紐西蘭副總理、哥斯大黎加總統、辜振甫總會長、墨西哥總統、墨西哥會長、秘魯總統、賀里斯哥州長。

1991年11月，經過多年努力，我國終於加入APEC。

1992年11月7~9日出席在京都舉行的「亞洲展望會第四屆會議」。左四為辜振甫。

1995年8月與日本「經團連」豐田會長(左)攝於日本東京「佳境亭」餐廳。

1996年辜振甫第二次代表總統赴日本大阪參加APEC。右一是美國總統柯林頓，左一為新加坡總理吳作棟。。

1997年辜振甫（左）第三度代表總統赴加拿大溫哥華參加APEC的非正式領袖會議。泰國總理乃川（中）、美國總統柯林頓（右）。

1997年11月23~25日辜振甫第三次代表總統赴加拿大溫哥華出席APEC年會非正式領袖會議，並與馬來西亞總理馬哈迪等進行雙邊會談。

1997年第二十五次「東亞經濟會議」在台北召開，中日代表團團長辜振甫、服部禮次郎發表共同聲明。

2003年4月，辜振甫獲(右二)日本早稻田大學頒贈榮譽博士學位，日本前首相森喜朗(右)前來致賀。

(圖片來源：聯合報)

韓國幾位前總理圍繞在辜振甫(中坐者)身旁：左一、左二坐者為金貞烈及盧信永，右二坐者是丁一權。

1977年與第三十八任美國總統福特合影。

1978年，與第四十任美國總統雷根與辜振甫的合影。彼時雷根仍為加州州長
受辜氏邀請來台訪問。

1985年與第四十一任美國總統布希合影。

1997年辜振甫以豐富的肢體語言，在APEC國際場合展現他幽默風趣的一面
左一為新加坡總理吳作棟，右一為第四十二任美國總統柯林頓。

勁寒梅香　斯人斯文

（1984年時的辜振甫）

前言

最近半世紀以來，每提到辜振甫，就讓人想到「台泥」（台灣水泥公司）；有人乾脆就以「密斯脫台泥」（台泥先生）稱呼他。

另外，由於他數十年來在工商界呼風喚雨，十分活躍，他也常被人稱爲「紅頂商人」。

這兩個稱呼，在一定程度上，都說得過去。

只是，台泥只能算是辜振甫一生事業的起點或大本營，不能代表他事業的全部，稱他「台泥先生」，那未免是「察秋毫而不見輿薪」了。

至於所謂「紅頂商人」，在某些方面，他可算是紅頂商人的典型，因爲，他講究政商關係，在商場官場都吃得開，在一般人印象中，屬於長袖善舞的一型。

可是，辜振甫在「商人」定位上，有非常突出的特質，不能以傳統的紅頂商人視之，那怕你把「商人」擴大解讀爲「企業家」，仍不足以涵蓋其人其事的全部。

他常自稱爲「一介布衣」，這可比前述兩個稱呼更接近事實。他一生沒有擔任過任何正式官職；即便是「公職」，他也只是當年因爲受命承辦國營台灣水泥公司移轉民營的事務。而獲聘爲國營台泥公司的協理，以便於移轉工作能順利進行。這份「公職」，他做不到半年。

他不是沒有做官的機會，當年，周至柔、黃杰先後擔任台灣省政府主席時，均曾力挽他出任建設廳長；蔣經國擔任行政院長時，更曾有意徵召他出任行政院副院長，他都力辭不肯就任。

但他並不是不屑於做官；他只是認爲自己「一介布衣」，既以經營工商業起家，就該堅守工商業本位，以工商界人士身分爲國家效力。近數十年來，國內國際情勢丕變。更讓他相信，以民間人士立場，爲國著力之處或許更多，而且功效更大。

因此，在當年土地改革的最後階段，無人敢於出面承辦四家國營公司移轉民營之任務時，辜振甫挺身而出，承辦台泥的移轉工程，圓滿達成，作爲其他三家公司（工礦、農林、紙業）移轉民營工程的示範。

隨後，由於土改完成，大量資金透過土地債券及四大公司股票而釋出，爲導引這巨量資金投向工業發展，辜振甫在政府當局的授意及支持下，先後成立「台灣證券交易所」及「中華證券投資公司」，使台灣農業經濟社會轉型爲工業經濟社會的偉大工程，終告有成。

辜振甫於一九六一年受全國工商界推擁當選「中華民國工商協進會」理事長，成爲全國工商界的「龍頭」；在位三十三年，直到一九九四年才卸任。

在「工商協進會」理事長的長久任期中，他領導工商界配合政府在經濟建設方面提供建言及貢獻；一九八五年，國家經濟發展遭遇瓶頸，他曾應蔣經國總統及行政院俞國華院長的邀約，直接參與經濟改革的工作，與趙耀東、蔣碩傑共同擔任行政院「經濟改革委員會」的三位總召集人，他並兼任產業組召集人。

至於國際事務方面，辜振甫可以說是我國近現代史上，以民間企業家身分，直接參與國際事務最積極而且貢獻最大的一人。

過去數十年裡，在中共多方逼壓下，我國的外交活動通路，全遭切斷或堵塞，在極度困窘中，辜振甫以民間企業界領袖身分，積極推展經貿外交活動，以務實外交取代了傳統制式外交的功能。

他爭取恢復我國在「國際商會」的會籍，爲我國在擴展經貿外交上站穩了一個灘頭陣地；他主動邀集亞太地區工商界領袖組成「亞太商工總會」，作爲推展區域經濟活動的基礎；他打通了我國與歐洲國家工商界的交流管道，建立起我國與歐洲共同市場的實質溝通聯繫；而且，他以「工商協進會」理事長身分，代表我國與全球數十個國家，分別組成經貿協會，或簽訂雙邊貿易協定；他一直是我國與日本在經貿、文化各方面交流聯繫的負責人，兩國斷交以後更是如此。

在亞太地區經濟合作組織方面，從最初著重學術研究的ＰＢＥＣ到純經貿關係的ＰＥＣＣ，進而到官方組織的ＡＰＥＣ，他都自始就積極參加，爲爭取我國國家會籍鋪路。

他曾三度代表總統參加ＡＰＥＣ的非正式領袖會議。

他以一介平民，曾獲得我國及日本、韓國、巴拿馬、南非等國家元首頒贈勳章；並獲得美、日、加、法、韓等國著名大學及我國台灣大學、中央大學及交通大學頒授榮譽博士學位。

辜振甫在公私事業上兢兢業業忙碌數十年，一直保持商人身分。卻是一位在商場、官場、國內、國外都受尊重的商人，這樣的格局，應該不是「紅頂」一詞涵蓋得了的。

黃天才 謹識

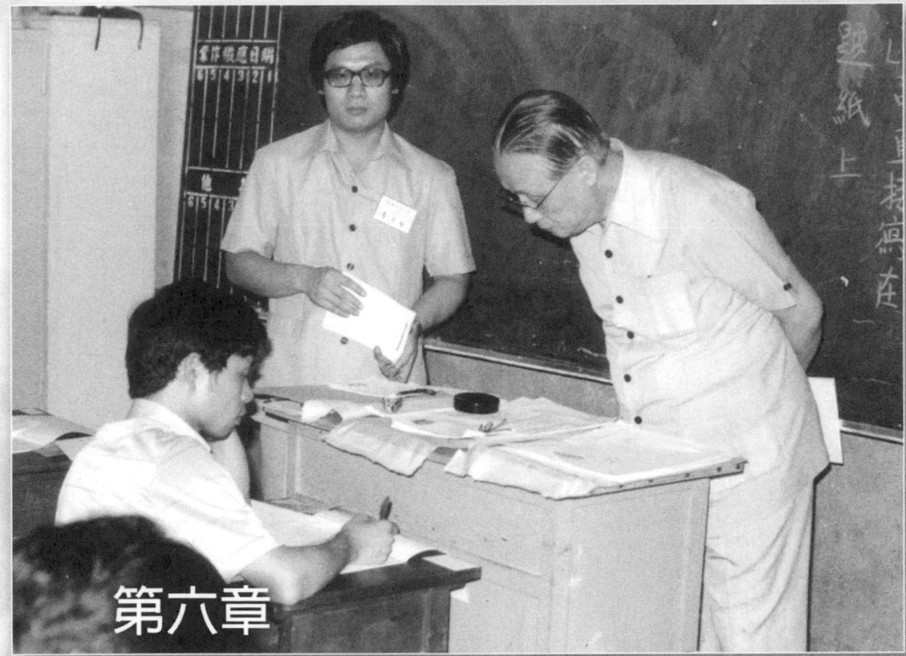

第六章

接掌台泥 爲土改作示範

土改與地主佃農

假如說台灣水泥公司是辜振甫一生所創建的龐大企業王國的第一塊神異磐石，那麼，台灣一九五〇年代所推行的土地改革，就是促使辜振甫把凍結在土地上的資金，去換取這塊神異磐石的原動力。

辜振甫對土地改革，除了當年身體力行響應之外，這些年來，每談到台灣的經建成果或經濟奇蹟時，他就會提醒大家飲水思源，強調當年土地改革之功不可沒。

他認爲土地改革是台灣在突破中國農村社會數千年來的「貧窮循環」，而建立一個新興工業化國家的過程中，最具關鍵性的一項大工程；他稱之爲「一場和平的社會及經濟革命」。

當年，鹿港辜家、板橋林家和霧峰林家是台灣三大地主家族。一般都以爲當年土改是把地主所擁有的田地強制分售給佃農，是「革地主的命」，地主們反對土改是必然的；辜振甫以鹿港辜家掌門人身分，爲何會對土改如此傾心？他又是如何說服其他大小地主們參與他共同經營台泥，而獲得人人受惠的結果？

這是光復後的台灣早期有關國家經濟開發及產業工業化的一則劃時代的故事。

三七五減租　嘉惠佃農

一九四九年秋、冬之際，政府在大陸軍事失利，播遷來台，隨同政府來台的，有將近兩百萬軍民，台灣人口突然增加了百分之三十，由六百萬躍升為八百萬，糧食成為嚴重問題。當時，東南軍政長官兼省主席陳誠，接納農村復興委員會的獻策，推行該會設計的一項土地改革計畫，增加農業生產，解決糧食短缺問題。

陳誠在一九四九年開始推行土改第一階段的三七五減租計畫時，曾對新聞記者說：「我國農民人口眾多，他們比任何人都辛苦，終年辛勞不得一飽，……所以，一方面要推行糧食增產，一方面也要防止增產所得利益落到少數人手裡。此乃決定推行三七五減租政策的主要動機。」

台灣土地改革分三個階段，即三七五減租、公地放領與耕者有其田。

第一階段的三七五減租，用意在提高佃農的收益，合理調整地主與佃農的地租標準。

所謂「三七五減租」，就是政府規定地租一律以不超過主要作物全年收獲量千分之三百七十五爲準；即收成的百分之三十七點五歸地主，其餘百分之六十二點五由佃農自留。

當時的佃農，除了在地租上受到不合理待遇之外，在「租約」上也很吃虧，一般業佃之間租約的租期都很短暫，甚至有不定期的，增租撤佃，地主可以任意行事，佃農權利毫無保障。因此，「三七五減租」施行之時，由政府規定，耕地租約一律限用書面，佃期不得短於六年，地主不得任意增租撤佃。

三七五減租換約的工作，於一九四九年元月由政府主導推動，在全省各地全面施行。同年四月間第一期農作物收成的時候，開始實施，九月即大功告成。

此一劃時代工程進行得如此順利，並迅速完成，主要原因有二：

一是得力於政府事先的周詳合理的策劃，執行時又以公權力秉公處理：當時，政府在各地成立了「推行三七五地租委員會」，進行宣導，協助執行。在換約時，更由政府統一訂定了租約格式，業佃雙方簽章後，並須經過鄉鎮區市長公證，以資信守。

其二是得力於日據時代的戶政、地政辦得好：日據早期，大正時代數度入閣的名政治家後藤新平擔任台灣總督府民政長官，辦理戶政、地政，建立了良好制度，所有戶籍、地籍、稅籍的資料均極完備，尤其是地籍方面，諸如地籍圖、土地台帳、戶稅底冊、土地坐落位置、面積、地目等，都有明確記載，節省了台省實施土改所必須投入的龐大人力與時間。

辜家理解 時代潮流

當年鹿港辜家，是台灣第三位大地主家族，僅次於第一位的板橋林家及第二位的霧峰林家。

土改以前，辜家的土地水田、旱田（包括待墾部分）、山林以及鹽田合計約有三千七百甲；除爲製糖、製茶、製鹽所需之旱田外，大部分水田來自辜振甫的父親辜顯榮以「自食其力方式」，招募傭工，墾闢荒地、開拓而成。辜顯榮生前未在都市經營房地產，他認爲都市地價、房價的上揚，不是來自自己的努力，他寧可自己開發耕地或鹽田爲樂。辜家的田地，都分區派有專人管理，再放租給佃農。辜家佃戶將近一千名，都訂有租約。辜振甫說：辜家與佃農的關係一向良好，溝通順暢，少有紛爭發生；「記憶中，從沒有爲佃農的事頭痛過。」

辜家每年可從這片耕地收到作物七萬擔（每擔一百台斤）。如此大量的收成，辜家自用有餘，就賣給經紀人，或在市場轉售，或銷往日本。但是土改實施時，辜家創業大家長辜顯榮和長子岳甫都已辭世，三十三歲的辜振甫是辜家掌門人，頂著這麼一份龐大家業，對於政府大力推行的土地改革，他自始就十分關注。

當時，市面上已盛傳著「土地改革就是革地主的命」的流言，辜振甫倒是不太受這類流言的影響，一方面是由於他出身地主家庭，對耕地分配嚴重失調的情形非常清楚，他的教育背景以及在日本各地的見聞，使他深切體認到土地改革是時代潮流，解決民生問題關鍵所在，任誰都不應該抗拒或反對；另一方面，他從政府宣布的「三七五減租條例」內容看來，政府是經過縝密計畫，而且決定以溫和手段按部就班施行，並沒有以雷霆手段「革地主的命」，相較於中共在大陸以殘暴手法對待地主以推行土改的情形，台灣地主理應盡量與政府配合。

土改第二階段是公地放領。

政府將所有的公有土地，以分期付款方式，賣給現耕的公有土地承租人；同時，其他佃農也可以承領其餘的公有耕地。

放領的地價，由政府訂為該土地正作物全年收成的兩倍半，一律按稻穀實物計算，以免受物價變動影響。全部地價分十年二十期無息攤還；每年於收穫季節分兩次繳納價款。

當時，台灣公有耕地共十八萬甲，占全省耕地的百分之二十一。

公地放領的工作，在三七五減租工作完成後的第二年——一九五一年開始實施。

由於政府就是地主，所以推行更爲順利。

公地放領的施行，與民間地主無直接關聯。辜振甫在一九四九年底，土改減租換約工作完成之後，攜同新婚夫人辜嚴倬雲到香港去了，公地放領辦理期間，辜振甫不在國內，直到三年後土改第三階段耕者有其田開始辦理前數月才回台。

多年以後，曾有人問辜振甫：當年對土改最初二期的執行情形，似乎漠不關心，要不，怎麼會住到香港去？

辜振甫解釋說：身爲地主，土改政策於己有切身關係，影響至大，怎會不關心！當年，雖然身在國外，卻是密切注意著土改政策的推行；尤其對第二階段的公地放領，雖說與民間地主無直接關聯，但地主都知道這是爲下一階段耕者有其田的執行鋪路，地主們對公地放領的實施都非常注意。

土改的最後難關

土改第三階段「耕者有其田」，是土改計畫的最重要部分，也是對國家經濟發展具有極深遠影響的一部分；同時，因爲涉及土地資源的再分配，所以，也是對全省地主影響最直接、衝擊最巨大的部分。

土改第一階段實施三七五減租後，農民收益較以前提高了，逐漸有了購買耕地的能力；土改第二階段公地放領的實施，讓地主們知道耕者有其田已勢在必行，有了心理準備；前述一、二階段改革實施之後，政府決定執行土改第三階段的工作，對當時全省二十五萬九千多甲私有出租耕地，除了地主依法可以保留的極小部分之外，全由政府徵收，再轉售給佃農，讓農民享有所耕作土地的所有權，使耕者有其田政策得以徹底落實。

出租耕地由政府明令徵收，再轉售與佃農，這對地主當然是莫大衝擊，地主難免要作重大犧牲。

在兼顧業佃雙方利益的原則指示下，政府公布的耕者有其田實施辦法，要點有三項：

一、地主不分在鄉或不在鄉，可以保留耕地三甲（含自耕部分），超過三甲的出租耕地，一律由政府徵收，再轉售給佃農。

二、佃農承領的地價，按耕地全年總收成的兩倍半計算，外加年息百分之四，以十年分期付款方式繳付本息。

三、政府向地主徵購耕地的價格，也是按耕地全年總收成的二點五倍計算；徵收價款，採取七成實物土地債券及三成公營事業股票搭配發給。

上項辦法，最爲人稱道的是地價補償金的給付方式：「採取七成實物土地債券及三成公營事業股票搭配發給。」此項在當時被許多人稱爲「巧思」的給付辦法，包括了諸多優點：

第一、可防止通貨膨脹：當時預計徵收的土地共約十八萬甲，若以時價計算，支付地主的價款超過新台幣二十億元，這是當年新台幣總發行量的數額，若以現金支付，大量通貨泛濫市場，必然引起通貨膨脹，全民經濟亦將受損。

第二、可保障地主的實物收益：土地債券以實物計算，地主所收的債券不會受物價的影響，更不受通貨膨脹的波及。

第三、可誘導土地資金投向工業發展：價款三成以公營公司股票搭配發給，此項價款總額也達新台幣六億六千萬元，此巨額資金，地主已不能再用以買地，只好轉而投向工商業，另謀發展。

耕地徵收的工作，於一九五三年五月開始辦理，費時半年多，在同年十二月辦理完成。

接受土改的心路歷程

被稱爲「全世界推動土地改革最成功案例」的台灣土改，成功的原因很多，辜振甫曾說是掌握了天時地利人和條件，「在關鍵時刻，在全民共識之下推動」，始克竟其全功。

所謂「全民共識」，其中最重要的，應是指全省地主的配合與支持。被視爲「革地主的命」的土改，如果得不到地主的合作，絕無可能如此和平順利完成。

土改第三階段的耕者有其田政策，帶給地主的衝擊之大，絕非今日一般人所可想像。世代相傳的土地，被政府強制徵收到每戶只可保留水田三甲。三甲水田只是一個六口之家以其農作收益勉可維持溫飽的耕地面積，也許只是一般中小地主原所持有土地的百分之幾或十分之幾；對一些大地主來說，可保留三甲，就是他們原有土地的千分之幾或者更小了。即以鹿港辜家爲例。原有水田旱田三千七百甲，保留三甲，則是千分之一還不到。試想，地主所作的犧牲多麼大。

地主支持經濟革命

雖然，土地被徵收可以得到若干程度的補償，但地主們在傳統農業社會中原所享有的地主身分與社會地位卻一去不返了，地主這個階級自此在中國社會中消失。對安土重遷的中國人來說，這心理上及精神上的衝擊，更是無從補償的。

可是，儘管如此，當年地主們還是無怨無悔的對土改予以響應、配合及支持，共同協力完成了一次和平的經濟革命。

這些年來，不少中外學者專家向當年台灣三大地主之一的辜振甫探詢個中原委，希望辜振甫以大地主身分現身說法，講述當年地主們對土改的感受及體驗，尤其是地主們甘願犧牲自己利益以配合推動土改的心路歷程。

辜振甫是典型的地主世家子弟，家境好，受過高等教育，他一向強調台灣地主多爲知識分子，看問題比較理性，這應該是地主們對土改政策易於接受的基本原因。當時的地主，不是第一代者，則以讀書人居多，毋需出外謀職，日常在家以管教子弟爲主，餘暇或巡視土地，或讀書寫作，或從事休閒活動，安分守己，成爲社會上的一股安定力量；地主守法納稅，政府對地主待之以禮，地主在地方上具有影響力，受大家尊重。

辜振甫以他所熟知的一些地主家庭爲實例，以見地主家庭重視子弟教育之一斑，如霧峰林家子弟多曾留學日本、美國或英國，板橋林家也是如此，高雄陳家子弟則多遊學日本。這些年輕學子到了國外，親眼目睹外國的地主自農業轉向邁入工業的過程，把國家建設成現代化富強國家，而台灣仍是農業社會，陳舊落伍貧窮，在國際上被人看不起，毫無地位，這些到過外國的年輕人，受到刺激，都知道要社會進步、國家富強，工業化是必須要走的路，而土改就是農業社會轉向到工業社會的必經之途。

公權力未強制干預

曾有國際人士懷疑在土改推行過程中，如第一階段的減租、換約，及最後耕者有其田階段由政府出面「徵收」地主土地，再轉放給耕農等等工作，都有公權力干預的情形，是否因爲地主抗爭而由政府人員強制執行？

辜振甫極力否認當年推行土改有藉公權力「強制」執行的情事。他對來訪的國際人士指出：當時，政府刻意以緩和漸進方式分階段進行，就是爲了避免採取強硬手段，相較於中共以清算鬥爭殘暴手段對待地主進行土地改革，形成強烈對比，這也是當時台灣地主對政府土改政策心甘情願支持的原因之一。政府在每一階段工作開始之前，都先公布辦法，得到全民的認知與共識，然後依法行事。在耕者有其田階段，政府禁止土地自由買賣，由國家管制交易，這是因為此舉涉及土地資源的再分配，是大工程，為了防止流弊，提高效率，不得不以管制交易方式進行。當時佃農有二十六萬戶，地主七萬五千，如任由土地自由買賣，討價還價，東挑西選，沒完沒了，不知拖到何年何月。因此，地主和佃農都必須忍受若干犧牲與成本。

地主轉向工商企業

被詢及當年地主在土改前與土改後的心理反應，以及地主們如何調適自己以因應土改後的新社會環境及遭遇時，辜振甫說：當年地主們知道土改已是勢在必行，既為時代潮流之所趨，又為現實環境所逼促（糧食不足，亟需增產），地主們心理上很快就接受了。惟因土改政策對每位地主都有切身關係，所以，極度關心是必然的。大家只企盼政府制訂政策公平合理，不用強硬手段；至於如何調適自己以因應土改後的新社會環境，這對地主們倒是一個頗感困擾的問題，每位地主都有諸多家務亟待研處，較小的問題，諸如依法地主可以保留耕地三甲，則此三甲地應保留於何處？應如何處置？是雇人耕墾？或乾脆轉讓他人？較大的問題，則是對政府補償的土地債券及股票將如何運用等等，地主們多沒有經營事業的經驗，轉業或創業也不知如何著手，一時的確讓多數地主感到困惑。幸而政府早有籌謀，選定當時業績最佳、資產龐大、且無積弊的台泥、台紙、工礦、農林等四家公營公司股票配給地主，這無異於為地主安排了一條現成的轉向工業發展的大路，志同道合的地主們可以選擇四大公司中的任何一家合力接手經營，逐漸培養自己走向工業經營之路。同時，政府已規劃好一連串的四年經建計畫，將接續實施，地主們可以將土改而得的補償金轉而投資於工商業，對國家社會作更大貢獻。

辜振甫本人就是如此從地主轉入工商企業經營而締造了冠蓋全省的和信企業王國的。

土改政策的代言人

台灣在一九五〇年代施行的土地改革，在一般人的了解中，都認爲受惠者是當時的佃農，被犧牲的是地主。

辜振甫原是台灣一位大地主，但他卻是對當年土改政策極爲推崇的地主之一。曾有人說：辜振甫推崇土改，是飲水思源，因爲，沒有當年的土改，就沒有今天的台泥。這個說法，辜振甫當然接受；但是，他認爲受土改之惠的並不止他一人，也不止當年的兩百多萬佃農。他認爲凡是見證過一九七〇─八〇年代「台灣經濟奇蹟」，享受過那些年內的安康富裕生活的人，都應該飲水思源，感謝早年土改的遺惠。

辜振甫從接手經營台泥，直到他創建了將近百家公司的和信集團，數十年來，每有機會，他從不吝於大力宣揚當年土改將台灣農業社會推進到工業社會的功勞。他原爲農業社會的一位大地主，因土改而轉型成爲一位成功的大企業家，如今現身說法，竟成了台灣土改在國內國際上的代言人。

見證農村脫離「貧窮循環」

一般人對土改的評價，大多著重在土改的直接效果與影響，諸如消除了不合理的佃耕制度，達成了耕者有其田的目標，改善了農民生計，促進了農村經濟的發展與繁榮等等。但辜振甫卻不強調這些，四十多年來，在不同場合，他發表過許多有關土改的文章、演講及座談、評論，對於佃農的受惠，他很少提及，因爲那已是人所共知的事；對於地主的犧牲，他也不多強調，只有一次在台泥公司移轉民營四十周年時所發表的「感言」中提到：「如今回想，當時的地主們所做的犧牲與貢獻不可謂不大，中國人安土重遷，要中國人放棄祖產，談何容易，可是，爲了落實民生主義於台灣，幾乎沒有地主不接受並支持政府推行土地改革的決策，實在難得，只是今天很少人提到地主當年所做的這些貢獻罷了。」

辜振甫對土改的評價，著重在土改的間接效果及其深遠影響；著重在它如何使千年來凍結在土地上的巨額資金釋放出來；如何使中國農村經濟脫離「貧窮循環」；如何促使中國經濟社會發生質變；如何讓土地資金轉而投向工商業；如何做到「資金證券化、證券大眾化」的現代企業的資本結構；如何把一個古老的農業社會轉化爲現代化工商業國家。

很少人對土改的效果及影響看得如此深遠，辜振甫有此能耐，是因爲他原爲地主，家傳幾千甲土地被徵收以後，卻受命承辦台泥移轉民營的工作，爲其他三家公司改制作示範；隨後，因土地債券、公司股票及愛國公債等有價證券在市面熱絡流通，各方面都有感於資本市場須盡快成立，辜振甫遂又以轉型成功的工商界領袖身分，受命成立官民合營的證券交易所；接著，爲了導引社會大眾參與證券投資，以達成現代企業所應具有的「資本證券化、證券大眾化」的資本結構，辜振甫又創辦了中華證券投資公司。

從土改初期即直接參與，隨後更一直投身在蛻變的社會中盡一己之力，使台灣從傳統農業社會脫胎換骨成爲工業化現代國家，一路走來，與國家社會同步成長，辜振甫不敢以「功臣」自居，卻也當仁不讓的作了土改政策的見證人與代言人。

他爲土改代言的評論及書面文章不在少數，但是，最完整最精闢的一篇宏文，應是他在一九九四年十一月十一日所發表的那篇〈台灣水泥公司移轉民營四十周年感言〉，他自稱這是「一個舊地主所作的歷史見證報告」，其中確有許多見聞、感想及深入的評析，必須是身歷其境而且參與其事者才能體會而加以闡述的。

試看辜振甫「土改見證記」的一些重要片段：

首先，辜振甫並不完全認同多數人所相信的土改最終目標及最大成就是耕者有其田。他認爲耕者有其田只是土改在達成其最終目標的過程中所產生的一個近程效果，所以，在「見證記」中他並不強調耕者有其田的達成。他認爲土改的最終目標應該是在促進國家經濟工業化，他把土改稱爲「一場和平的經濟革命」；這場革命，「使台灣走出傳統的農業社會，朝向現代化的工業社會邁進。」

土地資金釋出　流向工業

「見證記」中，他以相當大的篇幅，來闡釋土改對我國經濟工業化發展所產生的「三大帶動作用」：

第一個正面作用，辜振甫稱之爲「起爆性作用」，指土地改革的施行，將原來凍結在土地上的資金釋放了出來，並讓它轉而流向工業上去。爲了切實說明這些資金是如何被釋放出來，又如何流向工業上去的，「見證記」指出，可從三方面來觀察：

地主可保留的土地面積既受限於三甲，則地主因耕地被徵收而得的資金不可能再用於土地的集中性收購，非另謀出路不可；

政府向地主徵購土地所給付的七成價款是以實物債券發給，而由於實物債券到期兌付而產生的巨額資金，大部分脫離農村而爲工業生產所吸收；

所餘三成的購地價款則以配發四大公營事業的股票方式爲之，這筆股票的票面價目亦達六億六千萬元之鉅，這筆巨款，當然也轉成爲工業資金。

另外，土地改革使農民的收入大增，據調查，一九五五年至一九六六年的十二年當中，全體農民的儲蓄增加了七倍之多。儲蓄的增加，必然直接間接有助於國內資本的形成，爲發展工業提供所需要的資金。

土地改革對我國工業化發展的第二個「正面作用」，是土改爲工業生產提供了適宜的國內消費市場。因爲，土改後，受惠農民收入增加，農民有了購買力。據農復會的調查統計，全省受惠農家有二十六萬七千五百九十五戶；每戶每年增加新台幣二千一百七十六元，故而農村購買力總值每年平均增加五億八千二百萬元。農民購買力增加與消費內容的變化，爲工業生產提供了持續發展的條件，也就是提供了適宜的國內消費市場。

土地改革對工業化發展所產生的第三個正面作用，是物價及工資的穩定。因爲，所有的農民都由佃農成爲自耕農之後，以高昂的工作情緒從事農耕技術的改良，因而糧食產量大增，糧食價格得以長期穩定，亦爲工業發展提供了有利的工資條件。

此外，辜振甫在「見證記」中列舉了土地改革對國家建設前途發生深遠影響的三方面：

第一是台灣整個社會經濟結構發生了質變。土地改革之後，工業迅速發展，工業生產值在總生產值中所占的比重超過農業，這是一個社會由農業社會演變爲工業社會的象徵。同時，在土地改革以前，農業生產在國內生產淨額中，占百分之三十七，比工業生產大得多（工業生產爲百分之十八），但到了一九六三年，農業生產降低到百分之二十六點七，工業生產卻增至百分之二十七點二了。另一方面，農業投資在固定資本形成毛額所占比例逐年下降，工業投資則與年俱增。這些都顯示台灣整個社會經濟結構發生了基本上的質變。

第二是台灣的私人企業因此蓬勃發展。台灣光復後，日人經營的大型企業均由政府接收，但因土改而致台灣水泥等四大公司移轉民營，私人企業產值在工業總產值中超越了公營企業，且不斷上升，成爲工業發展的主流。

第三是台灣自此擺脫了「貧窮循環」的命運，不再像以往傳統農業社會因生產條件落後，而致年復一年的在貧窮中輾轉掙扎。

農村購買力　支持輕工業

辜振甫特別強調：土改第三階段耕者有其田政策完成之後，使台灣絕大多數佃農都成爲自耕農，同時，也使台灣七萬五千位地主大多轉型成爲輕工業的東家。輕工業在當時得以蓬勃發展，主要是靠自耕農購買力增加的支持，而輕工業在充分發達之後，回過頭來幫助農民改良耕作的方式與技術，辜振甫指出，這就是他所說的耕者有其田政策的經濟性的意義。這種良性循環，爲台灣後來的經濟發展奠定了紮實的基礎。台灣的中小企業具有強大的適應能力，不管國際經濟如何起伏波動，都能隨時適應，度過難關，這種韌性和活力，都是從當時的大環境中培養出來的。

辜振甫從台灣光復後就躬身參與了「耕者有其田政策的實施」、「公營事業的移轉民營」以及「民營事業的經營管理」等幾項與國家社會發展密切攸關的大事，身歷目睹了台灣半世紀來的發展歷程，這篇「見證記」不也就是台灣五十年來的經濟社會發展史嗎？

台泥是移轉民營的示範

土地改革最後階段的耕地徵收及轉放給佃農的工作，於一九五三年十二月按計畫進度辦理完成。土地改革本體部分算是大功告成了。

只是，因土改而須移轉民營的四大公營公司的移轉工作，卻遲遲未見開始。依原定計畫，移轉工作也應該在一九五三年底完成，但直到一九五四年初春，卻絲毫未見動靜。

四大公司移轉民營，原是土改政策的配套措施，政府有鑒於地主耕地被徵收之後，長年凍結在土地上的大量資金釋放了出來，爲防止土地資金亂竄，引起通貨膨脹或其他弊害，遂決定以土地債券及公營公司股票來抵付耕地補償款，順勢將四大公營公司移轉民營。如此，土改後地主及土地資金的唯一去路，只有轉向工業發展，既有助於國家經濟的工業化，又可達到扶助地主安全轉業目的。因此，四公司移轉民營未能辦妥，就不能算是土改政策已竟全功，政府要以土改促使中國經濟社會轉型的最終目標也尚未達成。

另一方面，手持四大公司股票的一班地主，缺乏現代企業經營理念或經驗，內心也惶急不安，不知道手上的股票究竟有多少價值，或該如何運用，因此，都在焦灼企盼有人出來承接或示範公營公司移轉民營的工作。

但公營公司移轉民營古今中外迄無前例可援，而四公司股票分散在七萬五千多位地主手中，四公司的資產及股票的評估價值不同，地主獲配股票數額互異，如何把四公司的股票以公平方式搭配予各地主，的確煞費周章，而股票的移轉手續既繁瑣又複雜，非專業人員不知如何著手；而且，如此大型公司，移轉民營後，堪當重任的經營團隊將如何籌組，也是問題。種種工作，大小事務，千頭萬緒，錯綜複雜，縱使有人有心趁此機會轉向工商企業發展，但想到移轉工作之龐雜繁重，也就裹足不前了。

在政府高層與全省地主的殷殷企盼中，這項艱鉅重任，因緣際會的落在四十歲不到的辜振甫肩頭上。

大地主成了土改工程師

當時，他從香港回台不過一年光景。

他於一九五二年冬天回台，隨後的一年裡，恰值土改第三階段在執行，辜家三千七百甲的耕地被徵收了，換到手裡的是一大堆的土地債券和公司股票。他體認到這是一個新時代的來臨，一場社會革命正屆巔峰，中國傳統農村經濟社會發生了質變，地主階級消失了，長年凍結在土地上的大量資金釋放出來，這是中國傳統農村經濟轉向工業化社會的契機，政府以公營公司股票搭配作爲地價補償金，正是爲地主們安排了一條安全可靠而又有廣大發展空間的轉業之路。四大公司的資產龐大、經營良好、業績最佳，且無積弊，地主們只要集結志同道合的股東，選出優秀人才，組成經營團隊，馬上就可以接掌公司，繼續發展，個人轉業成功，更可爲國家經濟工業化提供一份貢獻。

辜振甫最初絲毫沒有想到自己會被遴選爲四大公司移轉民營工程的示範工程師。本來，在耕地徵收完成之後，他也和其他許多地主一樣等著事態發展，久無動靜，他也只能暗自著急。

最後，因緣際會，偶然的人際關係，竟讓他這位大地主成了土改最重要的一項配套工程的首任工程師。

所謂偶然的人際關係，應是指他當年自香港回台後，經由姻親連襟葉明勳的引介，認識了當時行政院秘書長黃少谷。

黃少谷是一位學養深厚而具遠見的政治家，極爲當時的行政院長陳誠所倚重。黃少谷爲了解台灣社會民情，曾囑託葉明勳爲他引介結識台灣本地的大老耆宿及青年才俊，葉明勳介紹了不少位台籍耆宿菁英如林柏壽、吳三連、連震東、陳啓川等和黃交往；三十多歲的辜振甫，新自海外歸來，正是一位難得青年才俊。

黃少谷對辜振甫的才識人品，也極爲賞識。

政府正在大力推行土改，辜振甫是大地主之一，黃少谷自是不時向辜探詢對土改的意見及一般地主、農民的反應。

辜振甫在日據時代，爲了訓練自己準備接掌家業，求學時就主修經濟，後又鑽研財政，並且特地到東京大日本製糖株式會社工作過四年，觀摩學習日本現代工商企業的經營管理；光復後，到香港待過三年，觀察體會香港工商業社會的發展情形及社會生態。兩度國外觀摩察訪，讓辜振甫發現和日本、香港同爲海島經濟的台灣，在許多方面，要比日本、香港落後，主要原因就是台灣在經濟結構上，仍然侷困在傳統農業社會的桎梏之中，大量資金凍結在土地上無法動用，以致遲遲未能進入工業經濟的新時代。

當黃少谷向他詢及對土改政策的看法時，他立即滔滔不絕的從不同層面去剖析土改的積極意義。他認爲民生問題的解決，關鍵在農民，因此，農民問題的解決，實爲國家富強之正道；中國農業社會數千年來因循保守，已陷入一副無可救藥的「貧窮循環」困境之中，土地改革，可使凍結在土地上的資金釋放出來，轉而流向工業生產，這是台灣經濟邁向工業化的契機，將給台灣社會帶來自由發展的活力，讓台灣社會從長期桎梏的「貧窮循環」中脫困。辜振甫特別提及，當前政府正著手推動一連串的四年經建計畫，地主們正可配合四年經建，將土改所得的資金轉投注到工商業上去，結果受益必然遠在收取農地租金之上，對國家社會也有了更大貢獻。

勇敢承諾陳誠改組台泥

辜振甫並對黃少谷指陳，台灣地主或他們的子弟大多受過高等教育，年輕一輩的多曾留學國外，看問題比較理性，他相信地主們會願意努力配合。

辜振甫對土改的這些正面而深入的宏論，極爲黃少谷所稱許。

黃少谷問辜振甫願否以地主身分，約集志同道合的地主，配合政府開放四大公營公司移轉民營的計畫，領先接手改組一家公司以爲示範，帶動其他三家公司進行改組。

黃少谷的提議，讓辜振甫感到意外，他知道這事情應該趕快做，全省地主都在焦灼地等待有人帶領，可是，他不敢貿然答應，畢竟公營公司移轉民營是史無前例的事情，千頭萬緒，真不知如何著手。他請黃少谷讓他考慮幾天。

經過審慎考慮後，辜振甫決定出手一試，他評估自己的出身背景及學識、能力等方面的條件，認為基於社會責任，他義不容辭，應該接下這份工作。

他答覆黃少谷，願意以台灣水泥公司作為示範。

經黃少谷向行政院長陳誠鄭重推薦，陳誠於一九五四年四月間特地召見辜振甫，略為交談後，即迫不及待詢問辜需要多少時間才能完成台泥公司的改組。

辜答年底即可完成，約需八個月時間。

陳誠因為公營公司改組的事落後進度已久，無人敢於承辦，今見辜振甫願意承辦，還爽快承諾在年底即可辦妥，不禁喜出望外，立即囑由經濟部聘辜振甫為顧問，先在經濟部內進行台泥的改組準備。

隨後，辜振甫由經濟部長張茲闓派任為國營台灣水泥公司協理，以便了解台泥的業務情況，並在台泥內部進行改制的種種準備工作。

三十八歲的辜振甫，是當時台灣公營事業中最年輕的協理。

多年後，有人問辜振甫當時怎麼這樣有把握向陳誠承諾年底即可辦好，辜振甫答說：「年紀輕，膽子大！」

辜振甫奉派為台灣水泥公司協理後，即以「民營台灣水泥公司股東大會籌備處」

主任名義，開始工作。辜振甫邀約了多位有關專家，分頭著力，夜以繼日加緊趕工。

幫忙最大的，是當時同為經濟部顧問的李潮年，李是律師出身，精明幹練，凡與法律有關的問題，辜振甫都向他請教，兩人合作得非常好，彼此相互欣賞，李潮年從此次合作中，看出了辜振甫的才華和領導能力，曾當面「預言」辜將來一定會做經濟部長，並說到時候願意做辜的「次長」。辜振甫答說：「我不會做部長，即使做了，請你做次長你也不會來，大律師的收入與地位，政務官那裡能比。」

另兩位協助最力的是當時在經濟部部長室任職的沈琰及胡季和。沈畢業於美國麻省理工學院，主修工程，後來擔任中華開發信託公司總經理；胡是是律師出身。此外，經濟部兩位次長徐鼐和王撫洲也幫忙很多。

台泥公司內部三位協理湯大綸、齊慰及王量，也曾盡心襄助。

有了上述幾位經濟部官員及台泥公司內部工作人員的幫忙，辜振甫不必再為公司改制的法律規章細則及公司業務存續等問題操心，他集中精力在召集股東大會的事務上。

爭取大地主　召開股東會

其實，股東大會的召集，困難更多。民營台泥公司的股東，原本都是地主；對多數地主來說，股票、股東及股東會等，都是新鮮事物，他們都存有戒心。邀他們參加股東會，他們也不知道是權利還是義務，更不知道該不該參加。

據估算，股東人數高達七萬五千人，如何找到一個夠大的場地能容納這許多人舉行股東大會？而且，股票過戶也十分繁瑣。依法股東會須有代表已發行股份總數過半數股東之出席，始得召開，因此，委託書的收集就非常重要，可是面對如此眾多的股東，收集工作既耗時間，又費周章，尤其當時的觀念保守，交出委託書猶如交出身家財產，許多股東很不放心。此項工作的艱困程度，超乎想像。

辜振甫知道，要消除一般地主們心中的疑慮，必須先向在地方上負重望的大地主們進行遊說，只要得到大地主們的響應支持，其他中小地主都會相隨而至。

辜振甫自己是大地主，和其他大地主多為相識，比較容易溝通，他們既已接受了土改，對改組公營公司民營化應該也會支持。

辜振甫選定爭取的第一目標，是最大地主戶板橋林家掌門人林柏壽。

林柏壽是當時板橋林家最長輩的唯一活存者，排行第四，各界尊稱他爲林四爺；早年曾留學日本，後在英國倫敦經濟學院完成大學教育，再轉往巴黎深造；出身名門，又爲台灣企業界的領袖人物，享有崇高社會地位。

林柏壽是辜振甫的姻親長輩，他是辜夫人嚴倬雲的外叔祖。辜振甫婚後旅居香港三年，那段期間，林柏壽也寄居香港，時相往來，林柏壽對辜振甫十分賞識。板橋林家所持台泥股票最多，加以林柏壽本人的社會地位及崇高人望，辜振甫決計挽請林柏壽出面號召舉行台泥股東會，確是一著高招。

辜振甫專程拜訪林柏壽，說明他受命籌備台泥公司股東大會及進行公司改組民營化的經過。

辜央請林柏壽出面召集股東大會，籌組經營團隊，接掌民營台泥公司。林柏壽已屆六十歲高齡，加以生性淡泊，此時挽請他出來承擔艱鉅，很得費一番功夫。

但辜振甫畢竟把林老說動了。

林柏壽當時曾和辜振甫約定，必須辜應允出任新公司總經理，實際負責業務經營，他才接受董事長之職，辜曾答應，但後來新公司成立時，辜不肯居總經理之名，極力推擁林柏壽以董事長兼總經理，辜擔任協理。這是後話。

林辜兩家　贏得股東信任

辜振甫獲得林柏壽的首肯後，立即分頭和全省各地的大地主們接洽協商。

當時，各地的地主們拿著搭配到手的四家公司股票，得知台泥公司在籌備舉行股東大會，由辜振甫負責籌備，並由林柏壽出面召集。林、辜兩大家族的這個組合，贏得了各地地主們的信任。

全省各地的地主大戶，經辜振甫親自洽商，或透過適當管道聯絡，都表示響應，大地主如台中霧峰林家的林猶龍、張煥珪，高雄陳家的陳啓清，基隆顏家的顏欽賢，工商界巨子如國產實業的林燈，台灣玻璃的林玉嘉等，都同意以股東代表身分出席，並參與公司的經營團隊效力。消息傳出，各地許多地主都跟著辦了登記。

各項準備工作，以超進度的腳步順利進行，辜振甫經審慎查核各項工作進展，確定各地股東登記已大致就緒，各類有關規章文書文件亦已大體準備妥善，遂決定提前舉行股東大會。

辜振甫正式宣布：

> 台灣水泥公司（民營）股東大會將於民國四十三年（一九五四年）十一月十一日上午十一時舉行。

這個日期，較之辜振甫對行政院陳誠院長承諾的年底期限提早了一個半月。

憑股東會通知單辦妥登記的股份將近一千九百萬股，出席大會的股東將有九千人。

當年，台北市還真沒有一個可以容納這麼多人的會議廳，經多方覓求，只好選定總統府前廣場右側的三軍球場舉行。

三軍球場不是一座正式建築，只因當年籃球運動在國內盛行，國內幾支籃球勁旅如「克難」、「七虎」等，經常舉行比賽，轟動一時，苦無大型球場，遂利用總統府前廣場側方空地，因陋就簡，搭蓋了一座臨時建築，中間是球場，四周是觀眾席，可容納數千人，算是當時最大的集會場所了。台泥股東會在此處舉行，這也是唯一的選擇。

風光大會　台泥順利移轉

股東會開得熱熱鬧鬧，十分風光，政府首長及各界領袖名流應邀到場觀禮的有數十位，新上任的經濟部長尹仲容、內政部長王德溥、台灣省政府主席嚴家淦等，都是座上貴賓，咸爲台泥順利移轉表達祝賀之意，並多所期勉。

對這歷史性的一刻，辜振甫表示他永生難忘，台灣經濟的工業化發展從此刻起踏出第一步。辜振甫發表談話，指出台泥移轉民營是他的社會責任，也是他今生最大的考驗之一。

民營台泥公司股東會的順利召開，象徵了多方面的重大意義：

第一、這是政府五年多來大力推行的土地改革最終目標的圓滿達成，佃農成了耕地的主人；原來地主凍結在土地上的資金已獲釋放出來，轉投資到工業上去，成爲台灣工業化的先驅。

第二、台泥改組成功，對其他三家公營公司——紙業、工礦、農林——之移轉民營，作了良好示範及帶頭作用，四家大型民營企業相繼問世，私人企業比重大增，是台灣企業結構上一次大轉型及進步。

第三、四大公營公司民營化是土地改革的配套措施，而以台泥作爲開辦的示範。台泥順利移轉民營，而成爲大眾持股的公司，是我國經濟發展史上的創舉，從此開啓「資本證券化、證券大眾化」的契機，亦是我國企業的經營權與所有權分開的起步。

第四、那個時代，許多開發中國家陸續把民營企業收歸國有，但我國反把國營事業移轉民營，事實證明這項決策正確而明智，台灣能有今日的成就，便是奠基於公營企業民營化上，而以台泥爲嚆矢。

台泥轉型成功，辜振甫是最大功臣，他在政界及工商企業界一鳴驚人，政府高層自此對他刮目相看，先總統蔣公接獲報告後，欣慰之餘，曾特別召見予以嘉勉。

改制初期的整頓

台泥股東會，完成了新公司董事及監察人的選舉，十九位董事及五位監察人中間，包括了板橋林家的林柏壽、林熊祥，台中霧峰林家的林猶龍、張煥珪，鹿港辜家的辜振甫，高雄陳家的陳啓清，基隆顏家的顏欽賢；以及國產實業的林燈，台灣玻璃的林玉嘉等，所有地主世家大戶及工商企業界領袖等，都列名在公司領導階層之中。

全省大地主及企業領袖齊聚台泥，是台泥公司移轉民營圓滿成功的要件之一。移轉民營後，公司組織未變動，董事會成爲決策機關；總經理及業務、工程、財務等建制亦均保留，僅增設協理一位。

新公司經營團隊隨即組成，林柏壽當選董事長兼總經理。辜振甫當選常務董事，兼任公司協理，負責人事、總務及股東會、董事會事務。

台泥移轉民營之初，由於股東人數衆多，有七萬餘人，董事會也較龐大，有董事十九名，為求提高經營效率，台泥採取合議制，由董事長與六名常務董事及常駐監察人一名組成經營中心，每周五召開常董會，而董事會則每兩個月舉行一次，較通行的三個月一次為頻繁，以加強溝通，並使決策透明化。

關於業務主管人事的安排，辜振甫認為現代化的經營理念是經營與管理分開，所以，公營時期的業務主管都不更換，全部留任，這是台泥移轉民營後安穩如常的主要原因之一。

管理現代化　提高競爭力

改制初期，由於股東人數眾多，人多口雜，曾發生一次幾乎引致台泥分裂的風波：事緣股東中有人以「寧為雞首」之心態，倡議據地分廠（如高雄廠劃歸南部股東，蘇澳廠則由北部股東經管）而脫離台泥，分成若干獨立的公司。對此，辜振甫極力反對，強調經營企業必須大型化，使營運現代化、合理化、國際化；而公司持股必須大眾化，以便股票上市，則融資可透過證券市場取得，不必僅靠銀行提供。辜振甫的論點終於勸服眾人，而使台泥未陷入四分五裂的命運。辜振甫回憶說：「當時，董事長林四爺很支持我，而諸位董事也能夠了解我說的是未來大勢之所趨，所以也都支持我。」

初期這些問題解決之後，接下來就是致力於管理現代化、經營企業化，以提升公司的競爭力。而第一步工作是對公營的台泥公司進行徹底的體檢。

找出優缺點　推行績效制

辜振甫對台泥公營時期的優點缺點都很清楚，改制民營之後，他的第一步工作，就是切實檢討公營的優缺點，然後，優點保留下來，缺點即速改正。

首先，他發現台泥公營時期的最大優點，是儲備了許多優秀的技術人員及忠於職守的管理人員；尤其是一九四六年台灣光復而從日本人手中接收過來之後，陸續引進在大陸上從事水泥工業績優技術與管理人才。這些人才以後逐漸分散到其他同業，成為台灣水泥工業發展的基幹。如公司總經理徐宗涑就是一位極優秀的專業人才，辜振甫曾公開推崇徐「專業一流，清廉、正直，由他擔任台泥總經理是台泥的福氣。」

台泥公司在台灣光復後由政府公營了八年，公司內部已上軌道，具有完整成套的規章、辦法及制度。例如：人事管理規章，材料、產品及財產管理辦法暨會計制度等均是。其中，會計制度是由公營時代的董事長，也是會計權威的張峻所制訂的，十分完善。

公營台泥的另一優點，是公司內部各級層工作人員養成了一種崇法務實的風氣。大家都重視品質管理，絕不偷工減料；而且劃一售價，依規定處理業務。

至於缺點，首先是公營機關的通病：編制過於龐大，而且冗員多。

其次是成本觀念稀薄。由於是公營，公司營運的成敗與員工幾無切身利害關係，以致員工對成本控制及經營績效等，都漠不關心。

另一顯著缺點是員工缺乏進取開創的精神。泰半員工但求無過，消極保守。

找出了公營公司的優缺點之後，辜振甫在公司管理方面，保留了公營時期的兩大優點：一是維持原有的可循的規章，留住原有可用的人才；另一保留的優點，是沿用原有的超然而公開的會計制度，並且加強控制。

公營時期的缺點，立即袪除的有下列諸端：

首先是凍結人事，隨即訂定退休制度。

其次，是對員工灌輸成本意識，推行績效獎金制度。公司先考核各單位的機械運轉效率、成本控制績效及產銷經營成果後，再依各成員責任的輕重與貢獻的多寡分別給獎鼓勵，以激發職工對品質管理、成本控制及事業盈虧的關注。

企業現代化　操作電腦化

公司內部漸趨安定後，辜振甫即從「管理現代化」及「經營企業化」兩大目標進行整頓。

他分別從人事、財務暨管理、生產三方面著手。

人事方面，他推行了四項具體措施：

一是緊縮編制，並厲行年滿六十歲退休制度，同時訂定獎勵提早退休辦法，以便以漸進緩和的方式促進新陳代謝。（一九五四年，台泥民營化的第一年，公司人數二九四四人，目前爲一四三一人，減少了一半以上。）

其次是辦理在職訓練，擴大業務範圍，並從事多角經營，以吸納超額人員。

三是實施職工公開招考制，杜絕請託及夤緣鑽營，培植後起基幹人員，並把職員比例逐年增加，工員比例則予以遞減，使得台泥員工素質不斷提升（一九五四年改制時，職員占全公司一七％，目前爲二五％）

四是修改考績辦法。職工考績的評定，並不同時彙整公布，而是從職工進入公司之日起，隨時個別進行評估處理，而於每到任滿一年時單獨予以評定爲原則。

財務與管理方面，採行五項措施：

一是修正會計制度：公營事業之會計制度，偏重於應付監督機構之查考，而缺乏企業本身改進管理的積極效能，移轉民營後，立即加以必要的修正。

二是採取彈性預算制度，每季針對季初的預算與實際執行情形進行比較，以作爲下一季的調整及改進之參考。

三是建立標準成本制度：引進科學化管理先驅Frederick Taylor所發明的Time and Motion Study管理方法，而建立標準成本制度。水泥工業從事大量生產，其成本計算屬於分步成本，較易實施標準成本制度，以提示全體員工領略成本控制之重要性。

四是著重事前評估與事後檢討：任何重大決策及擴建工程，事前需經效益評估分析，事後檢討是否符合原訂目標。現在台泥的擴建工程已進步到全套自己設計，機器配件大部分自行製造之程度。

五是逐步推行管理及操作電腦化，並於一九七七年成立資料處理中心，大幅提升管理效率。

生產方面，重要措施有二：

一是訂定機器操作標準，建立設備維護制度。

二是推行全面品質管理，並於一九六一年進一步設立研究專責機構，從事新產品的研究與開發，爲當時國內民營企業研究機構中最具規模的。

半世紀的奉獻

台泥在辜振甫的精心擘畫及領導下，順利的完成了從公營移轉民營的改組，又順利的完成了民營後的整頓及必需改革；由於他堅持經營與管理分開，而且留用了公營時期業務部門的重要主管人員，所以，改組改革的整個過程中，產銷業務絲毫未受影響。

台泥在公營時期業績就很好，改制民營後，經辜振甫強力整頓，祛除了公營的缺點，施行現代化管理，精簡人事，提高職工的成本意識，加強財務管理，結果，功效立見，水泥產量增加，公司盈利更豐，董監事及職工都受到極大鼓舞。

四十年產能成長十四倍

當時，適值政府開始推行第一期四年經濟建設計畫，國內經濟快速發展，各項建設突飛猛進，水泥之需求跟著快速增加，辜振甫把握機會，在改制民營後一年，一九五六年，即提出第一期增資擴建計畫，竹東廠的擴建工程立即開工，一年後完成，使公司總年產能從公營時期的五十三萬公噸，激增為八十八萬餘公噸。第二期擴建工程接著開始，五年後，一九六二年，第二期擴建的花蓮廠及高雄廠雷波窯完成，公司總年產能突破一百萬公噸。如此連年增資擴建，至一九八三年，台泥改制民營後三十年間，連續完成了七期增資擴建計畫，使公司總年產量激增為五百四十四萬二千公噸，這是台泥成立當初年產量的五十五倍，也是改制民營時年產量的十倍有餘。至此，台泥已躍居為世界主要水泥公司之一。

有了穩固紮實的基礎，台泥除了在水泥本業的產銷方面持續奮進不息追求發展之外，並為適應業務需要，從事關係企業的開展，自第一家關係企業台灣通運公司成立以後，陸續增加到十多家。同時，為了支持政府經濟外交策略，爭取國際友誼，台泥在技術輸出方面，在東南亞地區積極參與，博得友邦及僑胞的讚譽。

本業方面，台泥在一九八〇年代後期至一九九〇年代初期的十來年中，在國內及國際同業的激烈競爭下，仍保持傲人的發展紀錄。一九九四年公司民營四十周年時，總年產能已達七百二十萬九千噸，是民營初年產能的一四．四二倍。

隨產能之激增，公司營業額及盈餘自然也是巨幅成長，據公司一九九四年的統計：

公司資本額從民營當初一九五四年的二億七千萬元，四十年後，增加爲一百一十五億元，增加了四十二倍有餘。營業額從當年新台幣二億四千餘萬元，四十年後增加到新台幣二百零一億八千餘萬元，增加八十四倍。稅前盈餘從當年新台幣五千三百餘萬元，四十年後增加到新台幣四十二億十六萬餘元，激增七九·二四倍。

及至一九九〇代中期，台泥又繼續擴大在本業領域內的發展。爲了配合政府的「水泥業東移政策」，一九九四年台泥在花蓮縣的和平工業區投資興建水泥廠、專用港和火力發電廠，這三件開發案的總投資金額計新台幣八百億元。

和平廠配備　全球最完美

和平水泥廠背後有一座礦山，廠旁爲和平電廠，前面一公里多則是和平港，這種布局足可列爲全世界水泥工業生產最爲合理的配備，是全球之首例。它的好處很多，最可貴的有兩項：

一是港口和礦山緊鄰水泥廠，可以降低運輸成本，而發電廠亦可使水泥的生產成本和耗電成本降低，因此和平水泥廠的成本是全球同業間最低廉者之一。

另一是水泥廠和電廠可以發揮共生的效應，因爲水泥生產過程中產生的多餘熱能，可再利用來發電；而電廠所產生的脫硫石膏、飛灰、底灰等，又可供水泥生產之用。

和平水泥廠的規模已具世界水準，而助使台泥成為遠東地區產能最大的水泥公司。

辜振甫與台泥，從一九五四年春天由當時經濟部長張茲闓延聘為國營台泥公司的顧問開始，由他一手把台泥從公營移轉為民營，當選為民營台泥第一屆董事會常務董事，並兼任公司協理，負責人事、總務及股東會、董事會事務；隨即在董事長林柏壽的大力支持下，進行公司內部改革，施行管理現代化，經營企業化，次年開始，即推動逐期增資擴建，公司產能及營業額逐年激增；公司改制民營後第四年，辜振甫升任總經理，更積極推進增資擴建計畫，提高產能，以應市場需求；一九七三年，林柏壽請辭董事長，辜振甫經董事會推選繼任，遂以董事長兼總經理，綜攬公司決策及執行重任，長達十八年，直到一九九一年，才將總經理職位交由次子辜成允接任，惟繼續擔任董事長。

綜計辜振甫擔任台泥總經理三十二年餘（一九五八—一九九一），擔任董事長也在三十年以上，至於在台泥的服務年資，單是民營公司部分，也已五十年了。

五十年前，台灣水泥、台灣工礦、台灣農林、台灣紙業等四大公營公司的民營化，原是土地改革的配套措施，而台泥作爲公營公司移轉民營的示範，不但成爲我國第一家大眾持股的公司，使得「資本證券化、證券大眾化」在我國出現，更開啓我國民營企業大規模經營的先河。半個世紀來，當年這四家最具規模的民營公司，它們的發展與際遇迥然不同，而台泥則迄今屹立不搖，其原因是否就得力於辜振甫自始以來的堅定掌舵、管理有方及經營得法有以致之，辜振甫謙遜的不肯承認，但他卻以過來人的身分，語重心長的指出：台泥公司的發展歷程，尤其在民營化之初的創業經過，留下這些紀錄，「似有可供後進朋友參考之處。」

算一算五十年來的總帳，他繳出了這樣一份亮麗的成績單：

項目	移轉時（一九五四年）	二〇〇二年	比較（增加率）
1.資本額	二億七千萬元	二六五億六千萬元	九、八三七%
2.產能	五〇萬公噸	一〇六〇萬公噸	二、一六〇%
3.每一職工生產力	二〇〇公噸	七四〇〇公噸	三、七〇〇%

回憶獻身台泥迄今五十載的歲月，辜振甫以功成不居但絕不諉過的態度說：「台泥因爲有現代化和科學化的管理方法，我承乏董事長一職，日常只須看兩三項管理

報表便可了解公司的整體營運狀況。對於同仁，我是充分授權，讓人才盡情發揮所長，但公司的表現，我身爲董事長要負全責。」

這是他的服務態度，也是他的人生哲學，他所謂「可供後進朋友參考之處」，應該就是指此而言吧！

第七章

健全股市 促進工業起飛

籌設台灣證券交易所

台泥於一九五四年底完成民營化改組之後，其他三家公營公司：台紙、農林、工礦，也相繼逐一完成了改組。四家大型公營公司一舉改組爲民營，引起台灣經濟社會型態及生產結構上很大的質變。

接著，社會上出現了一些前所未有的現象：

一是證券交易活絡而凌亂：七萬五千位地主，因土改而致各人持有不同數額的土地債券及四家公司股票；估計此類債券及股票當時的面額價值，總額不下新台幣二十億元。地主們對所持證券的運用，各有不同計畫，勢必要彼此進行交換或買賣，加上政府以前所發行的愛國公債，也開始在市面上進行交易，如此大量而巨額的證券在市面流通，代客買賣證券的行號遂應運而生。最初的股票交易，屬店頭市場性質，交易不公開，成交價格亦不盡公道，惟因交易量小，運作尚無問題，而政府亦未禁止。及至市場規模趨大，股票交易就應該以公開、透明、公平、集中的方式進行。當時的經濟部長尹仲容即與辜振甫討論此一問題，而有成立證券交易所的擬議。

另一現象是私營企業快速成長：四家大型公營公司移轉民營，公私營企業相對增減之下，私營企業生產量陡然上升，已和公營事業生產量並駕齊驅，並爲台灣私營企業開創了廣大發展空間的遠景。這些快速發展的私人企業，必然需要更多資金從事擴充及持續發展，而股票市場恰是可靠的籌措資金的正規管道。同時，對投資者來說，透過股票市場，投資也可獲得適當保障。私營企業及個別投資人也都對集中股票市場之成立，有著迫切期待。

資本證券化　證券大眾化

上述兩種現象，都是政府實施土地改革及四大公營公司移轉民營所衍生的結果。在土地改革辦理完成之後，我國資本市場的運作亟待規律化，而當時全省七萬五千位地主對於政府所配發的證券多不熟悉管理營運之道，所以確有必要成立一個債券及股票公開交易的場所，以供地主買賣證券（包括股票及債券），一方面讓地主可以取得現金以資創業，另一方面可以彙集分散在台灣各角落的閒置資金，投入國家所需要發展的產業，促進國家工業的突飛猛進，從而對台灣整體經濟乃至國家建設，發生深遠影響。

同時，台灣的私人企業若要發展出氣勢恢弘的大格局，便須揚棄傳統的家族式經營型態，而將資本證券化、證券大眾化，逐步使事業的經營與股權的持有分開。

另一方面，民間財富不斷累積下來的結果，需要有多樣化的投資商品供投資大眾選擇，才不至於打擊國人儲蓄的意願。所以，健全而發達的股票市場具備促進民間儲蓄及維持經濟向榮的功能。而在市場經濟自由體制之下，工商企業的規模隨著經濟的發展逐漸大型化以後，即使是家族企業也不得不仰賴外來的資金，而股票市場是典型的籌措外來資金的管道，以透過發行證券方式向資本市場求取長期資金，社會大眾亦可藉投資股票方式達到個人理財的目的。

公平的證券交易，可以促成均富社會的及早實現，因爲，企業的股權及所創造的利潤既可廣爲社會大眾所分享，民生自然富裕，資本亦不會過度集中於少數人手裡。

辜振甫原是積極響應土改政策的一位大地主，又是新興的最大民營企業台泥公司的主持人，他個人在土改完成後的短短四、五年中間，更是成就非凡，一九五九年，繼陳啓清接任台泥總經理，一九六一年，當選中華民國工商協進會理事長，成爲全國工商界的「龍頭」。對證券市場的成立，他認爲是自己的一項社會責任。

此時，政府有關方面亦有鑒於土改完成後，經濟發展已在工業化大道上起步，資本市場之建立，已是當務之急，因此，政府曾先後派員前往美國、日本，考察研究有關業務。

當政府決定籌設官民共同出資經營的證券集中市場的時候，辜振甫是政府官方屬意的不二人選。

一九六一年春間，辜振甫在政府有關當局授意之下，展開籌備工作。

證交所開張　交易額千萬元

籌備中的台灣證交所採股份有限公司制，以方便有意入股者加入，不像會員制那樣限於證券商始可參加；資金方面由公營事業及民營機構共同出資，每股一千元。爲使公司民營化，民間之股份較政府爲多，其中以台泥爲主的三十家民營機構所占的股份達百分之五十八，而以台銀、交銀、中信局等爲主的十三家公營事業則占股百分之四十二。

籌備委員會的主任委員是辜振甫，副主委由台銀派員擔任，總幹事爲袁則留（時任美援會財務長）。辜振甫並特別從海外聘請兩位顧問協助創辦工作，一位是原任紐約證券交易所理事的富樂（John Fowler Jr.），一位是原任東京證券常務董事的佐藤舜。

籌備期間，經濟部特派政務次長王撫洲共同參與，提供了很多協助。其他諸如袁則留、蔡同嶼（時任石門水庫處長）、張心治（時任台銀國外部經理）等都是出力甚多的人，當時辜振甫與上列諸人年紀均未過五十，大夥衝勁十足，合作得很好。

台灣證交所成立於一九六一年十月二十三日，次年二月九日正式開業，從事證券的集中交易業務。董事長爲辜振甫，總經理爲袁則留，副總經理爲蔡同嶼。公司位於館前街一處角落。

我國早在清朝末年上海就曾有過證券交易所，惟係由外國商社所籌設並管理，且僅限於外商公司股票的買賣，由國人自己設立經營者，台灣證券交易所是第一家。

證交所開業的第一天，股票上市的公司行號，包括民營企業及公營金融與事業單位在內，總數約有二十家。由公營轉民營的四家新興大型公司，領先掛牌，以台灣水泥公司爲首，接著是台灣紙業、台灣工礦、台灣農林。第一天，債券（即愛國公債）的交易量一千零二十萬元；股票二十二萬元，與今日相較，真是小巫見大巫了。

國營的台灣糖業公司與台灣電力公司都是證交所開業第一天掛牌的上市公司。（這兩家國營公司，於證交所開業後的一九六五年及一九六七年，先後停止上市。）

其他如三家商業銀行——第一銀行、華南銀行、彰化銀行，及大型私營企業如大同製鋼、味全食品、中華開發、台灣肥料、中國化學、台灣機械等，都是證交所的「創所元老」上市公司。

設立中華證券投資與中國信託

證券交易所的成立，在促進資本形成的過程裡，只能算是第一步；它只是為資本形成安排了一條通行大道，但如何導引資本進入市場，卻必須另有安排。

嚴前總統（家淦）當年在財政部長任內出席證券交易所開幕典禮致詞時，說了一段「內行話」，他指出證交所雖已成立，但還有「後續工程」要做，必須趕快做。嚴財長說：證交所成立了，但社會大眾對證券投資的了解仍然有限，必須要導引社會大眾參與證券投資，才能早日達成資本證券化、證券市場化的理想。

導引社會大眾參與證券投資，是辜振甫創立台灣證券交易所後，緊接著又創辦中華證券投資公司的主要動機。

「資本證券化、證券大眾化」原是辜振甫所堅信的發展現代化企業所必須走的道路。現代化企業需要大量資金，更要有氣勢恢宏的發展計畫，這都不是少數人或一個家族所能辦到的，一定要群策群力，借重社會大眾的力量，才能成事。

證券市場的設立，就是讓企業經營者透過發行證券的方式，向資本市場求取長期資金，而社會大眾也可以藉由投資股票的方式，達到個人理財的目的。

這是「資本證券化、證券大眾化」的真諦。

四年發生兩次嚴重風波

嚴（家淦）財長，在證交所揭幕之日，就曾提醒有關人等要趕快開辦「後續工程」。

原來，證交所成立以後，證券市場業務並不穩定，交易很不正常，誠如嚴財長所指出的，社會大眾對證券投資了解不夠，於是，證券市場上，有些人受惑於道聽塗說的不實謠言，有的人迷於以偏概全的論斷，以致股市風潮不斷，亂象迭起，在最初的四年裡，曾發生兩次嚴重風波，一次是一九六四年八月十九日，證券市場突然掀起一陣跌風，投資人心慌，入場滋事，以致停止交易一天；另一次是一九六五年六月十五日，又因人爲操縱影響，證券市場價格波動失常，呈現巨幅漲跌，參與投資的社會大眾損失不貲，紛紛退出市場，經濟部遂急令休市十天。

經過這兩次風波，台灣證券市場受創巨大，將近奄奄一息，擔任證交所董事長的辜振甫遂立即著手「後續工程」籌備。他計畫設立一個指導社會大眾參與證券投資的機構，宣揚「間接投資」的觀念與做法；並由此機構聘請專家蒐集各種資料情報，分析各上市公司業績，研判各行各業的未來展望，提供給投資人參考。

辜振甫的計畫，得到政府主管機關的大力支持。於是，在證交所董事長第一屆任期屆滿之後，他即未再連任，脫身出來，致力於中華證券投資公司之籌組。設立證券投資公司，在國內也是創舉，籌組工作要比成立證交所更爲專業而龐大複雜。

辜振甫在政府主管機關的支持及金融、工商界領袖的響應下，以證交所的重要股東爲基幹，再邀約若干專家，組成籌備小組，美國信孚銀行（Bankers Trust）代表富樂亦以國外代表身分參加，辜振甫擔任籌備小組召集人。當時協助辜最力者爲王祝康（中華證券成立後，擔任總經理）。時任中華開發總經理的張心治則出任中華證券常駐監察人。

間接投資難以籌措資金

辜振甫所計畫籌辦的專業證券投資公司，從理念到實際業務營運，對國內一般社會大眾來說，都十分陌生，籌辦過程，真是困難重重。專業性的種種繁複難關之有待克服，自不待言，加以，當時因社會對「間接投資」的觀念不甚了解，以致籌措資金，也極不順利。籌備小組預定籌資新台幣六千萬元，雖經一再催收募集，但直到一九六六年三月一日公司創立會議召開的時候，實收資本金僅二千五百萬元，不及預定資本的半數。一直到公司開業後的次年，才把六千萬元股本籌足。

由政府大力支持，且是企業界巨子們合辦的證券投資公司竟然會收不齊股本；這樣的場景，在今天看來，簡直是匪夷所思的事。

中華證券投資公司於一九六六年三月一日召開創立會議，通過公司章程，並選舉董事及監察人。

辜振甫當選爲董事長。

在就職儀式中，辜振甫對這個在我國史無前例的公司之籌辦緣起及業務範圍，提出報告說：

茲為適應當前環境需要，經金融及工商企業各界人士共同發起組設中華證券投資公司，並擬依照證券商管理規定，申請為乙種經紀人，以配合政府決策，策進證券投資，加速經濟發展。本公司業務經營範圍包括：一、證券投資買賣，二、證券承銷，三、證券收付及本息收付之代理，四、其他與證券投資有關事項。

公司於一九六六年三月三十一日，正式開始營業。

政府挹注　交易日趨熱絡

中華證券開業之初，資本不足，幸得行政院中美基金低利貸款及台灣銀行證券抵押貸款之助，立即進場買賣股票，使股票價格在兩個月內即上漲百分之三十。市場交易日趨熱絡。

公司隨而辦理零星交易，作零股應買應賣，發揮服務投資大眾之功能，繼又擴大辦理證券承銷，並向證券管理委員會建議對現金增資的上市股票必須提出資本額的百分之二十交由證券承銷商公開銷售或募集，促使上市公司之股權分散達到一定水準，擴大投資買賣股票的社會大眾之層面。此項建議經證管會核准實施後，證券承銷業務的基礎得以奠定，同時，辜振甫一向所主張的「資本證券化、證券大眾化」的目標也逐步接近完成了。

中華證券是我國第一家專業證券投資公司，並首創我國金融債券的發行，使得貨幣市場得以建立茁壯。綜合言之，台灣證交所和中華證券對台灣在一九六〇、七〇年代的關鍵性奠基時期，貢獻是很大的。

公司業務持續發展，四年之後，有了「更上層樓」的機會，由證券投資業務擴大延伸到信託投資的領域。

更上層樓　延伸信託領域

一九七〇年三月間，政府爲鼓勵國民儲蓄，促進資本形成，以充裕經建基金，增進經濟成長，由行政院核定了一項「信託投資公司設立申請審核原則」發表，中華證券把握機會，即向財政部呈請准予變更業務範圍，並在一九七〇年公司股東常會通過改組爲中國信託投資公司，同時核定資本額爲新台幣二億元。

中國信託之成立，辜振甫以董事長身分說明新公司的業務範圍並公開宣告：

> 本公司今後除加強證券交易及承銷業務，並將從事於信託業務，以協助各生產事業獲取長期資金之融通，並促進資本形成。

這是辜振甫正式跨入金融領域的宣告。

金融機構的創立，亟需信譽卓著及陣容堅強的股東作基礎，以加強存款大眾的信心，因此，中國信託在籌備改組過程中，除由原股東增資外，並積極爭取各大企業參與投資；同時，基於經營國外轉貸業務以及引進國際金融技術與經驗等需要，必須爭取國際知名銀行與金融機構參與投資。

國際聲譽　引進美日投資

要求原股東增資並不難，股東們對中國信託發展前途都看好，但爭取國際知名銀行或金融機構來投資，卻不容易，因爲中國信託剛改組，未來發展如何尚在未定之天，外國銀行多採保留態度。

此時，辜振甫在國際間的寬廣人脈與良好聲譽，發揮了很大作用。經由他的努力，日本日興證券公司、亞洲民間投資公司（PICA）相繼參與認股；隨後，美國大陸銀行也同意投資新台幣四千萬元。中國信託的改組增資工作，終於圓滿完成。

中國信託改組成功，對辜振甫來說，也是他當初由舊地主身分而決心致力於證券投資與信託工作的一個重要目標的達成。中國信託除繼續推行間接投資運動外，其主要的業務是從事股票承銷，也就是當有意創業的人士，尤其是有意創業的舊地主們，當他們缺乏資金或自己資金不足時，只要他們提出的創業計畫的確可行，中國信託可以助他們一臂之力，承銷他們的股票，協助他們籌辦的企業早日起步。

這正是辜振甫從舊地主轉換跑道，成爲一位成功的企業家後所最想做的一樁工作，他認為這是他回饋當年台灣土改政策而必須負起的一項社會責任。

淡出中信　展現書生本色

在正派經營理念下積極從事業務開拓的中國信託，業務迅速成長，開業十年之後，已漸次具有全國性銀行的規模；以後持續成長，到一九九二年，開業將近二十年之際，經財政部核准，改制為中國信託商業銀行。

中國信託正式改制為商業銀行之後，辜振甫即不擬擔任中信銀董事長，他堅信銀行是社會公器，須為存款人善盡管理人職責；他本身既有事業，如再經營銀行，則有無法悉心盡力於銀行業務之慮，而失職守。另一方面，辜振甫堅信經營銀行切忌與本身的利益有絲毫之掛鉤，他既已經營台泥公司，如再兼任銀行董事長，則與台泥有競爭關係的潛在客戶，因擔憂其業務機密為對手所知悉而迴避向中信銀融資，對中信銀業務發展固為不利，而以此招致社會的疑慮，甚或貽患社會，則更不是辜振甫所願為的了。

辜振甫堅守原則，不願擔任改制為商銀後的中信銀董事長，也可說是他書生本色的呈現。他的侄子辜濂松因為學有專攻，且曾在美國接受金融訓練，返國後長期在中國信託服務，經驗豐富，中信銀董事長一職，遂交由辜濂松擔任。

第八章

民間身分
更大爲國宣力

民間人士能為國家做什麼？

辜振甫早年在辦理公營事業移轉民營及經營台泥公司等工作上的卓越表現，獲得政府高層的賞識與器重，自一九五〇年代開始，政府曾多次徵召他出任政府公職，在周至柔及黃杰先後擔任台省主席時，均曾邀請他出任建設廳長，其後，蔣經國就任行政院長，也曾透過當時國民黨秘書長張寶樹擬徵辟他為副院長，辜皆遜辭未就。

一次，蔣介石總統召見辜振甫，詢及他爲何多次謙辭受邀出任政府職務，他曾向蔣總統懇切說明他的想法。他認爲在中國傳統觀念中，士農工商依次排序，商人居末，意思是說商賈者流對國家貢獻至爲微小，及至現代，工商企業以營利爲目的之屬性，更遭誤解爲急功近利，罔顧公益，辜振甫極不以此種想法爲然，他堅信，現代化的企業運用社會資源之餘，更應該對社會、國家盡其應盡的義務，積極有所奉獻回饋。因此，他選擇留在工商界，以工商界人士的身分爲國宣力，爲工商界爭一口氣。他相信，以民間人士的立場，爲國著力之處或許更多，且功效更大，尤其在我國被迫退出聯合國之後，更是如此。

秉持此一信念，辜振甫一直以一介工商界人士身分，對內孜孜於國家經濟的繁榮，對外汲汲於國家利益的提升，迄今已垂半個世紀。而他爲國家的所作所爲，皆不仰仗政府補助，他常說：「工商界難道自己站不起來嗎？對國家只有奉獻，從無所求。」他曾對「工商協進會」的同業們一再強調：「不要問『國家替工商業做了什麼？』宜其不斷捫心自問：『國家應該做什麼？我等能爲國家做什麼？』」這些更是辜振甫深自期許，並諄諄與同業共勉的名言。

二○○二年中華民國工商協進會成立五十周年，辜振甫曾撰文表明心跡：「回顧五十年來對我工商界勤奮宣力，弼成國家社會同步發展，深以爲榮，所謂『工商協進精神』具有二大內涵：爲工商界求新求變而奉獻是其一；爲國家社會現代化而奉獻是其二。」更可看出他堅守如一的信念。

辜振甫在投入土地改革以及土改後續的配套工程——台泥移轉民營、創立台灣證券交易所、中華證券及中國信託投資公司之餘，旋又主持中華民國工商協進會，創立台灣經濟研究所，擔任經濟部產業發展諮詢委員會主任委員，後再受邀參與行政院經濟改革委員會，並擔任三位總召集人之一，這些都是他以工商界人士身分報效國家回饋社會的具體事證。

主持工商協進會三十三年

一九五三年底，土改三階段工作完成，農村經濟改善，農家生產力提高，工業亦已蹣跚起步，政府爲擴大土改成果，及時展開一系列的四年經濟建設計畫，共分六期（第六期實施三年後，改爲六年經建計畫），期使台灣走出農業社會，邁向工業社會。當時，辜振甫等有識人士深感工商界有義務配合國家經建計畫，據以發展工商業，並適時向政府提出建言，以便積極參與政府有關經濟及社會政策的形成。惟當時原有的兩大全國性工商團體——全國工業總會與全國商業總會，因大陸軍事失利，均未及時播遷來台，後經工商界領袖束雲章提議，於一九五二年在台北成立全國性人民團體「中國工商聯誼會」，以爲替代，嗣經擴充與改組，而發展爲今日之「中華民國工商協進會」，會員涵括全國工、商界各大、中型重要企業及其負責人。

工商協進會初創時期，由束雲章擔任理事長，計十年，辜振甫於一九六一年接任，至一九九四年卸任，前後達三十三年。

辜振甫在三十三年的長久任期中，以工商界「龍頭」地位，領導工商界配合政府在加速工業發展、改善投資環境、擴展出口貿易等方面，提供實質貢獻及建言；更爲因應國際局勢的變動，爲國家致力於國際活動空間的開拓，不計艱難困阻，恢復我國在國際商會會籍，並積極參與國際間區域經濟合作的組織及活動，在經濟外交領域內開創出一片榮景。

隨後，經立法院於一九七二年及一九七四年分別完成「商業團體法」及「工業團體法」的立法程序、商業總會及工業總會先後在台復會，辜振甫乃將工商協進會的任務加以轉向，並擴大爲二大項，一爲積極推展國際事務；一爲深入鑽研產業政策。

在推展國際事務方面，後文將分章敘述，有關產業政策的研究，辜振甫的最大貢獻則是促成台灣水泥及中國信託兩家公司於一九七六年設立台灣經濟研究院，從事於國內外產業經濟的研究，向政府、企業界及學界提供建言，以促進國家經濟的整體發展。

辜振甫於一九九四年辭卸工商協進會理事長職務後，即經理監事會議通過，聘爲永久名譽理事長。

創辦台灣經濟研究院

一九七三年第一次石油危機爆發，造成全球性的經濟衰退和通貨膨脹，台灣未能倖免，經歷了前所未有的經濟成長停滯。幸而政府因應得當，民間工商業界全力配合，台灣經濟受創不重，三年後一九七六年經濟開始復甦。惟因石油危機來勢洶洶，台灣雖然避過了一次浩劫，但餘悸猶存，加以各方均預期第二次石油危機必將來臨，都在加強戒備。辜振甫深感國際經濟對台灣經濟影響至鉅，而政府經濟政策對工商界的長期發展更是密切攸關。國際經濟非我們所能控制，至於政府的政策能否正確，則有賴縝密的觀察、剖析與研究，但當時國內並無任何經濟研究機構，辜振甫一本不必凡事仰賴政府的理念，決定以自己的力量著手籌設，以盡作爲工商界一份子的義務。一九七六年由辜振甫主持的兩家民營公司——台灣水泥與中國信託各出資新台幣三千萬元，並在他所領導的工商協進會的輔導下，成立「台灣經濟研究所」，聘蔣碩傑博士爲院長。其宗旨在積極從事國內、外經濟及產業發展的研究，並將研究成果提供政府、企業界及學界參考，以促進國家經濟的整體發展。

成立台經所　成就高水準

台灣經研所成立後，專業能力和研究水準備受各方肯定，政府單位及民間業界均以專案委託研究，研究內容包括：總體經濟及政策、產業經濟、投資可行性、能源及環保經濟、統計調查分析、經濟預測等。

一九八五年，台經所的功能擴大。當年三月間，經濟部爲了結合產、官、學界共同參與產業發展政策的釐訂，成立了「產業發展諮詢委員會」，作爲民間參與政府決策的正式管道。爲使產諮會的會務順利推動，行政院特別指定台經所擔任產諮會的幕僚研究工作，並與經濟部相關單位共同掌理秘書處業務。辜振甫奉邀擔任產諮會主任委員，自一九八五年三月起直到二〇〇一年十二月卸任，凡十六年。

台經所於一九八四年開始涉入國際經貿事務。

事緣辜振甫於一九七〇年以工商協進會理事長身分，受邀參加「太平洋盆地經濟理事會」（PBEC）年會作觀察員，此後，辜即積極爭取加入爲正式會員；經過十四年的不斷努力，於一九八四年獲准依照ＰＢＥＣ規定，成立「ＰＢＥＣ中華民國總會」申請入會，成爲正式會員。辜振甫爲「ＰＢＥＣ中華民國總會」理事長，總會秘書處即設於台經所。

隨後「太平洋經濟合作理事會中華民國委員會」（PECC）以及「亞太經濟合作會議（APEC）企業諮詢委員會（ABAC）」的秘書處也循例相繼設於台經所。一九九八年，台經院成立「中華台北亞太經濟合作（CTPECC）研究中心」，以整合我國對APEC相關議題的研究與活動。

擴大台經院　超然獲信賴

台經所業務擴張，隨於一九八九年擴大改制爲「台灣經濟研究院」。台經所成立之初，所址設於台北市徐州路，全所人員二十人，如今全院已近二百人，其中半數以上爲研究員，地址則遷至台灣水泥公司所有的在台北市德惠街的一棟大樓。

在辜振甫口中「對國家社會有點小貢獻」的台經院是如何運作的？辜振甫說：「台經院的研究工作獨立、客觀而超然，不受任何人，包括我個人在內的干涉，唯有如此，才能受到產、官、學界的信賴，也才能作爲政府決策上的依據。」

辜振甫堅信大企業應該成立經濟研究機構，一方面可以爲國家和企業儲備人才，二方面可藉以洞察國際潮流之何在。

台經所成立之後，韋振甫屢次向李國鼎建議政府也應成立經濟研究機構，其後「中華經濟研究院」於一九八〇年成立。中經院最初成立之宗旨在研究國際與大陸經濟，以別於台經院的國內產業經濟研究，二者涇渭分明，但現在則互有重疊，無從區隔了。至於院長人選，當時任經建會主任委員的俞國華與當時任行政院政務委員兼科技研發小組召集人的李國鼎都認爲蔣碩傑爲最適當，而蔣當時是台經所的所長，但既蒙俞、李二位借重，韋振甫只好割愛，另請費景漢接掌台經所。

參與經濟改革委員會

一九八四年，蔣經國總統當選連任，行政院隨而改組，俞國華出任閣揆。俞內閣上任不久，即警覺到國內經濟因受世界經濟成長減緩的影響，顯露出景氣衰退，投資意願停滯不振的現象，必須速謀對策，及早防止重大傷害發生。及至一九八五年初，突然爆發「十信金融風暴」，暴露出經濟紀律不彰的惡劣情景，遂更促使政府加速從事經濟革新的決心。

一九八五年五月七日，俞揆宣布在行政院內成立臨時編制為期半年的「經濟改革委員會」，進行經濟改革更張的工作。

辜振甫以「中華民國工商協進會」理事長兼「工業總會」理事長身分，奉邀參加經革會，並經蔣經國總統親自核定為總召集人之一並兼任產業組召集人。

經革會雖然是行政院建制內的一個臨時組織，但參與工作的卻並不僅限於政府官員，而是包括了產、官、學三方面人士，以期集學識、經驗與實用於一爐，而收到集思廣益又切實可行的效果。

此項組織架構，是韋振甫在經革會籌備之初，就向俞國華建議仿照「太平洋經濟合作會議」（PECC）的組織模式而設置的。韋振甫並向俞國華建言，指出經革會既包括了政府官員及產業界、學術的代表，其工作目標就不應該僅止於謀求急功近利，而應該深入的將我國在對外貿易方面屢創新猷的背後所隱藏的一些積弊，或是在經濟方面行之有年的一些政策目標，逐項提出加以檢討，再配合世界經濟的新走向而加以修正及改進。

出口導向　建議政府更張

韋振甫以出口導向的經濟發展爲例，指出以往政府主導經濟發展「一切爲出口」的干預與管制措施，包括管制外匯、限制進口、獎勵出口以及選擇性的投資設限等所衍生而來的經濟結構性不平衡，導致極大比例的國內資源用於出口產業的生產，逐漸形成「出口爲成長引擎」的理念與政策，都值得檢討。當時，韋振甫剛自國外考察歸來，特別就海外所見所聞，建議台灣的經濟應該與時俱進，邁向自由化與國際化，揚棄一些過度或過時的干預措施，以迎接在國際市場上未來的挑戰，適應世界經濟的新變局。

經革會分產、官、學三組，全體委員二十七位，產官學三者各占三分之一，換言之，政府官員九位、產業界代表九位，其餘九位則來自學術界；委員會置總召集人三人，分由產官學代表各一人兼任；在委員會之下共設有財稅、金融、貿易、產業及經濟行政等五個工作分組，每個分組除正副召集人外，各置十五至二十位分組委員，分組委員的結構除大致比照委員會的代表性比率加以遴派外，並盡量擴大其代表性領域，例如政府官員包括中央及地方政府、產業界各行各業均爲邀請對象，值得特別強調的是，來自學術界的委員、分組委員、顧問或研究人員均爲一時俊彥，亦廣泛地涵蓋了不同立場的學派。自此以後，國內凡有重要課題，無分政治、經濟、文化、社會等不同層面，需要以合議達成共識時，概採產官學共同參與的模式，經革會實開其先河。

產業界總召　蔣經國親點

三名總召集人人選，由蔣經國總統親自決定，代表官方的是趙耀東（時任經建會主委），代表學術界的是蔣碩傑（時任中華經研所所長），代表產業界的是辜振甫；蕭萬長及江丙坤奉派襄助辜振甫。

在六個月的期間之內，總共有三百人參與經革會工作，因均能體認到這次經濟革新對我國經濟發展前途關係重大，所以委員會議、分組委員會議或工作會議的進行，雖然各位委員各具不同背景、立場與觀點，但仍能透過民主化過程，坦誠的檢討問題與溝通意見，並且每一案都以公開的表決，做到異中求同。韋振甫事後回憶：「政府和與會者態度認真，會議真正做到了『討論公開、發言自由、表決民主』，而且運作極有效率，成果頗爲豐碩，感覺十分痛快。」

發動第二次投資運動

在經革會存續期間內，先後召開了二十一次委員會議、六十九次分組委員會議、一二〇次工作會議、九〇次座談會，共計達二九〇次之多；此外，並設置專用信箱與電話接受社會各界的建言，其中收到的函件達一、〇二七件之多。

一九五〇年代，台灣曾經展開過向輕工業起飛的第一次投資運動；經革會的基本任務則是發動邁向高級工業前進的第二次投資運動。經革會的工作於一九八五年十一月六日如期宣告結束，分別就財稅、金融、產業和貿易等方面一共提出五十六項興革建議，確切將經濟自由化、國際化與制度化的政策理念，具體落實在革新的行動上。當今許多政策，便是依據當時經革會所提建言而付諸實施的，尤以稅制和貿易方面居多，例如實施新制營業稅；分別降低個人綜合所得稅及營利事業所得稅的稅率至百分之四十及百分之二十五；放寬進口及外匯管制；開放黃金自由買賣以及逐步降低關稅稅率等。其中有關調降個人所得稅與營利事業所得稅二項建議，是辜振甫所提出；辜說：此二項建議的目的在鼓勵國人投資，促進資本形成。

平生三大憾事

加速工業升級與擴展外銷市場，一直是辜振甫以民間企業界領袖身分，在配合及協助政府推動國家經濟建設及提升國家競爭力的大目標下所致力的兩個重點。數十年來，經他盡力促成或直接參與其事而圓滿成功的事例很多，但功敗垂成，或已有具體計畫而突然生變未及實施的事例，雖不多，卻也有幾件。事過數十年之後，他仍不時以惋惜口吻，談到生平的三大憾事：

一是協助政府和日本豐田汽車公司合作籌辦的「大汽車廠」計畫；

一是協助政府設立日本模式的「大貿易商」計畫；

一是創立「亞洲民間投資公司」計畫。

功敗垂成的「大汽車廠」

籌建大汽車廠是一九八〇年代初期，趙耀東擔任經濟部長任內所奉准進行的一項大計畫。

辜振甫曾奉邀參與這項大計畫的設計，也曾是這項計畫的大力催生者。

辜振甫和趙耀東原是致力國家經濟建設工作上的老伙伴，一位在野，一位在朝；一九六〇年代末期，趙耀東受命籌建中國大鋼廠，當時任行政院副院長的蔣經國指名邀聘辜振甫參與中鋼的籌建。中鋼建廠完成並成功營運之後，一九八一年底，趙耀東從中鋼董事長兼總經理任內奉調入閣，擔任經濟部長。

自己常說他的最大興趣就是「辦廠」的趙耀東，入掌經濟部之後不久，立即找上「辦廠」的老搭檔辜振甫，商量再辦一個對國家工業化最有助益的大廠。

經過周詳考慮研商，辜振甫建議辦一所大型的汽車製造廠。

汽車本是一項綜合工業，造一輛汽車，需要成千上萬個零組件組合；因此，籌辦一個大型汽車廠，必須同時籌辦無數的零組件工廠，結果，必可帶動鋼鐵、機械、電機、電子、橡膠、塑膠、玻璃等多項工業的發展。這些項目多爲技術密集工業，建廠完成之後，必可加速我國產業結構的提升。

經由趙、辜兩人聯名向當時已當選總統的蔣經國提出籌辦大汽車廠的建議，奉准積極進行。

經過慎重審查遴選，最後選定了日本規模最大的豐田汽車公司爲合作對象，雙方開始洽談。

一九八二年底，合作條件大致談妥，豐田公司社長豐田英二曾親自來台，主持最後階段的商談，並準備簽約。

此一規模龐大的合作計畫，資本額高達六百億日圓，出資比率爲日本百分之四五，我國百分之五五；產品先由百分之七〇在台灣自製，以後逐年提升，以培養台灣的零組件工業，估計將有二十家以上的零組件「衛星工廠」將移設台灣；一九八四年開始生產低燃料小型乘用轎車，五年後將年產二十萬輛。

不料，在最後階段，突生波折：經濟部忽奉指示在合作條件中，須附加一條：五年後大汽車廠年產的二十萬輛汽車，半數必須外銷，外銷地區不以東南亞地區爲限，且應列入「對日輸出」之項目。

豐田公司對此項追加的條件認爲有難推行之處，遂未能達成協議。

一九八三年初，政壇傳出蔣經國總統罹病的消息，加以其他人爲因素，此案因而擱置。隨後內閣改組，趙耀東調任經濟建設委員會主委；大汽車案亦因趙耀東之調職而決定不做了。

大汽車廠案對我國工業結構之全面提升大有助益，結果卻功虧一簣，數十年後，對此表示遺憾的並不止辜振甫一人，當年和他共同致力於此案進行的趙耀東，晚年從公職退休之後，於一九九一年出版他的一本文集，在接受出版社編輯的訪談時，編輯問他：平生「有沒有感到遺憾的事？」趙耀東答說：

「經濟部長下來，我最不應該到經建會去，我應該負責做大汽車廠。大汽車廠沒有做成，是我一生最遺憾的事。」

未及成形的「大貿易商」

設立大貿易商是辜振甫多年來爲配合我國「出口導向」的經貿政策而籌謀建議政府的一項大計畫。早在一九七二年中日斷交之時，爲了建立「自力更生」的經貿架構，辜振甫在中日斷交後十天在《經濟日報》上所撰的一篇專文中，即提出過「發展大貿易商，以擺脫外國商社操縱」的建議，後因我國經貿條件不足，一直未實行。

十年之後，一九八〇年代初期，第二次石油危機帶來的經濟不景氣，嚴重影響了我國的經濟發展，辜振甫說服了他的老友──時任經濟部長的趙耀東，兩人聯名向行政院長孫運璿提出「大貿易商」的建議，經孫院長核准進行籌畫及執行。

辜振甫設計的「大貿易商」，仿日本模式，得到日本伊藤忠商社董事長瀨島龍三的合作及協助，辜振甫擬訂了他的具體構想：

一、人力編制暫訂爲五百人，向日本各大商社在台分支機構之我國籍職員求才，每人每年目標營業額爲美金四百萬元，總營業額二十億美元，總公司設於台北市；並在世界重要地區設置駐點三十處。

二、中央信託局及物資局之政府採購作業交由大貿易商接辦，以提高效率；大貿易商同時兼營出口；因大貿易商觸角遍及全球，進口方面，如何引進最價廉之原料與物資，出口方面，如何找到得以最妥適價格出售的市場，大貿易商最能掌握。且大貿易商左手出口，右手進口，則可避免匯兌損失。

三、尤爲關鍵的，是由商業銀行在資金調度方面給予支持。

四、經與伊藤忠商社之董事長瀨島龍三議妥，派遣副課長、課長、襄理、經理級等幹部來台，向我國對等層級的幹部，以面對面方式親自傳授經驗，計畫以二至三年爲期，將日本整套作業方式引進台灣。

日本方面對辜振甫所擬的此項計畫，頗具誠意，願全力協助。可是，最後卻因物資局及中央信託局對此案均不肯支持,尤其,當時三家公營的商業銀行——一銀、華銀、彰銀——都表示無法配合大貿易商的作業，尤其是資金調度之需求，三商銀均表示難於彈性配合自如，本案遂告失敗。

以上兩個案子，格局均大，未能付實行，辜振甫至今仍引爲憾事。他常說：這兩個案子如果採行了，我國的工業及經濟建設，應該不僅止於今天這個規模；而且，這兩個案子如能在日本的合作協助下辦成，不是也可算是我們在長年貿易逆差上得到的一些補償麼！

功虧一簣的「亞洲民間投資公司」

在「亞太商工總會」成立後不久，「亞洲開發銀行」（ADB）於馬尼拉成立，我國亦爲會員國之一；辜振甫認爲ADB乃屬政府間組織，服務對象之層次或有局限，似有必要另以聞名國際之民營銀行及企業爲股東，成立民間開發機構，以爲互補，對亞洲開發中國家的重要企業提供資金之外，更具意義的是，可同時提供技術協助。

辜振甫積極推動此一構想，獲得全球主要銀行及具代表性工商企業之支持，終於在就任亞太商工總會理事長一年八個月之後，成立「亞洲民間投資公司」（PICA），資本額七千五百萬美元，總部設在東京。日本方面加入作爲股東者，均爲資本額超過一百億日元之大型銀行及企業，例如富士銀行（董事長岩佐凱實當時擔任辜振甫的副手）、興業銀行、三菱重工業、日本製鐵等；其他股東包括：美國的花旗銀行（Citibank）、摩根士丹利（Morgan Stanley）、福特汽車、通用汽車、德州儀器（Texas Instruments）；英國的渣打銀行；法國的National Bank of Paris；德國的克魯伯企業（Krupp）

等重要銀行暨大型重工業企業。

ＰＩＣＡ最後未能成功，主要原因在於各股東持股均相同，導致公司未能建立經營決策中心，對人事案又相持不下，且每遇重大投融資案，主要股東竟自行接案。辜振甫對ＰＩＣＡ之失敗，至爲惋惜，數十年來一直認爲是他一生做事情失敗的一個例子，ＰＩＣＡ當初立意美善，而且格局也大，可惜對金融機構運管方式的考慮不夠周全，以致功虧一簣。

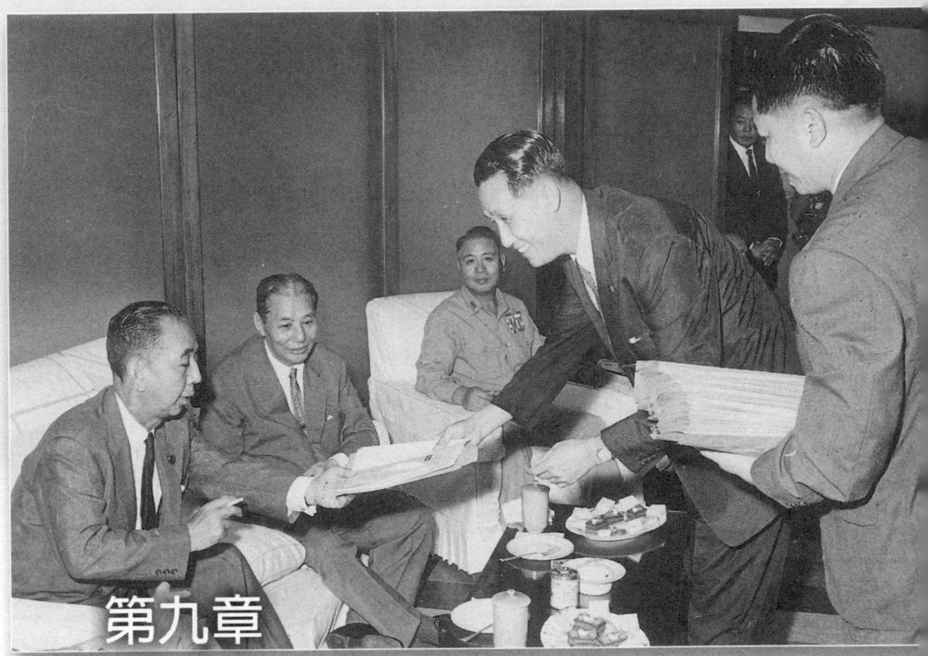

第九章

對日關係重要幕後推手

無往不利的日本通

一九七二年九月底，中日斷交，當時，爲了使外交不復存在後的兩國關係能夠繼續維持，雙方協議盡速由我方成立「亞東關係協會」，日方則設立對等的「交流協會」。

在我方部署斷交後的對日工作人事的時候，曾發生過一樁讓有關人員幾乎手足失措的事情。

中日交流　辜老不二人選

當時，按雙方協議，亞東關係協會及交流協會的發起人及理監事都是不在現職的政府官員或民間各界領袖。

外交部、經濟部等有關機關及執政的國民黨中央曾循往例把所有曾參與過對日工作及與日本夙有交往的黨政各界知名人士等，都網羅在亞東關係協會發起人及理監事名單中，呈由上級核定。

辜振甫是工商界「龍頭」，又與日本素有淵源，當然在名單之中。名單呈送上去後，不日發交下來，卻讓所有與聞其事的人都大吃一驚。

原來，那份詳列著數十位發起人及十三位理事、五位監事的名單，經呈送行政院長蔣經國核閱之後，發交下來，簽報的數十人被蔣經國一一劃除，只保留了辜振甫一人，蔣經國並批示重新簽擬名單。

當時負責籌組「亞東關係協會」的有關人員，對蔣經國這個舉動，極感意外及困惑，不知原因何在，經多方探索，才從當時內定將出任我國亞協前任駐日代表的馬樹禮處得悉，蔣經國認為以往「中日間的管道太多，誤了好多大事，」所以趁著中日關係即將轉入另一新階段的機會，全盤更迭斷交後的人事，唯一被留下來的「舊員」，只有辜振甫一人。

當時，仍有許多人納悶：既是舊有管道太多誤事，所以要換新管道，但為什麼又保留了一條舊管道下來？為什麼被保留下來的管道是辜振甫？

原來，此中還有局外人所不知的一則外交內幕：

當年中日斷交之初，我國朝野十分憤慨，行政院長蔣經國發表聲明：我中華民國統治之民族，絕不為時勢所屈，不為利益所誘，目前的對日問題，正好給我們擺脫外國對我經濟之壟斷或獨占的機會。全國輿情亦對日本田中政府悍然對我廢約斷交的不義行爲，十分激憤。日本政府得知我國朝野的種種激切反應，至爲焦急，亟盼盡速與我國開始商談斷交後的兩國關係如何維持等事宜，一方面是希望能將日本與中共建交一事對日本與我國關係所造成的衝擊及傷害減至最低，一方面也希望日本與我國之間的經濟、文化等實務關係能維持並持續發展，以緩和日本國內友我社團對日本政府的責難及壓力。但鑒於我國朝野之情緒反應尚未平息，一時找不到適當管道來傳達日本政府的此一意願。

兩國宣布斷交後約三個星期，一九七二年十月中旬的一天，日本駐華大使宇山厚找上了辜振甫，託請辜振甫「從側面促成雙方會談」，並表示日方已擬有會談的底案。

打開斷交之後談判管道

辜振甫躊躇了一陣，考慮是否應該插手其事。他就商於老友外交部長沈昌煥，沈應允去向行政院長蔣經國請示，經蔣表示「可以去」。辜振甫遂和宇山厚見面，宇山說明日本政府計畫在雙方大使館撤離後，日本將在台北設立一個新機構，取代原來的大使館，望我方配合進行。

辜振甫將日方的底案帶回呈閱，這才打開了中日斷交後的談判之門。

原來，辜振甫這條管道，是擁有雙方高度信賴的對向互通的管道，自非一般單向通行的管道所能及。

辜振甫有此能耐，的確有他獨特的條件，他是國人中少有的「日本通」；而且，他這個「通」，並不僅止於語言文字或一般社會文化的熟稔通曉，也不僅限於與社會某特定族群或特定階層的人際結交而已；對日本，他幾乎是無論事物大小，無論人際階層高低，無所不通，無往不利的。

同時，他是我國在經貿外交上對國家貢獻至大的工商巨子，尤其在對日經濟關係的開拓發展上，更爲政府當局所倚重。他這條管道，是無人可以取代的。

「二戰」後的中日兩國關係，由於大環境的巨變，變得十分曲折複雜。我國政府播遷來台後，於一九五二年和日本訂約建交，在建交後的二十年裡，因中共的不斷介入干擾，外交關係並不順暢，終而引致斷交，可是，由辜振甫所直接參與主導的雙方經貿關係，卻一直順利發展，我國連續五期的四年經建計畫得以圓滿完成，爲未來十年後的「經濟起飛」奠下基礎，這些成果，得力於日本援助與協力，是不容否認的。

中日斷交後，兩國官方關係斷絕，辜振甫這位民間企業界「龍頭」的日本通，今後在雙方經貿、文化、人事等多方面關係的維繫與發展上，所承擔的責任更重，他「從側面促成了」雙方斷交後的談判，談判結束時，他受命代表我國在規範斷交後雙方交流關係的「協議書」上簽字（我國另一位簽字代表爲當時台糖公司董事長張研田），並奉派爲「亞東關係協會」常務監事。

日皇親邀　遊園首要貴賓

辜振甫在日本的人際關係，國人中無人能及，上自日本天皇、皇室，到政商各界、社會名流，他有數不清的知交朋友。他以中華民國一介平民身分，於一九七〇年曾獲日本昭和天皇裕仁頒贈勳一等瑞寶大綬章及藍綬褒章；多年後，裕仁天皇崩駕，辜振甫是奉派參加天皇公祭儀式的我國三位代表之一。他和當今明仁天皇，也交誼不淺，日華斷交以後，明仁天皇特地兩度邀請他參加天皇躬親主持的「園遊會」晤談敘舊，頗讓兩國朝野震驚。

日本天皇每年櫻花季節照例舉行一次「園遊會」，招待國內國際貴賓。一九七二年日華斷交以後，我國駐日工作人員已無外交官身分，未再受邀與會。一九九三年五月間及二〇〇三年四月間，辜振甫夫婦到日本旅遊時，適逢明仁天皇的園遊會，辜振甫均曾接到日本宮內廳的正式請帖，邀請他夫婦參加。

一九九三年的那次天皇園遊會，由於是日華兩國斷交後我國人士首次正式奉邀，所以特別引起各方的注意。

園遊會當天，辜振甫夫婦準時去到東京赤坂御苑。不久，日皇駕臨，進入會場，接受首相宮澤喜一的致敬賀詞之後，隨即漫步走向草坪，去和貴賓及大臣僚屬們交談。日皇見到草坪上環列著的貴賓，居然未等侍從官員的介紹，即含笑走到辜振甫面前和辜握手，並說知道辜氏來東京，所以特地邀來參加遊園。日皇和辜振甫交談的時候，美智子皇后同時用英語和辜夫人寒暄。

辜振甫對日皇當天在園遊會上眾多貴賓中間第一個和他握手交談，頗感意外。當時，辜振甫身旁的日本元老重臣及政要很多，諸如曾任日本首相的橋本龍太郎，曾任運輸大臣的原田憲與曾任自民黨幹事長的綿貫民輔等，大家都凝神恭立準備向天皇哈腰致敬，但天皇卻自動先向辜振甫夫婦這一對遠來的貴賓致意。

在場的新聞記者對日皇的這個「不尋常舉動」都感到意外，部分報章在報導中特別指出辜振甫是當天園遊會上「台灣系中國人」的唯一貴賓。《產經新聞》引述宮內廳一位官員的話說：辜振甫參加園遊會的請帖，是應日本外務省的要求而發出的，因爲，「辜振甫先生在日本與台灣關係上，參與程度極深。」台北駐日經濟文化代表處官員也對《產經新聞》證實：「這是一九七二年兩國斷交以來未曾有的事。」

早稻田贈榮譽博士學位

事隔十年之後，二〇〇三年四月間，辜振甫去東京接受早稻田大學頒贈榮譽博士學位，時逢櫻花盛開季節，明仁天皇正舉行年度賞櫻園遊會，辜振甫再度接到正式請帖。最讓辜振甫吃驚的是：當他們夫婦應邀準時驅車抵達東京赤坂御苑門前下車，準備步行入園時，發現宮內廳接待人員在入口處專爲他準備了輪椅，讓八十八歲高齡的辜振甫坐著輪椅晉見天皇，並欣賞御苑櫻花。

辜振甫二〇〇三年四月間訪日，主要是去接受早稻田大學頒贈榮譽博士學位；早大的這個決定，讓辜振甫感到相當意外，他自忖和早大並沒有特殊淵源，早大賦給他這份榮譽，應該是對他一生所作所爲的肯定，因此，他覺得格外榮耀，遂抱持著誠摯的謝意接受了。

日本政商界的好友們得知早稻田大學頒贈榮譽博士學位給他的消息後，紛紛函電交加向他道賀，並催促他及早成行，和老友們敘舊。

到了日本，和他有通家之好的前首相森喜朗首先舉辦歡迎宴，爲了顧念辜振甫高年不堪過度勞累，森喜朗囑辜開客人名單，把辜所要會晤的人統統請來。森喜朗既是前任首相，又是當今首相小泉純一郎在自民黨內所屬派系的領導人，所邀約的客人莫不欣然應邀。辜振甫和老友們相聚，雖說是敘舊，但無可避免的會談到日華經濟貿易或亞太經濟合作等實際問題，甚至有關台灣近年亟望申請加入的國際衛生組織WHO或參加國際衛生年會WHA的問題等，辜振甫都趁機向日方有關人員表達了我方的熱切企望。

此行的重頭戲：接受早稻田大學頒贈榮譽博士學位典禮。辜振甫以優雅精純的日語，作了二十五分鐘的致詞。

辜振甫非常重視這篇講稿，他慎思熟慮，親自主稿，希望言簡意賅的把自己從動盪的二十世紀一步一腳印走過來的紀錄，尤其是自己服務社會人群的基本理念，有一番檢討及交代。時代進入二十一世紀，雖然動亂頻仍，但他所信守的「善良的人性」與「和平的社會」兩項理念已逐漸展現出主導人類社會的價值。他深信這種理念反射到人類現實社會來，必將深刻影響到他致力最多的三大工作領域：即亞太地區、兩岸關係及台日關係的發展。

對亞太地區，辜振甫指出，經過冷戰及後冷戰時期的歷練，已展現出前所未有的活力與進取；亞太各國在政治、經濟各方面仍然存有差異，但大家都已懂得珍惜和平與維持良好秩序。今後，如果能讓「經濟亞太」與「文化亞太」同步發展，則主導二十一世紀全面發展的，必然是亞太地區。

對台海兩岸關係，辜振甫指出：他受命主持兩岸關係的協商工作，一直主張兩岸之間應該以理性與尊重相互對待，避免將自身主觀意志，強加諸於兩岸關係互動過程之中。辜振甫以當事人身分追述一九九二年十月在香港與彼岸海協會會談時，曾獲有一項「彼此的諒解」，即在「對等協商、相互尊重」的原則下，爲解決兩岸民間交流所衍生的實質問題，與海協會協商建立了聯繫管道與有關制度。其後由於雙方對一九九二年此項「彼此的諒解」解讀不同，兩岸協商機制未能順暢運作，但兩岸內部經濟及社會的發展卻持續不斷。辜振甫鄭重呼籲兩岸領導人「應該在安定中延續辜汪會談所妥協的基本原則，暫時擱置政治爭議，繼續協商，爲兩岸創造雙贏局勢。」

米壽訪日　期盼加深互動

對於中華民國與日本的關係，辜振甫簡述了從第二次世界大戰結束而至一九七三年雙方斷絕外交關係的一段歷史，斷交後，雙方實質關係仍在繼續發展中。辜振甫鄭重提及，回顧他本人爲了維繫日華兩國之間緊密的實質關係與多年的友誼，責無旁貸的奮力工作，前後已達四十六年之久。

辜振甫以八十八歲高齡訪日，在追述了自己以將近半世紀的時間致力於日華友好關係的維繫工作之後，在他在日本所作的最後一次正式公開演講中，提出了一個似乎尚未為多數人所注意，卻絕對不容忽視的問題，就是台日之間很快就將面臨彼此關係「斷層」的情勢。

由於過去維繫日、台兩個社會互動關係的資深一輩，逐漸淡出相關職務與活動，而年輕與中年世代卻是在美國飲食文化與娛樂文化的影響中成長，對於鄰近的日本或台灣的社會和語言互不熟悉，雖然這幾年日本大眾文化受到台灣年輕一代的喜愛，但是並未提升到深層文化與社會交往層面，因此，台日之間可能就要面臨彼此關係「斷層」的情勢了。辜振甫對台灣與日本的社會菁英與一般人民提出呼籲：彼此要加強對於對方的政治、經濟及社會發展情況，以及彼此的歷史與文化有深入的了解與接觸，使雙方人民能建交及保持長期的友誼與往來。他深切企望由日本與台灣兩個社會的加深互動與認識，進而建構東亞區域和平與經濟發展的重要基石。

結束訪問行程，辜振甫啟程返國之前，舉行了一次向日本各界友人答謝的盛宴，前首相、參眾兩院議長等政、商界要人出席的特別多，形成日華斷交以來少見的盛況。

兒玉後藤　世代交誼深厚

辜振甫和日本的人際關係，追本溯源，要從他父親辜顯榮在日治早期和日本第四任台灣總督兒玉源太郎及當時民政長官後藤新平的交情開始。

辜顯榮性情剛烈，日本據台後，總督府方面對他雖然多方籠絡，但他務正不阿，好打抱不平，一八九八年——割台第三年，他因舉發一名日本官員非禮民女事件而被台中縣知事懷恨強制收監，坐監五十七天後始獲釋放；出獄後，他對日本官府不公平對待台灣同胞的行徑至感痛心，決心歸隱故鄉鹿港，侍奉老母，不再過問世事；退隱了兩年多，到一九〇一年，後藤新平來台擔任民政長官，力謀化解民怨，並計畫在台推動自然資源開發及民生建設，亟需本地有識之士的協助，後藤與辜顯榮原不相識，經人向後藤力薦，後藤派遣翻譯官白井新太郎專程到鹿港見辜顯榮勸駕，辜才同意北上與後藤會面。後藤當時奉勸辜氏：本人也曾經遭遇過七十九天的牢獄之災。大丈夫雖蒙受不白之冤，仍應以天下為己任自許，閣下幸勿氣短。然後後藤說明為避免官方施政與當地民眾間的摩擦，今後執行政務將盡量尊重及順應台灣傳統民俗習慣，並將成立舊習慣調查會，延聘京都大學教授織田萬主持其事，以示慎重，同時，將整理地籍及戶籍，敦請農業博士新渡部稻造自美來台，規劃台灣實業計畫，開發天然資源。辜顯榮感受到後藤的善意與誠意，並相信後藤的實業開發計畫應有利於本島經濟民生，遂同意協力襄助，但表明絕無意於仕途，亦不為個人有所企求。後藤對辜顯榮的爽直豪氣亦生好感，兩人的公誼私交自此締結。

當時，日俄戰爭正在中國東北境內激烈進行，原爲軍方名將的兒玉總督奉派到前線擔任總參謀長，在台事務完全交由後藤代爲負責。後藤大力推行他的實業計畫，爲示範而引進甘蔗、鳳梨、香蕉、茶等作物改良品種，惟因農民本性保守，對新事物未敢輕易嘗試，計畫不易推動，辜顯榮因好開墾闢荒，對農藝尤感興趣，遂率先試種，協助推動成功。兩人關係更見密切，交誼益形深厚。

後藤在台灣擔任民政長官長達八年，他和辜顯榮長期交往，相知日深，逐漸培養出通家之好的情誼。

後藤返回日本後，在政壇十分得意，數度入閣，歷任遞信大臣、內務大臣、外務大臣、東京市長等要職，原有望獲推舉爲總理大臣，卻因政治因素而失之交臂。

後藤於一九二六年逝世，辜顯榮和後藤家人一直維持交往。

由於後藤的關係，辜顯榮和兒玉總督交往亦甚密切。日俄戰爭期間，兒玉總督曾奉借調到戰地擔任日軍總參謀長，得知辜顯榮曾向日本海軍提供俄國海軍艦隊動向諜報而助使日海軍大捷，兒玉對辜顯榮更是另眼相看。

兒玉任滿調返日本後歷任陸軍大臣、內務大臣、參謀總長等職，不久，因過勞在睡眠中往生。

兒玉與後藤，一爲軍方宿將，一爲文官顯吏，辜顯榮的日本人脈，以此兩者爲根，逐漸擴展。因他不說日語，每次與日本友人晤面，都是由辜振甫或三女婿黃逢平居中翻譯，並辦理秘書工作，辜振甫因而一點一滴逐漸承繼而接續了父親的人脈關係。

兒玉與後藤亡故後，辜振甫與日本的關係並未隨而中斷，因兒玉、後藤二人對日本帝國功勳卓著，先後晉封伯爵，澤及子孫，兩人的後代在日本政界均舉足輕重。兒玉的長子兒玉秀雄，歷任文部大臣、內閣官房長官、內務大臣等要職，亦爲國會領袖之一，對當時兩大政黨憲政黨與政友會均具影響力。兒玉的女婿木戶幸一也是家世顯赫，爲「明治三傑」之一的侯爵木戶孝允的孫子，木戶幸一曾任昭和天皇的宮內大臣，他的次官關屋貞三郎和辜振甫交誼至篤。辜振甫與日本宮廷的關係即由此建立。

日本政要人脈無人能及

辜振甫於一九七〇年獲日皇昭和贈勳，當時總理大臣爲佐藤榮作，佐藤是岸信介的弟弟，和辜振甫早有交情，佐藤之前的吉田茂、岸信介以及之後的福田赳夫、森喜朗、宮澤喜一等歷任首相，均與辜振甫有深交。辜振甫和日本政界高層的寬廣人脈，國人中無人能及。

在我國和日本尚有外交關係的那些年裡，辜振甫在日本政治高層的深厚人脈，在外交公務上所可能發生的作用或影響，尚不十分明顯，但在兩國斷交以後，由於我國官方人員不能和日本政府官員正式接觸交往，辜振甫人脈關係的作用就大了。

福田赳夫是兩國斷交後對我國極爲友好的一位日本首相，但即使如此，我國官方人員仍不能和福田直接交往，必要的時候，只好由辜振甫出面「代打」，有時，在極度敏感的政治環境下，辜爲避人耳目，都是相約到福田公子（福田康夫，現任內閣官房長官）寓所相候，福田下班回家，晚餐後輕裝便服，步出後門，說是到住在後面兒子的住處看孫兒，其實去談外交大事。這是只有和福田有通家之好的辜振甫才能做到的。

森喜朗破格親切接待

日本前首相森喜朗，更是辜振甫的多年老友。

森喜朗早年曾任福田赳夫的機要秘書，當年他「跟在福田身邊提皮包」的時候，辜振甫就和他結識，日久成了好友；其後森喜朗從政，一九九三年前後在宮澤喜一內閣擔任通商產業大臣，當時正值辜振甫爲中日貿易逆差及亞太經合會的問題奔忙於台北東京道上，森喜朗對辜振甫總是破格的親切接待。辜振甫一直和森喜朗保持著良好友誼，一九九六年六月底，辜振甫攜同家人到日本休假，適逢世界三大男高音在東京演唱，辜振甫知道森喜朗愛音樂，特別邀同森喜朗全家共往聆賞。辜振甫談到他和日本政界企業界要人們的交往時，特別強調：和日本人交往，如不能做到通家之好，便不能深入。

森喜朗二〇〇〇年登上日本首相寶座，和辜振甫保持著密切交往，兩人電話隨時暢通。

日本在一九九〇年代中期，政局發生重大變動，執政三十八年的自民黨，因內部分裂失去政權；由八個小黨組成「聯合內閣」，日本新黨黨魁細川護熙出任首相。細川雖然出身日本政治世家，但他本人在行政上只做過熊本縣知事，當選過參議院議員，國際上對他十分陌生。我國政府當局因日本執政黨和首相都換了素無往來的新手，對雙方未來關係的可能影響，自是十分心焦。辜振甫在日本的深廣人脈，又派上了用場，他「啣命」訪日，去探索日本政局的未來走向，並打通和日本新政府要員們的交通管道。

辜振甫訪日一星期後回國，曾在執政的國民黨中央常務委員會上就日本政局巨變及我們的因應策略作了一次專題報告。

日本政局隨後極不安定，政壇人事變動頻仍，在一九九三到九五年的兩年內，日本政府內閣三度改組，辜振甫曾說：那兩年中間，他曾三度去過日本通產大臣辦公室，見過三位不同的通產大臣渡部恒三、森喜朗、熊谷弘。

幸虧辜振甫和日本政界人際關係寬廣，總能應付裕如，使我們的經貿外交順利推展。

經貿外交　全仗豐沛人脈

至於工商企業界，辜振甫更是交遊廣闊。他長年從事國民外交以及主持工商協進會，代表國家與日方交涉，經年累月蓄積了寬廣人脈。

日本企業界層次最高、最具實力的組織——「經濟團體連合會」（簡稱「經團連」），和我國的「工商協進會」相當；辜振甫擔任「工商協進會」理事長三十多年，和「經團連」的大亨們接洽交往最多。

辜振甫之所以能夠成功推動我方與經團連在政策方面的合作，可歸因於他與經團連的歷代會長及重要幹部交誼均深，尤其與一九五六年至六八年擔任第二代會長的石坂泰三（曾任第一生命保險社長）；一九七四年至八〇年擔任第四代會長的土光敏夫（曾任日本重工業龍頭的石川島重工業會長）及一九九〇年至九四年擔任第七代會長的平岩外四（時任東京電力會長）尤爲契合。辜振甫曾安排石坂泰三來華接受蔣中正總統授勛，隨後辜又安排石坂來華接受國立政治大學頒贈之榮譽博士學位。

除經團連之外，辜振甫與「日本商工會議所」的領導人等（日本全國各城市商會的總樞紐）也都締結深交。於一九五七年至六九年擔任該所第十二任會頭的足立正（時任王子製紙社長）；一九六九年至八四年擔任第十三任會頭的永野重雄（時任新日本製鐵會長）；及一九八四年至八七年擔任第十四任會頭的五島昇（時任東急企業社長）尤與辜推誠相與，多曾相助。

辜振甫在日本政商界的深廣人脈，不僅大有助於斷交後的日華關係的延續與開展，後來他在國際上爲台灣經貿外交開疆闢土打出路的時候，更給過他不少助力，尤其在爲台灣爭取加入亞太地區經濟合作組織如PBEC、PECC及APEC的時候。由於中共的強力反對及阻擾，我國先後被拒於這幾個國際組織門外多年，日本是亞太地區的先進開發國家，在地區經濟合作組織中，有舉足輕重的地位。我國所面臨的這幾場經濟外交硬仗，都是由辜振甫領軍，好幾次重要關卡，都幸賴辜振甫和日本政商界的深厚人脈，獲得日本的暗助，而得有所突破。

辜振甫對於日本在這些方面暗助我國的事，很少向外提及，反而是我國前駐日代表馬樹禮在他的回憶錄《使日十二年》中，記述著這樣一段外交內幕：

辜振甫早自二十年前中日斷交之初，即每年率團輪流在中日兩國舉行民間的東亞經濟會議。每次在日本開會後，他都要拜訪日本通產大臣。不但如此，今日之亞太經濟合作會議（APEC），多年前辜振甫即與日本朝野聯手推動，終底於成。記得有一次，我還親自與他和日本藏相（財政大臣）竹下登在東京大倉大飯店洽談此事。那是一九八四年十一月十二日，我為「亞銀」問題邀約我中央銀行總裁張繼正與竹下登藏相早餐之後。倘使不是他（辜）守口如瓶，可能我們今天不會如此容易的成為亞太經合會的一員。

政府高層的信任

辜振甫以民間企業界領袖身分，負責推動中日兩國之間的經貿事務，除了他和日本朝野各方的良好深厚關係之外，另一個更爲重要的條件，是我國政府高層對他的賞識及信任。

辜振甫與政府高層的良好關係，可以說從他父親辜顯榮生前就奠下了基礎。性情剛烈的辜顯榮，雖然成年以後終其一生受日本統治，卻一直心繫祖國，民族意識極強，並經常以「汝等雖在日人統治之下，切勿忘懷實乃炎黃子孫」訓誨兒孫；辜顯榮對祖國事務極爲關心，每以促進中日兩國友好爲職志，中國朋友很多，曾多次到中國大陸訪問，在一九二〇—三〇年代，他和中國北洋政府及國民政府的要員們多有往來。一九三三年，中國發生「閩變」，更讓他有機會對當時正致力於統一中國大業的軍政領袖蔣中正助過一臂之力，他的義行深獲蔣中正的心感及器重。

辜父顯榮助蔣敉閩變

所謂「閩變」，是當年部分國軍將領在福建擁兵作亂的一次軍事政變。事緣一九三三年（民國二十二年），國軍將領李濟琛、陳銘樞等在福建成立人民政府，反抗中央，蔣氏當時任國民政府軍事委員會委員長，調兵圍剿；叛亂將敉平時，忽然得知叛軍向日本統治下的台灣求助，並聽說台灣總督府已派遣日本軍艦來閩，準備以「護僑」爲名，支援叛軍。蔣氏派親信部屬李擇一秘密訪台，設法勸阻日本出兵。李擇一到了台灣後，發現總督府方面已爲閩變同黨所包圍，不得其門而入。後來幸得辜顯榮相助，由辜邀請台灣軍區司令長官松井石根到寓所，與李擇一晤面。李擇一得辜顯榮協助進言，終於勸阻了石井出兵干預閩變。閩變很快就敉平了。

李擇一圓滿達成任務後，回國向蔣氏覆命時，蔣氏聽了李擇一的報告，對辜顯榮「眷懷祖國，獨秉孤忠」的志節極表嘉許，曾專函致謝，並加慰勉。專函內容非常親切，絕非一般公式酬應函件可比，全文值得一記：

耀星先生惠鑒：

李君擇一回，攜到惠書，並備述盛意，及渠此次駐台渥承款遇，多所贊助，具審

先生眷懷祖國，獨秉孤忠，感泐之餘，彌深敬佩。此番閩變猝起，蛇蝎混集，志在亂國，本欲不擇手段而為之，而閩台密邇，竟使狡謀一無所逞，用得迅速敉平。所賴

先生主持正誼，隱加防杜，為力尤多，所裨益於宗邦者，誠非淺鮮也。海天遙隔，但有心儀，尚盼時通音問，藉慰馳念，他日得機，駕遊中土，甚願接席，一快傾談。不竟縷縷，並頌

道祺

蔣中正　二月十二日

蔣中正當時是中國軍政最高領袖，聲望如日中天，辜顯榮收到蔣氏這封情問親切真摯的專函，非常興奮，也非常珍視這份殊榮。

辜顯榮在「閩變」敉平後次年一九三五年，訪問中國大陸，曾特地到蔣中正當時駐節的杭州謁見，蔣氏在親切接待之餘，並親筆題贈了一幅放大照片給辜。

蔣氏的專函及玉照，辜家一直珍藏，奉為家寶。

蔣中正對辜顯榮在「閩變」中義助祖國平亂的作為，印象深刻，二十年後，當辜振甫協助政府推行土地改革及辦理台泥公司移轉民營一事圓滿完成，蒙蔣召見，蔣總統對辜振甫說：「我和令尊曾同過事。」辜一時不知蔣所指者為何，後來才由蔣總統提及「閩變」之事。

蔣公愛屋及烏高度信任

蔣中正總統愛屋及烏，因辜顯榮的關係，對辜振甫這位「故人之子」已是另眼相看，加以辜振甫在支持推行土改政策及協助達成台泥公司民營化等方面所表現的卓越識見與辦事能力，很快就贏得蔣總統的高度信任，自一九五〇年代開始，蔣中正總統即時常指派辜振甫協助處理及翻譯與日本有關的文書資料；蔣總統的《蔣介石嘉言錄》日文擬稿，完全交由辜振甫審核定稿。一九五七年，中日兩國元老政治家張羣、岸信介等發起集結兩國朝野各界領袖等分別組成「中日合作策進會」及「日華協力委員會」，協助政府推動並落實兩國的全面合作，辜振甫奉派參加「合作策進會」，擔任常務委員，並兼「經濟委員會」召集人，積極投入了推廣兩國經濟合作及貿易往來的實務；隨後，更兼任「中日合作策進會」的幹事長。

一九七〇年代初期，蔣中正總統因高年健康衰退，重要政務多由行政院長蔣經國代行處理。最初，蔣經國對辜振甫之所以受到蔣中正總統如此優遇的原因及背景並不十分清楚，對於有關「閩變」的那一段事蹟，蔣經國根本不知道，因為，「閩變」發生時，蔣經國被蘇聯強行留置在俄國，並不在國內。及至蔣經國就任行政院長，一次，向當時國民黨秘書長張寶樹詢及辜氏家世，張寶樹發覺蔣經國對辜顯榮和蔣中正總統早年敉平「閩變」的一段淵源似乎未聽說過，經張寶樹陳述後，蔣經國極表重視。張寶樹原是辜振甫好友，日後張寶樹向辜談及此事，並建議辜將蔣總統當年親筆題贈辜父的玉照及專函交張帶呈蔣經國一閱。蔣經國獲悉此中原委後，對辜振甫也是另眼相看，在處理日本問題上，視辜振甫為最可信賴的民間管道。

兩蔣皆信任　三度充特使

辜振甫由於擁有前後兩位蔣總統的信任及付託，因此，自一九五〇年代以後的四十多年間，他一直主導及掌控著我國對日的經貿事務。到了李登輝主政時期，儘管李本人對日本事務亦極熟稔，但繁重的經貿方面事務，仍不能不倚重辜振甫駕輕就熟的便捷處理；在國際外交活動上，辜振甫並曾三度奉派為總統特使，代表李登輝總統出席「亞太經濟合作會議」的非正式領袖會議。後來，甚至有關海峽兩岸事務的直接交涉談判，李登輝也託付給辜振甫。李登輝對辜振甫的信任與倚重，較之兩位蔣總統猶有過之。

辜振甫一面憑仗他在日本政商界的深厚人脈，一面秉持他擁有的我國政府歷屆層峰的信任，數十年來，在中日兩國之間，一直擔負著溝通協調，促進經濟合作，謀求共同利益的重任。他以民間企業界人士身分，獻身國民外交，常年奔忙於世界各地，卻從未向政府要求補助，所需經費與人力，一向自籌自理。雖然，他和日本工商界淵源極深，但他個人從不願與日本人有任何商業利益瓜葛，他所領導的和信集團旗下將近一百家企業，沒有一家和日本企業有特殊的個人商業利益關係，他所念茲在茲的，只在維持中日兩國友好關係，謀求國家利益而已。也正因此，他在如此複雜微妙的中日關係中，既能獲得國人的信賴，更能獲得日本人的尊重。

中日合作策進會

辜振甫參與的國際事務很多很廣，但對日事務的參與，卻是他費心最多，著力最深的重點所在。

日本卻並不是他參與國際事務的起站，他首次奉派出國，是一九五六年，蔣中正總統選派他參加國際勞工會議爲資方代表，去日內瓦開會。

日內瓦國際勞工會議的第二年，一九五七年，中日合作策進會在台北成立，辜振甫奉邀參加，並當選常務理事，隨後又兼任幹事長。

這是他首次參與日本有關的事務。

中日合作策進會是中日兩國元老政治家張羣、岸信介、石井光次郎等發起，邀集政、經、文化各界重要人士，分別在中、日兩國成立的民間社團，以協助政府推動並落實兩國的全面合作；我國方面爲中日合作策進會，日方則爲日華協力委員會。

這個社團雖然是民間組織，但因發起人及主要負責人均爲兩國政界、企業界及文化界的資深實力人物，因此，不能以一般民間社團視之；我方的合作策進會，甚至有政府重要官員直接參加的。

這個組織的工作重心，我國比較著重政治面，主任委員是黨政要員谷正綱；日本比較著重經濟面，日方的主任委員一直是由民間企業界最具實力的領導人擔任，首任主任委員是日本商工會議所「會頭」足立正。

當時，由於兩國尚有正式外交關係，互設有大使館，所以，政治、外交方面的事務，多循由外交途徑處理，合作策進會（或協力會）多居於幕後或側面協助，但經濟方面的事務，尤其是貿易方面的事務，則多由策進會（或協力會）所屬的「經濟委員會」主導或直接介入。

主持促進中日經濟貿易

辜振甫是我方經濟事務的主要負責人。

一九五〇與六〇年代交替之際，正值我國第三期四年經濟建設計畫開始實施，經建重點在加速工業化，增加工業產品的製造，並促進工業產品的外銷。日本是我國的主要貿易對象，出口方面，日本是我國農工業產品的主要外銷市場，進口方面，工業生產所需的機器設備及原料，也需從日本進口，兩國經貿活動頻繁；辜振甫主持的「經濟委員會」是業務最繁重的單位，也是實效最著的單位。一九六五年，日方「經濟委員會」委員長堀越禎三提議，在雙方「經濟委員會」下，增設一個貿易協議會，專管兩國間貿易有關的事務。於是，我國設立「中日貿易協進會」，日本設立「日本貿易委員會」，所有與兩會貿易有關的問題，諸如貿易手續的改善、貿易逆差的減縮，以及我國農產品與農產加工品的對日輸出等問題，都由「貿易協進會」實務階層工作人員協商解決，不必提升到政策階層去討論。

我方「協進會」主任委員由辜振甫兼任，日方委員會委員長由提議設置此委員會的堀越禎三兼任。

辜振甫和堀越禎三這兩位在中日經貿交涉中的老搭檔，在自己國內都是民間企業界巨子；堀越的影響力橫跨政、商兩界，協調能力極強；一九四七年曾任片山內閣的「經濟安定本部副長官」；後又任日本經團連事務總長，經團連前兩任會長石川一郎（任期一九四八至一九五六年）及石坂泰三（任期一九五六至一九六八年）均倚之為股肱；一九六八至一九七四年，任經團連第三代副會長。由於辜和堀越兩位無私無怨的努力，在一九五〇年代中期到一九七〇初期，中日外交關係風雨飄搖的那一段艱困歲月中，不僅兩國經貿上的合作得以良好維持，更為兩國斷交後經貿關係之持續發展，奠下了堅實根基。

詭譎多變的中日外交

中日合作策進會於一九五七年成立，只維持了十五年，於一九七二年九月中日斷交時就撤廢了。

「二戰」前的中日外交關係，因戰爭而斷絕，及至「二戰」結束，國共戰爭重起，政府旋因戰局失利，播遷來台；中共隨亦在北京成立中華人民共和國，與中華民國政府隔海對峙。

「二戰」結束六年之後，以美國爲首的五十一個參戰盟國於一九五一年九月四日，在美國舊金山舉行和平會議，九月八日，四十八國共同簽署對日和約（蘇俄、捷克及波蘭則未簽字）。這次和會，我國沒有被邀參加，因美國主張邀並肩作戰的中華民國，但英國爲了保住港九權益，堅持主張邀請邦交國中華人民共和國；美、英兩國相持不下，最後決定對海峽兩岸均不邀請，而將日本未來與台海兩岸哪一方締結單獨「和平條約」之事，由日本政府自行決定。後來，由日本選擇與中華民國簽約。

簽訂和約　助日解決難題

最初，日本對於與何方簽約，態度猶豫。在這段過程中，韓戰爆發，中共參戰，而與聯合國爲敵，美國參議院於是表示，日方在簽約一事上如做出「錯誤選擇」，參院將擱置舊金山和約之批准。一直負責推動舊金山和約的美國總統特使杜勒斯（其後於一九五三年接任國務卿）遂兼程赴日面見首相吉田茂加以催促。日本在美國多方施壓之下，於一九五二年四月二十八日和中華民國政府單獨締結和平條約，建立外交關係。簽約地點在台北，我方代表簽署人爲葉公超，日方爲河田烈，雙方簽約時，距舊金山和約生效之前僅七小時。二十年後，中共與日本磋商關係正常化之時，索求戰事賠償，日本外務省條約局長高島益郎力爭指出，戰爭終止不能有兩次，日本前已與中華民國簽訂和約終止戰爭，且我國已經放棄索賠。對此，中共外長姬鵬飛感到憤惱，而怒叱高島爲「法匪」（即利用法律之匪類）。最後，中共還是放棄了對日本的戰爭賠償要求。從此事實看來，中華民國在戰事賠償問題上，是幫日本解決了此一難題的。

由於中日邦交是在如此不自然的情況下所建立，而日本對中國大陸的廣大市場及商機念念難忘，以致台北、東京之間雖有建交之名，但實際合作卻並不順暢。

中日合作策進會和日方的日華協力會就是為了切實推動兩國之間的全面合作關係而成立的。

可是，由於中共不時製造事端，或無理取鬧，每每弄得中日關係險象環生，比較重大的事件，如一九五八年的長崎撕旗事件、一九六三年的周鴻慶投奔自由事件、一九六〇年代的日本工廠機器設備整套輸入中共的事件等，都鬧到幾乎要撤館斷交。

每遇這些緊張危急時刻，中日合作策進會及日華協力會都能運用日本黨、政界及財界的關係，作幕後疏通協調，化解危機，發揮了一定功能。

田中匆匆與我廢約斷交

可是，詭譎多變的國際情勢，非人力所能掌握，一九七〇年代初，世局愈來愈對我國不利。國際間普遍認定中共政權已經穩定，原和我國有外交關係的西方若干重要國家，如北美的加拿大，西歐的義大利、比利時等，相繼改弦易轍，和我國斷交，改與中共建立外交關係。

日本對所謂「中國問題」，一向非常敏感，國際間略有風吹草動，日本馬上就神經緊張，張皇失措。

一九七一年下半年，先有美國尼克森總統宣布將親訪中共，接著又有聯合國表決通過接納中共入會，我國被迫退出聯合國；兩個重大衝擊接踵而來，日本全國上下再也沉不住氣，唯恐「趕搭不上（時代）巴士」，遂決意盡速進行與中共恢復所謂正常關係。加以好大喜功的田中角榮剛剛接任首相，建功心切，上任兩個多月就率團訪問北京，匆匆與中共建交，並由外務大臣大平正芳宣布與台灣廢約斷交。

中日合作策進會和日方的日華協力委員會，都隨著兩國外交關係的斷絕而撤廢了。

臨危受命　大局終難挽回

一九七一年七月美國國務卿季辛吉結束北京之行返抵國門後，尼克森總統立即宣布次年二月將親自出訪大陸。而同（一九七一）年十月二十五日聯合國通過中共入會案，我國宣布退出聯合國。就此二事件預測中日邦交恐將生變。

日本全國政界、財界、新聞界隨即有如雪崩，出現了對中共一面倒的情況。

田中角榮於一九七二年七月七日繼佐藤榮作出任首相後，急速成立「日中國交正常化協議會」協調自民黨內的意見，參加會議的參眾兩院議員共三六一名。短短一個多月的時間，共舉行三次會議便訂出「日中國交正常化基本方針」，足見日本與中共建交至爲心切，唯恐「趕搭不上（時代）巴士」。

自民黨福田赳夫領導的「八日會」友我議員團體，雖然希望能與我國繼續維持原來之關係，但並非全然反對與中共建交，另一方面，日本眾議院改選在即，福田等爲避免因「日中國交正常化」之爭執而造成自民黨分裂，於選情不利，故未堅持其立場。

其實，在自民黨設置「日中國交正常化協議會」時，外相大平正芳就曾明白表示，日本勢難與我國維持正常關係，其與我國間的條約失去存續之意義云云。

另一方面，當時日本主要媒體幾乎一面倒向中共，友我者僅產經新聞。蔣中正總統眼見情勢危急，特召見國民黨秘書長張寶樹和辜振甫，旋即由行政院長蔣經國指示辜振甫赴日「盡量阻止日本與中共建交」，時距日本、中共建交僅五十八天而已。

辜振甫顯然已知道情勢嚴重，而且爲時已晚，大局難於挽回。他之臨危受命，是知其不可爲而爲之，盡匹夫之責而已。

辜振甫趕往日本後，曾與外務省次官法眼晉作及亞洲局長中江要介等晤面（日本與中共之建交，中江介入極深，且於九年後擔任駐中共大使），作最後努力，卻已無能為力了。八月三十一日田中角榮飛往夏威夷與美國總統尼克森舉行高峰會，告知日本之決定，九月一日兩人發表聯合公報，表明美日兩位首腦一致希望田中即將展開的中國大陸之行，將有助於進一步減緩亞洲的緊張情勢。田中返日後亦與來訪之英國首相奚斯就日本將與中共建交事，交換意見。九月二十五日田中率大平正芳等一行赴北京，二十九日雙方發表邦交正常化的聯合聲明。我國隨即宣布與日本斷交。

日本與我國斷交如此急促，是我方所始料未及，我國朝野人士原認為二次大戰日本戰敗，我國以德報怨，對日本有情有義，日本應該不會遽爾和我國廢約斷交；同時，美日之間有安保條約，而美國當時仍然承認中華民國，因此，我國政府當局判斷日本不會先於美國承認中共。

斷交善後　互設管道機制

辜振甫對日本政府廢約斷交猶先於美國承認中共的做法，不以為然，他認為日本該顧情思義，俟美國有所行動時，參仿美國如何處置斷交後與我國之關係，而後再考慮行動。

至於斷交後日本在處理與我國關係上，辜振甫特別指出具有正面意義的兩件事：

一是中日兩國情誼深厚，為使外交不復存在後的關係能夠繼續維持，雙方協議盡速由我方成立「亞東關係協會」，日方則設立對等的「交流協會」。這種「白手套」機制的建立，殆屬空前創舉，兩國溝通管道由是建構以維繫雙方關係於不墜。日後，美國與中共建交，在處理與我國關係時，亦循此模式。

一是一九七二年日本與中共發布的建交公報內，對於中共申明的「台灣是中華人民共和國領土不可分割的一部分」的立場，日本只表示「理解和尊重」之同時，宣告遵循波茨坦宣言的第八條的立場。此點意義重大，蓋此表示日本擬恪遵開羅宣言之條款，亦即「日本在中國所竊取之領土，如東北四省、台灣、澎湖列島等歸還中華民國」。

冒大不韙的建言

中日兩國關係演變至此，辜振甫內心自是極其沉痛，他以民間企業家身分，在台省光復後的最近二十年裡，一直爲促進中日兩國友好關係及推展兩國經濟合作交往而盡心盡力，不想竟因時勢所逼，而致演成兩國斷交之結局。

行政院長蔣經國在兩國斷交之日公開宣示：「目前的對日問題，正是給我們機會，擺脫任何國家對我經濟上的壟斷或獨占，促使我們摒棄在資金或技術上對外國的過分依賴，因此今天也是我們奠定自立、自強基礎的大好時機。」

自力更生 傷害減到最低

蔣經國這則談話，迸發了他個人內心的感受及憤慨，也適切表達了多數國人的心聲。可是，對辜振甫來說，卻引起了另一番複雜微妙的感觸及效應。

在他致力於中日經濟合作工作的二十年間，政府全力發展經濟，圓滿完成了連續五期的四年經建計畫，第六期經建亦已設計完成，正升火待發；整個過程，得力於日本的支持及援助者至大，卻也讓日本成爲我國在對外經濟上除了美國之外關係最密切的國家。日本突然對我斷交，我國在國際外交及政治上所受的傷害固極沉重，而在經濟方面更是一個嚴重得無可估計的打擊，我國朝野各界爲之憤慨痛心，自是不難理解的。

但辜振甫也認爲，不幸事態既已發生，憤慨痛心之餘，當下如何使所受傷害減到最低限度才是應變的當務之急。

同時，他也相信，國際上所謂斷交，是指兩國在「外交承認」及政治層面上的官式交往關係的斷絕，但在國際關係日趨多元化的今天，其他如經濟、文化、科技及人事等方面的交流活動，仍可透過民間管道進行，應是不受斷交影響的。

辜振甫對國家領導人蔣經國對中日斷交一事所作的談話，認定是國家政策的宣示，不容違背，但也不容誤解，於是，在蔣經國發表上述宣示後十天，辜振甫就在台北《經濟日報》的雙十國慶特刊上，發表了一篇以「自力更生的經濟意義與作法」爲題的專文。

這是一篇份量極重的文章，辜振甫以多年致力於促進中日經貿合作關係的民間企業界領袖身分，討論此一敏感話題，自然引起各方重視。

辜文首先引述了行政院長蔣經國激勵國人奮發圖強以「擺脫任何國家對我經濟上壟斷或獨占」的談話，但辜振甫擔心國人低估了對日斷交一事的嚴重性，隨即以事實及具體數字喚起國人的憂患意識，辜文指出：

日本為我國對外經濟中除了美國之外關係最為密切的國家。去年，我對日輸入占我國總輸入額百分之四十四點八五；對日輸出則占總輸出額百分之十二點二七。

從上列數字，就不難看出：對日貿易如果斷絕，我國必須爲百分之十二的出口商品另找市場，也要爲我國製造業者所需的百分之四十五的原料及資本財另找來源。在當時的國際環境中這都是不容易做到的事，聯合國一百個會員國中，已和我國斷交或從來未和我國有過外交關係的，連同日本在內，共有七十九國，我們的邦交國已所剩無幾。

辜振甫隨即提醒國人重視行政院長蔣經國激勵大家「擺脫外國經濟壟斷」的談話：所謂擺脫，並不是斷絕了雙方關係就了事，至少，在治標方面，要積極開拓新的外銷代替市場。同時，要盡速發展新的原料與資本財的取給關係。

接著，辜振甫唯恐國人忽略了蔣院長所提示的「奠定自立、自強基礎」與「唯有自強方足以圖存」這句話的積極意義。於是，他提出「自力更生」作爲自立、自強的註腳，並進一步指出：「自立更生的經濟意義，並非閉關自守或自我與國際市場孤立隔絕，相反的，是要提高自己本身的經濟獨立發展力量，來加強我們在國際市場上的影響力，因此而增進與國際市場的關係。」

自立更生的經濟意義既是如此積極，此方面任務的完成，就不是上述兩項治標辦法所能竟功的了，而且，也不是國內當時所持有的輕工業基礎所能承擔的。辜在專文中極力主張政府加強加速對高級工業的投資，從「治本」方面來完成自立更生的實質經濟意義。

提醒斷交不宜也斷經貿

辜振甫在雙十國慶特刊上發表的這篇專文，不是一篇「應景」文章；在時機上，它是在我國退出聯合國，並先後與加拿大、義大利斷交，更新近遭逢中日斷交之痛等等一連串外交挫敗之後所發表，辜振甫已領悟到在傳統的制式外交戰場上，我國幾乎已是潰不成軍，但中共在國際社會上始終未將我們打倒，甚至中共企圖孤立我們的陰謀也未能達成，原因何在呢？原因就在「我們過去二十年來的經濟建設，一方面為政治、軍事建設提供了鞏固的基礎，一方面也因此而與世界各國發生密切的經濟與貿易關係的緣故。」

辜振甫的這一番領悟，也可說是他近年來代表國家領軍在經貿外交戰場上開疆闢土而獲致的心得吧！

當時中共尚困居在閉關自守的共產主義經濟體制下，毋庸諱言，日本是我國在經貿外交方面的主戰場之一，我們在與日本斷絕傳統制式外交關係之際，是否應該將經貿交往關係也遽爾一併斷絕？斷絕以後會有如何的後果？丟掉日本這個不顧道義的貿易伙伴，固不足惜，但我們是否能找到適當的伙伴來取代？

辜振甫這篇專文，毫不隱諱的指出了中日斷交對我國對外經貿關係衝擊的嚴重性，雖然，他正面的提出了治標、治本的因應之道，但不管治標也好，治本也好，恐怕都難免遠水難救近火之危。經貿外交無疑已逐漸成為國際外交活動的主流，對我國在國際社會上的處境尤其是如此。為了傳統制式外交方面的失利，而將經貿外交戰場也放棄，值得嗎？這應該也是辜振甫這篇專文所暗示的問題。

沉穩務實　影響層峰決策

當時，我全國上下對日本田中政府不顧國際道義而悍然與我國斷交的行為咸表憤慨，國人紛紛主張即時擺脫日本對我經濟上的壟斷，辜振甫發表這篇專文，暗示不宜意氣用事而遽然採取激烈行動，雖然說得極其委婉含蓄，但畢竟是相當冒大不韙之舉，這應該是辜振甫書生本色的流露，也顯示出他在重大問題上沉穩務實的處事風格。

這篇專文發表後，對政府在對日經貿政策上的影響如何，不得而知，但從蔣經國在斷交後重建對日關係的新體制中僅保留了辜振甫一個「舊人」，而且，仍然由辜負責涉外經貿事務一事看來，這篇專文，對他不僅並無負面影響，而且，反而因他沉穩務實的進言，而讓政府決策者有所適當抉擇呢。

斷交後的關係維繫

一九七二年中日斷交，爲了使兩國外交不復存在後的關係能夠繼續維持，雙方協議盡速由我方成立「亞東關係協會」，日方則設立對等的「交流協會」；這兩個協會互相在對方設立辦事處的議定書，則是由辜振甫及當時擔任台灣糖業公司董事長的張研田代表中華民國政府簽署的。這種「白手套」機制的建立，在當時爲國際關係史上所僅見；兩國溝通的管道由是建立，斷交後的雙方關係得以維繫不墜。

另外，爲了使斷交之後兩國的民間交流持續發展，辜振甫選擇經貿與文化兩個領域作爲致力的重點：

（一）經貿方面：東亞經濟會議

一九七二年，辜振甫鑒於「中日合作策進委員會」因斷交而解散，遂將策進會轄下的經濟委員會改組爲「東亞經濟會議中華民國委員會」，並擔任會長。（日方之對口機構爲「東亞經濟會議日本委員會」，其秘書處業務由經團連負責）。

「東亞經濟會議」，長期以來與日本「經團連」合作密切，對於促進中日兩國的經貿交流，雙方都有高度共識，而努力也從未間斷，對改善並加強中日經貿交流，貢獻很大，辜振甫擔任「東亞經濟會議中華民國委員會」會長凡二十七年，於二〇〇〇年辭任。

（二）文化方面：亞洲展望研討會

辜振甫有感於日本重視學術研討，文化人頗能領導輿論走向，所可能發生的影響力極大，有意將兩國的評論家與學者聚集一堂，由文化方面進行結合，而使兩國關係更形密切。因此，在中日斷交後，辜振甫計畫恢復「中日合作策進委員會」之文化委員會，與日本文化界定期舉辦學術研討會。一九八八年十月，東京外國語大學校長中嶋嶺雄來台晉見李登輝總統，提議邀請日本學術界和財經知名人士來華與我方學術工商界共同舉行「亞洲展望研討會」，以促進中日合作關係。獲李總統之贊同，並決定由政治大學國際關係研究中心與中嶋嶺雄主持之「亞洲公開論壇」（Asia Open Forum）共同籌辦。

「亞洲展望研討會」於一九八九年正式舉辦，會議每年召開一次，並於中、日兩地輪流舉行。

由於此研討會恰與辜振甫原所設想的恢復中日合作策進會文化委員會的計畫不

謀而合，因此，歷屆我方代表團團長均由辜振甫擔任，總幹事則爲歷任國際關係中心主任。張京育、邵玉銘、何思因均曾先後擔任過總幹事。日方團長爲龜井正夫（曾任日本住友電氣工業株式會社會長，並任日本國鐵重建委員長，促成日本國鐵民營化），總幹事爲中嶋嶺雄；與會者均爲雙方負一時重望的學者。

東亞經濟會議成效卓著

至於政治交流方面，辜振甫並未介入，因兩國邦交業已中止，政府間的聯繫已告中斷，斷交後是藉由兩國國會議員間的懇談會來維繫。

以上各層面的努力，迄今當以「東亞經濟會議」所發揮的成效最爲昭著。

在日本舉行的每屆會議，均獲日本歷任內閣官房長官書頒賀詞，肯定研討會之成果；在台舉行歷次會議時，均獲李登輝總統親臨開幕致詞。與會代表自第一屆之七十人增至二五〇人。並於第七屆會議之後，擴大邀請其他亞太國家有關人士與會，期使會議內容更爲充實，更具代表性，以名副其實地對亞洲展望有所貢獻。歷次的研討會，中日與會人士包括產、官、政、商、學界領袖，發表論文幾近百篇，出版論文集十一冊。不僅促進中日關係之發展，亦對亞太區域之整合有所助益。

此外，透過十二屆會議接觸所形成的中日政、學、企界間的聯繫網絡，不僅打破日本文部省原有國立大學不得與台灣大學院校簽訂學術交流協定的限制，促成日本國立大學與我國國立大學之學術交流活動，歷年來我國政府官員或民意代表也經常利用此一管道，同友我的日本政企界人士進行溝通聯繫，前任日本首相森喜朗在擔任自民黨幹事長時即曾於東京設宴款待部分我方代表，現任日本內閣財務大臣鹽川正十郎更多次以貴賓身分出席本會議。凡此在在突顯此項會議的重要性。

「亞洲展望會」前後運作計十二年，辜振甫均躬親參與，投入極深，每屆大會均率團參加，我方經費的半數係由辜振甫捐贈。

「亞洲展望會」於二〇〇〇年在日本長野舉辦第十二屆大會後，因日方經費支絀，加以龜井及中島均將退休，後繼無人，遂暫停運作；而日方重要的評論家現多親中國大陸，當亦爲此項工作不易推動的原因之一。

對於在文化及國會方面的交流，辜振甫語重心長的指出：「以後可以移轉到亞東關係協會及立法院來進行，務必要用心盡力的去顧全妥當，好讓雙方的實質關係能夠維持下去。」

辜振甫著力最深的「東亞經濟會議」，現在是唯一可以獨立運作而且成效卓著的民間機構了。

「東亞經濟會議」是日華斷交後，爲促進雙方經濟合作及經貿發展而設立的民間組織；日方是由日本全國各大企業及經濟團體共同組成的「經濟團體連合會」爲主體，我方則由企業界「龍頭團體」工商協進會爲主體。

辜振甫以工商協進會理事長的身分，從東亞經濟會議成立的第一年——一九七三年——開始，就擔任東亞經濟會議中華民國委員會會長，每年率團參加在台北（高雄）、東京（大阪）交互舉行的年度大會，直到二〇〇〇年交棒給他的姪子辜濂松。

東亞經濟會議在辜振甫主持下的二十七年中間，在促進雙方貿易、投資、技術合作，以及金融證券、運輸、觀光等諸多方面，都頗有績效。

日本一直是我國的主要貿易對象。一九七二年兩國斷交之前，我國對外貿易，無論輸入輸出，就對日本市場依存深厚，歷年對日輸入，都占我國總輸入額的百分之四十左右，對日輸出也占百分之十以上。斷交後第一年，一般都以爲雙方貿易額難免不受影響，結果卻是不減反增，隨後這些年，也是逐年持續迅速成長。

試看幾個簡單統計數字：如以斷交之年——一九七二年的雙方輸出入總額一四．二億美元爲基數，斷交十年之後，增加了五倍；斷交二十年後，更增加了二十倍不止；至上世紀末——二〇〇〇年輸出入總額達五五二億美元，則是二十八年前斷交時總額的四十倍了。

中日貿易得以持續成長

日華之間，在沒有外交關係的情況下，經貿往來竟是如此熱絡，不僅持續的快速成長，而且巨幅成長，原因很多，其基本原因是雙方互有需求；所需求者，不僅量大，而且迫切，所以才有這樣的成果。

對我國來說，中日斷交那一年——一九七二年，正是我國在經濟建設上十分重要的一年，第五期經建計畫剛剛完成，第六期四年經建計畫已經擬妥，並經政府核定在次年一月開始實施。

這第六期經建計畫，與以往五期經建計畫大不相似，前五期經建是讓台灣從農業社會進化爲工業社會，而第六期經建卻是將我們的經濟發展由輕工業階段提升到高級工業階段。這就是所謂「經濟起飛」的開始。

具體說來，也就是蔣經國出任行政院長後所強力推出的「十大建設計畫」，其中包括鐵路電氣化、南北高速公路、台中港、桃園國際機場、現代化煉鋼廠、石化工業體系的建設等等。

六年經建需要大量資金、技術、設備等，這些需求，都有賴擴展國際貿易去換取。

日本一向是我國對外貿易的兩大對象之一，日華雙方在強烈的相互需求之下，經貿關係迅速發展是極其自然的事。

一九七〇年代以後，由於第六期經建計畫的完成，十大建設先後竟工，以及隨後六年經建計畫的加緊施行，使我國經濟得以快速成長，全民生計大幅改善，締造了所謂「台灣經濟奇蹟」。對此，逐年激增的日華貿易和整個國際貿易，不容否認的與有功焉。

東亞經濟會議在促進日華貿易的這個主要任務上，交出這樣一份成績單，十分難能可貴。只是，這份亮麗成績單，歷年來一直蒙蓋著一層陰影，而且，這個陰影隨著貿易額的逐年激增而迅速擴大，這陰影，是指雙方貿易的不平衡；對我國來說，是巨額的貿易逆差負擔。

貿易逆差與台日「經貿戰」

台日貿易逆差問題，由來已久，早在一九五〇年代中期，由於我們正在大力推進第二期四年經建計畫，積極致力於工業發展，機械、技術、中間原料，大多倚賴由日本進口，隨著經濟迅速發展，兩國間貿易額逐年增大，我方的逆差也明顯地成正比例增加。

兩國斷交之年——一九七二年，雙方全年貿易總額十四億二千餘萬美元，而對日逆差竟達七億美元之巨，台灣爲輸入商品的付出竟達輸出產品收入的一倍。

東亞經濟會議的成立，主要任務是促進雙方經貿關係的發展，最棘手的問題，卻是如何因應因經貿關係迅速發展而衍生的巨額貿易逆差。

試看東亞經濟會議成立以來，貿易逆差隨著貿易量激增的幾個重要里程：

年份	逆差（億美元）	貿易總額（億美元）
一九七二—斷交	六・七	一四・二
一九七四—逆差突破十億美元	一三・七	三〇・六
一九七八—逆差突破二十億美元	二一・一	五二・五
一九八〇—逆差突破三十億美元	三一・八	七五・三
一九九二—逆差突破一百億美元	一二八・七	三〇六・六
二〇〇〇—逆差突破二百億美元	二二〇・〇	五五一・六

資料來源：台日經濟貿易發展基金會

上面這個簡單附表，充分顯示了我國對日貿易逆差問題的嚴重性。如此發展下去，令人疑慮「我們辛辛苦苦從國際貿易上得來的外匯，豈不都讓日本人賺去了？」

逆差嚴重　徒嘆無可奈何

其實，貿易逆差的成因繁多，歷史關係、地緣關係，乃至商人的習慣和心理因素等等，或多或少都有影響，但最主要的原因，是雙方的產業結構落差一大截，雙方產品不等價，日子久了，就形成所謂「不等價交易」。

由於經濟發展階段的落差，對日貿易，我們自始就不得不忍受「不等價交易」，早年，我國輸出以農產品為主，就有所謂「一船香蕉換兩台機器」的說法。後來，為了擴展國際貿易，必須發展輕工業，一方面生產進口代替品，另一方面製造出口用的商品，遂向日本購入機械，輸入中間原料，採用日本的技術等。如此進展到一定程度之後，我國經濟遂由輕工業逐步提升到重化工業的階層。一路走來，都是循此路線發展。因之，日本成了我國的主要進口國，而我國則將輕工業產品先銷往日本；隨著國際市場的開拓，我國商品也逐次行銷到其他國家，以求整體貿易產生順差，用於經濟的再發展。

難免會有人置疑我們為何不向歐、美國家購置所需機械器材及技術、原料？但考慮到路程遙遠，運輸費用高，時效不及等等因素，廠商不願捨近求遠，而且，我們花了較高成本製造出來的商品，如何能和向日本購買機器、中間原料的香港、韓國或東南亞諸國在國際市場上競爭？

逆差的成因與我們的無奈等等情形，主持東亞經濟會議直接和日本辦交涉的辜振甫當然知道，日本政府通產省官員及經團連的企業大亨們也都知道。

因此，我們一直要求日本改善貿易逆差，但是日方的反應不夠積極，也不如所期待的熱烈。

日有苦衷　表達極大歉意

日本又是如何看待日華貿易逆差問題呢？

曾有這麼一則故事：

一九七七年間，福田赳夫擔任日本首相，爲了妥善處理日本在國際間的貿易逆差糾紛，特地在內閣中新設了一位專門負責處理國際經貿糾紛的「無任所大臣」，職稱是「對外經濟擔當」，並調升當時駐美大使牛場信彥擔任此一職務。

牛場是一位資深外交官，熟悉國際事務，在國際間享有相當聲望，和我國朝野各界多有相識。

爲了日華貿易逆差問題，牛場邀約我國駐日的新聞記者，作了一次「背景懇談」。牛場說了這麼一段「真心話」：

日本為了貿易問題，在國際上簡直是四面楚歌，有打不完的「貿易戰」。和日本做買賣的國家，絕大多數都是入超；因此，大家都罵日本，只會向別人賣東西、賺錢，卻不肯買別人的東西。

其實，日本有很大的苦衷，別人不明白。日本天然資源缺乏，尤其是石油；

石油是日本工業的命根，但日本一滴油不產，全部要從外國輸入，中東是日本所需石油的重要供應地；中東朋友們賣油態度很硬，只收美金現款，不談其他交易。

因此，日本現在每年需要四百多億美金去買中東石油。

這就是日本之所以在一般國際貿易上力求「順差」的原因了。

當然，國際經貿關係應該建立在互惠合作的基礎上，所以，日本對於在對日貿易上有逆差的國家，都感到歉意，尤其是一些開發中的國家，本身外匯奇缺，還要在對日貿易上負擔赤字，更使日本感到不安，日本會盡力設法補救。

台灣所承受對日貿易逆差相當大，在金額上，也許僅次於美國，但是，如果就美國與台灣在經濟規模上來比較，台灣所承受的逆差，甚至超過美國也不一定，所以，日本對台灣，在貿易逆差問題上，除了致極大歉意之外，更有極高的敬意，以台灣這樣的領土面積及人口數字，經濟上能有如此成就，眞令人敬佩。

台灣在國際貿易上最了不起的地方，是近些年來，在日台貿易上，雖然出現巨額逆差，可是，在整個對外貿易的總值上，每年都有巨額順差，順差金額遠在對日逆差金額之上。可見台灣的對日貿易逆差，與其他國家的對日逆差在本質上是不一樣的。

同時，另一個現象也不能忽略，就是近些年來，台灣從日本輸入的機器設備及中間原料，逐年激增（以致逆差金額也逐年增高），而台灣對外貿易全面總值的順差卻也隨而更大幅成長。這似乎意味著台灣向日本輸入越多，雖然貿易逆差越大，但台灣的全面貿易順差卻成長得更大。

在這個模式上，日台經貿關係是眞正合乎「互惠合作」的原則了。日本希望協助其他開發中的國家，都能像台灣一樣，向日本輸入機器、技術、中間原料，製出成品，賣給別的國家，賺取外匯。如此，日本賣出機器、技術及中間原料，賺了外匯；開發中國家賣出成品，賺進更多外匯，這才是眞正的互惠合作。

牛場和辜振甫是老朋友，牛場的這一番「真心話」，辜振甫直接間接也必然聽到過；假如我們的對日逆差與總值順差之間，真有著如此微妙的因果關係，要解決對日逆差問題，就必須在傳統的刻板方式之外另闢蹊徑了。

日台貿易，我國長期處於逆差之一方，不僅數額巨大，而且逐年持續激增，就我國立場而言，對日本市場依存如此之重，不僅不正常，更非長治久安之計。

因此，每年在台北、日本交互舉行的東亞經濟會議年會上，率團與會的辜振甫，都會鄭重提出改善兩國間貿易逆差的問題；從東亞經濟會議創立的一九七三年第一次大會開始，每年會議的「結論」中，都有「積極改善貿易逆差」這樣的文字。

年年討論、爭論，年年有「結論」，但年年逆差持續激增。

到了斷交後的第八年，一九八〇年，年會在東京舉行。辜振甫在率團去東京之前，已感到國內輿情的壓力沉重，因爲，年度貿易逆差已經突破三十億美元，這是斷交那一年逆差的五倍。

三十億美元這個金額，在當年的確驚人；而且，逆差在八年之中，漲了五倍，如此持續下去，如何得了！

報紙上刺目的標題：日本賺了我們三十億美元。

逆差激增　冷戰升爲熱戰

辜振甫率團到了東京，在經團連會館會議廳舉行的大會開幕式上致詞時，當著日本代表團團長河野文彥、交流協會會長堀越禎三、及數十位日本企業大亨如五島昇（東京工商會議所副會頭）、瀨島龍三（伊藤忠商事會長）、鹿內信隆（產經新聞社長、富士電視會長）等的面，就兩國貿易逆差突破三十億美元一事，提出警告，指出逆差問題已不容日本政府及企業界坐視不顧，如果日方不採取積極有效的行動，中華民國將被迫走上限制日貨進口一途。

大會經過認真討論，獲得兩項決議：一是設立常設的對策委員會暨聯合秘書處，研討具體解決方案；一是爲促進中華民國產業結構之改善，積極推展日本對華投資及技術合作。

在上述決議下，「中日貿易平衡委員會」組成了，並進行實務作業。遠水未及救近火，「貿易平衡委員會」的功能一時還來不及發揮，以致次年——一九八一年的貿易，出現了讓國人忍無可忍的結果：雙方輸出入總額較前一年增加了不到十億美元，逆差卻較前一年增多了四億多美元。

這個結果，讓人覺得日本對逆差問題不肯認真處理，這就成爲日華貿易爭端從冷戰變爲熱戰的導火線。戰火的引爆者是當時的經濟部長趙耀東。

鐵頭引爆日華貿易大戰

趙耀東，人稱「趙鐵頭」，行事大刀闊斧，極具魄力，創建大鋼鐵廠成功之後，社會人望極高，是當時年輕人眼中的偶像人物。

趙耀東出掌經濟部不到三個月，就引爆了一場震撼日華兩國朝野的貿易戰。

一九八二年二月十三日，經濟部突然宣布禁止日本一千五百三十三項產品進口。晴天霹靂，引起一場大混亂。

辜振甫和趙耀東是好友，加以辜振甫一年多前在東亞經濟會議開幕式致詞中，曾說過「如果日方不採取積極而有效的行動，來幫助中華民國改善逆差問題，中華民國將被迫走上限制日貨進口一途。」因之，許多人認爲趙耀東這石破天驚的一擊，是呼應辜振甫年前的這一番談話；至少，趙耀東出手之前，應該和辜振甫商談過。

其實，辜振甫對趙耀東此一舉措，事先毫無所聞。

而且，當時事先毫無所聞的還不止是辜振甫。

據當時「亞東關係協會」駐日代表馬樹禮在回憶錄《使日十二年》書中說：趙耀東事先不僅「未對駐日代表處有過任何示意」，「後悉連行政院孫運璿院長事前也毫無所悉。」

同時，據當時經濟部政務次長王昭明在《回憶錄》中說：「趙部長在國貿局宣布禁止日貨進口，我當時並不知情。……國貿局長蕭萬長來看我，向我報告部長指示，我才得知此事。」

而且，這麼重大的國際事件，外交部事先也未獲得知會。據王昭明說：「我國外交部十分震驚，因為他們事前毫無所悉。」

趙耀東這千鈞一擊，事先未報告長官，未知會有關閣僚，未曾就商於親信部屬或好友，似乎是一時衝動，卻也反映了當時民情輿論對日本在逆差問題上的不滿。因此，立法院鼓掌叫好，輿論界也一致聲援。

日本方面的反應也非常強烈，官方及民間對台灣的指責之聲紛至沓來。日本總認為逆差問題不能完全責怪日本，我國也應負擔部分責任；何況，日本一直在透過管道，與我國協商，共同盡力改善中。不料我國事先毫無警告，竟突然片面採取如此不友善的措施，有違國際慣例。

日本政府通產省內的激烈分子，既對我國經濟部的強烈舉措感到不滿，更擔心國際上其他國家群起效尤，抵制日貨，讓日本無從應付，因之，強力主張以嚴厲手段對我國報復，考慮宣布對我國停止「優惠關稅」待遇，並禁止若干重要生產器材輸出我國。

急速啓動熄滅戰火機制

在戰火初啓之時，由於這是發生於兩國政府機構之間的爭端，辜振甫未直接公開介入；稍後，得悉政府當局並無意讓戰火擴大，且希望民間協力「滅火」，並合力善後，辜振甫這才急速啓動東亞經濟會議機制，同時運用個人在日本的廣泛人脈，配合政府促使日本黨政高層機制介入改善兩國貿易逆差的工作。

日本當時的通產省大臣安倍晉太郎，是前任首相福田赳夫的女婿，和我國黨政關係良好，通產省內激烈分子所擬議的報復計畫未被採納，戰火未再擴大。

日本當時執政的鈴木（善幸）內閣，已將前任福田內閣任內所設立的「對外經濟擔當無任所大臣」職銜撤銷，而改在執政的自民黨建制內新設置一個層級更高的「國際經濟對策特別調查會」，以黨內重量級人物江崎真澄爲委員長。

江崎是日本黨政界資深實力人物，曾擔任過通產大臣、自治大臣、防衛廳長官等要職，在自民黨內做過政調會長、總務會長，並曾代理過幹事長。江崎出任「國際經濟對策會」委員長之後，即以鈴木首相特使身分率團出國訪問，處理日本與各國的經貿糾紛。他雖然不是政府官員，但在執政黨內擔任要職，得到鈴木首相充分授權，他率領的「江崎代表團」出國訪問，到美國見過雷根總統，到英國見過柴契爾首相，到法國見過密特朗總統，他以政治力量處理經貿問題，爲日本解決了不少經貿糾紛。

江崎來訪　解除抵制禁令

我國竭盡朝野各方力量，運用公私人際關係，把「江崎代表團」邀請到了台北，處理兩國的經貿危機。

「江崎代表團」來訪，對我們來說，除了經貿方面的意義外，更重要的，在當時兩國並無邦交的情況下，這位具有日本「首相特使」身分的要員來訪，在兩國人事交往的層級上，應算是一次大突破。他雖然是爲解除兩國經貿糾紛而來，但蔣經國總統、孫運璿行政院長都接見了他。

經過「江崎訪問團」的努力排解，經濟部抵制日貨的禁令，於同年八月及十一月間分兩次全部解除。

辜振甫是促成「江崎代表團」來訪的幕後出力人士之一；江崎來訪前後，對逆差問題的處理，更曾多次探詢辜振甫的意見。因此，對這次突如其來的兩國貿易戰爭，能因「江崎代表團」之來訪而迅速結束，辜振甫內心的欣慰自是不言而喻。

這一年恰是日華斷交的十周年，十二月間，東亞經濟議在東京舉行的時候，辜振甫在開幕式致詞中，對「江崎代表團」的來訪的成就，曾作了一次適切的評議與讚揚。

此次江崎代表團的訪華，無論從那一方面來說，都是進一步改善雙方實質關係的原動力，尤其與我國最高當局就各項有關共同利益問題充分交換意見，並就若干事務性事項達成協議，均屬可喜之事。其中對東亞經濟會議表示積極的承認與支持，並要求提高與會人員的層次及增進會議的功能等等，明確表示日本執政的自由民主黨的態度，我們珍惜江崎代表團來華訪問的旨意，及訪華期間所闢開的管道，全力擴展今後十年的中日經貿關係，邁向第二個十年的合作。

改善逆差　可惜曇花一現

「江崎代表團」來訪的次年——一九八三年，日本果然如江崎所承諾的，組織了一個超大型的採購團，由財界元老東京瓦斯會社會長安西浩率領，來台擴大採購。我國經濟部國貿局也組合國內有關公私機構社團，成立了一個「輸日產品拓銷團」，協助日方「安西採購團」進行採購。

辜振甫是我國「拓銷團」的團長。

在雙方共同努力下，日方在我國增購了一些新項目，逆差情形稍獲改善。但在調整產業結構及提升技術水準等方面，並無進展。

「江崎代表團」所帶來的逆差改善，只是曇花一現；因爲，在隨後的數年內，由於我國政府在政策上積極鼓勵投資高科技產業，力促製造業的發展，加強拓展外銷，使我一躍而成爲全世界第十大製造業產品出口國家。製造業產品出口激增，相對的從日本輸入的生產設備及中間原料也大爲增加。

從「安西採購團」來台採購的次年——一九八四年，到一九九〇年，六年之間，年度雙邊貿易總額從八十億美元，激增爲二四〇億美元，增加了三倍；逆差也從當年被認「駭人聽聞」的三十億美元，激增爲七十億美元，成長了兩倍有餘。

對日經貿外交的得與失

貿易熱戰後十年，一九九二年，這是很有代表意義的一個年份：斷交二十年。

這一年的九月二十九日，斷交日，辜振甫在台北應新聞記者之請，發表談話，檢討二十年來的日華經貿關係。

辜振甫指出：從數字上，比較容易看出二十年來的發展情形：

斷交之時，雙方貿易總額只有十四億美元，如今是兩百八十億美元。

辜振甫說：「斷交二十年，日華貿易額剛好成長二十倍。」

在這個貿易總額下的雙方經貿關係的演進是：

日本是我國最大的進口國；是我國第三大外銷市場；也是外人在我國投資的第一位。

在這份業績單上，覆蓋著一個久抹不去的陰影：逆差。

這一年的逆差也十分刺眼：突破了百億美元大關，竟達一百二十五億美元，剛好也是二十年前逆差六億美元的二十倍。

纏鬥逆差　對國人說直話

談到逆差，辜振甫不諱老生常譚，又強調指出「產業結構和技術水準的落差還是逆差持續大幅成長的基本因素。除非我們改善本身產業結構，提升技術，否則，逆差情勢很難扭轉。」

可是，改善產業結構，提升技術水準，基本上，是我們自己的事，我們不能吵著等日本人來為我們改善產業結構；我們只能要求日本「協助」提升技術水準。我們必須立志躋身先進國家，努力鑽研，期盼超越日本的一天，才能撥雲見日。

斷交二十年後，面對年復一年持續激增的逆差，辜振甫首次對我們自己人說了幾句重話。

辜振甫主持東亞經濟會議二十多年，和逆差纏鬥，直到他於一九九七年，將重擔移交給姪子辜濂松，始終未能將逆差消除。

難免會有人以為這是辜振甫一生經營公私事業及從事國際經貿合作中少見的挫折。他自己卻不是如此想，檢討中日經貿關係，他有一套從宏觀角度著眼的看法。他認為：

中華民國與日本的經貿關係極為密切，兩國在產業結構上接近垂直分工，我國在資本、技術、設備以及市場等各方面，對日本的依存度一向深厚。就貿易的結構來看，我國由日本進口的產品，向來以機械、鋼鐵、運輸工具、金屬製品、化學製品、電機及電氣器具為主，而我國銷往日本的產品，則傳統上以農產品與農產加工品為大宗。

由於中日間的貿易具有上述「不等價交易」的特殊性，所以中日貿易不斷發生日方巨額順差的失衡現象。

日本是我國最重要的進口來源，原因繁多，諸如兩國地理上極為接近、台灣人民能通日文者眾、且向來習慣使用日本產品等等均是，而更重要的，則與雙方經濟發展階段的落差有直接的關係。

我國的經濟發展政策，是經過縝密籌畫，而循序漸進：一九五〇年代是勞力密集的輕工業「進口替代」階段；一九六〇年代是出口擴張階段；一九七〇年代是以發展重化工業為主的第二次「進口替代」及出口擴張階段；一九八〇年代是發展技術密集的高科技產業階段；一九九〇年代以後，則是繼續推動傳統產業升級的同時，加速發展高科技的新興工業。

日本是已開發國家，與台灣一衣帶水，復以歷史淵源之故，它一路走下來的工業化過程，我國極易參循。而歐美國家在地理上，與台灣距離遙遠，運輸成本高，且時效有所不及；復在人文、歷史、社會等各方面差異頗巨，與我國經濟發展銜接不易。因此，我國在工業化發展過程中所亟需的技術、機器設備、原物料及關鍵零組件等，多來自日本。而外人來台投資的件數，日本居冠（如以投資金額論，則日人居次）。

宏觀評析　有其正面貢獻

對日貿易出現巨額逆差，而且持續擴大，是不爭的事實，值得關切。但檢視中日經貿關係，不能單只局限於兩國間直接進出口數字的分析，而應以宏觀的角度作整體的思考。

第一、自日本的源源進口，助使我國對世界各國的輸出持續增加，而使我國整體的對外貿易，在剔除對日逆差後，仍呈現順差，且與時擴大。

第二、我國主要工業設備與加工原料多來自日本，對我國產業結構的改善、轉型與升級殊有正面貢獻。

第三、對日貿易出現巨額逆差，並未對我國失業率造成負面影響，而就業人數因出口暢旺帶動經濟發展而持續攀升。

第十章

國際勞工會議與國際商會

日內瓦初試啼聲

國際事務並不是辜振甫的本行，最初，他也沒有料及會跨行到國際事務的領域中去。只是因緣際會，在他開始創業，起步經營自己的經濟事業之後不久，就有了涉足國際事務的機會；而且，隨後數十年，因著國內、國際政經情勢的發展，由不得他置身事外。於是，憑他的才智、學養，與歷年漸次累積而得的經驗、人脈與聲望，在國際舞台上，他扮演了極其繁重而備受尊崇的角色，爲國家在經濟外交的領域裡，開拓出一片晴空。

時人每以辜振甫政商關係良好而冠之以「紅頂商人」的稱號，其實，就他在國際經濟外交方面的成就以及對國家的貢獻來說，豈是「紅頂商人」這個稱號涵蓋得了的麼！

本來，就辜振甫的家世出身及早年所受教育背景，一般都以爲他跨足國際事務，一定是基於他的日本因緣，而且，一定是以日本爲核心主軸而漸次推展的。但，事實並非如此，他最先是從歐洲跨登國際外交舞台，等到他在歐、澳地區建立了一定程度的人際關係與實務基礎之後，才轉而經營亞洲太平洋地區，再進而擴展到世界性的國際經貿組織中去。

首次參加國際勞工會議

辜振甫首次涉足國際事務，是一九五六年，蔣中正總統選派他代表我國資方，出席在瑞士日內瓦舉行的「國際勞工會議」。

當時，他只有三十九歲，是他協助政府完成台灣水泥公司移轉民營後的第二年，他在改組後的台泥公司當選常務董事，兼任公司協理。想必是因他在協助政府完成台泥公司移轉民營的工作上所表現的才具與能力，獲得蔣總統的賞識，才會選派他參加「國勞組織」第三十九屆年度大會。

辜振甫首次奉派代表國家出席國際會議，心情自是十分緊張，出發之前，他勤做功課，先把國勞會議的歷史、沿革弄清楚，再仔細研究各國所扮演的角色，與我國能夠扮演的角色，以及我國對國勞會議能提供怎樣的貢獻；也許我們在金錢或物質方面所作的貢獻不大，但我們至少有足夠熱忱與各國一起推動會務。

國際勞工組織是爲謀取全球勞工權益，妥善處理勞資關係的一個國際機構，於一九一九年第一次世界大戰後依據凡爾賽和約而成立，我國爲和約簽字國之一，自然就成爲國勞組織的原始會員國。一九四九年第二次世界大戰後聯合國成立時，國勞組織亦隨而成爲聯合國下的一個常設專門機構。

通常，這類國際常設機構的定期年會，會議內容多以各該會的相關專門業務爲主，不會涉及所謂意識形態或政治立場的爭端，但第二次世界大戰後的「冷戰」時期，民主陣營與共產集團國家壁壘分明，幾乎所有國際組織或國際會議中均有兩大陣營相互較勁奪權的情形。中國大陸變色之後，中共政權成立伊始，尚未爲國際間多數國家所承認，包括聯合國在內的各級層國際組織中的代表權，仍爲中華民國政府所掌握，但中共卻是千方百計，透過共產集團其他國家，對我國代表權進行刁難排斥，企圖牽引中共入會。

在這段期間參加國際會議的我國代表團，在會議席上，除了專業議題的討論之外，還得參與保衛代表權的外交戰。

提議調整會費減輕負擔

辜振甫於一九五六年奉派參加國勞年會，正值我們和中共在各項國際會議上的代表權爭奪戰最激烈時期，會議情形不會十分平順，對此，辜振甫早有心理準備，但讓他頗感意外的，卻是有關方面在代表團出發前的會議背景說明中，特別提到一個說大不大，但卻困擾我國代表團多年，而且影響到我國投票權的問題：就是我國在國勞所分擔的會費過巨，致使屢有不能繳足的情形。

事緣我國政府播遷來台初期，百廢待舉，財政困難，尤以外匯短絀，而按國勞憲章規定，會員國積欠會費超過二年時，即不得在大會上行使表決權，因此，我代表團在每屆大會上，經常趕在表決前一刻補繳會費，使積欠不致超過法定期限，以保住表決權。我政府爲求一勞永逸，解除困局，決計在適當時機，提議調整會費，以減輕我國財政負擔。

一九五五年，西班牙獲准入會，讓我國有了申請調整會費的機會。

西班牙在佛朗哥執政早期，因爲是法西斯獨裁政權，被拒絕於聯合國之外，到一九五五年始獲准加入，並同時成爲國勞會員，我國趁西班牙新入會的機會，決定在一九五六年大會上，正式提出調整會費之申請。

我國申請調整會費的理由是：我國原所負擔的會費，是按照中國大陸人口比例計算的，我政府播遷來台後，此項計算標準自應調整，而改按台灣地區人口爲比例重新核算。現在西班牙入會，國勞會費收入增加，則各國會費的分攤比例就會有所調整，我國遂趁此機會提案要求，在其他各國的會費維持不變之下，只減少我國會費，而調減的幅度，略同於西班牙應繳的會費；但另一方面，又不能減得太多，而使我國在會費分攤多寡的排行榜上，落在十名之外。

此項申請案，依規定，必須先在國勞理事會中獲得支持，再提交大會進行討論及表決，經三分之二多數同意始能通過。這整個過程，有賴我代表團成員對與會各國代表分頭進行疏通遊說，爭取支持。當時我們在國際上是「弱勢國家」，這種「拉票」工作自是十分吃力。

辜振甫初次代表國家參加國際會議，就遇上這種打硬仗的大場面，當時確讓他既興奮又惶急。

住平價飯店 但士氣高昂

首場外交戰役，給他留下了數十年後記憶猶新的深刻印象。

他記得，隨團到了日內瓦之後，因爲國家當時很窮，豪華觀光大飯店住不起，只有下榻在La Famille旅館，由字面可知，這是家專供一般家庭渡假用的平價旅館，但當時是爲多難的國家效勞，大家都不在意物質上的享受，士氣十分高昂；日內瓦所有的僑胞也動員起來協助代表團人員工作。

國勞會議會期一共四個星期，所有會議都安排在上午，開完會後，代表團裡再分派工作，每個團員都各有任務，每天都忙到深夜，分別和各國代表溝通，交換意見；幾乎天天神經緊繃，但大家也顧不了勞累。辜振甫對議程內的各項會議，非常認真的參加，他因會前的功課做得踏實，加以精通外語，並具有經營企業及處理勞資關係的實務經驗，討論中發言中肯，獲得與會人士的尊重。至於會場外的意見溝通或社交聯誼活動，他也是活躍人物之一，不是受人邀宴，就是設宴款待別人；這樣的社交場合，辜振甫把握得十分得當。他因而認識了很多國際知名人士，從政界到勞方和資方都有，也學到很多東西，成爲他後來參加國際活動的基礎。

一次花光全部交際費用

當時我代表團的主要成員，來自好幾方面：首席代表是駐義大利兼駐西班牙大使于焌吉，外交部代表是駐法國巴黎大使館參事劉蓋章，政府主管官署代表是內政部勞工司長汪曉滄，勞工代表是全國總工會理事長梁永章，辜振甫則爲資方代表。

辜振甫對當年領軍日內瓦的于焌吉大使，甚爲心儀。

于大使是一位資深外交家，也是我國外交界一位傳奇人物，據說，于氏原是天津的大地主，家庭富有，生性灑脫，美國哥倫比亞大學博士，中西學養俱豐。

于大使駐節歐洲二十餘年，人際關係極廣，他擅於交際，卻不善於理財，他所主持過的使領館，無一不常年鬧窮。辜振甫曾身歷目睹于大使花大錢擺場面的一次「豪舉」：當年政府財政困難，撥給國勞代表團的交際費只有美金兩千元；大會揭幕前夕，于大使和辜振甫共同在當地著名的des Bergues旅館舉行酒會，廣發請柬，各國代表（共一百多會員國，每國代表四人）熱情應邀，場面盛大，冠蓋雲集，爲國家掙足了面子，及至帳單送來，這一場盛宴，就把代表團的全部交際費用兩千美元花光了。于大使看看帳單，簽了字，轉過頭向辜振甫笑著說：

「好，以後就看你的了。」

國勞三十九屆年會，對我國來說，結果相當圓滿，我國所提的調整會費的申請，已獲理事會原則同意，調整額度留待下一屆年會決定。

爭取支持　倬雲夫人拉票

第二年，一九五七年，第四十屆年會，辜振甫仍由蔣中正總統核定爲資方代表；代表團的重要人事，也大體無變動，首席代表仍是于焌吉大使，只有政府主管官署代表由內政部勞工司長汪曉滄換爲內政部次長鄧文儀。

對我國代表團來說，第四十屆年會的最重要議程，就是調整會費的額度。

調整會費的案子，前一年的年會中雖已揭開了序幕，但實質部分的重頭戲——調整額度問題，卻將在本會期才上演。我們所企求的額度能否闖過三分之二多數這一關，實在很難說。因此，代表團此次出征，幾乎可說是只許成功，不許失敗的。

代表團出發前，政府有關單位按兩年來我國所欠的會費數額開了一張美金六十七萬元的支票給代表團，用以補繳之用。大家於是抱定破釜沉舟的決心，務必成功，不容失敗，敗了真是無顏回國見江東父老！

當時，蔣總統對此案也十分重視，曾在代表團出發前召見所有成員，親加勗勉，並特別指示：在研議會費調整額度時，應力求降低，以減輕我們的財政負擔，但須密切注意，不可調降過低，一定要保持在負擔會費最高額的前十名以內，以免失掉我國在國勞組織內常務理事國的席位；而擬議中調降的數額，則與西班牙所將繳交的會費相當，亦即西班牙繳交多少會費，可作爲我國會費擬調降多少的參考。

辜振甫親聆蔣總統這一席話後，他對蔣總統在日理萬機之餘，對國勞組織會費這類瑣事，仍然如此重視，一面叮嚀代表團人員體念國家財政困難，珍惜外匯運用，一面訓勉代表們保持大國氣度，維護國家在國際上的地位及尊嚴，蔣總統謀國的忠誠與心思的縝密，他深爲感動。

代表團到了日內瓦，大會揭幕，代表團人員立即分頭展開工作，最先是和理事會中對我比較友好的美、澳、法、葡等國代表洽商協調，研擬會費調整的額度，然後再分別爭取與會各國代表對會費調整及其額度的支持，以期在大會表決時，獲三分之二以上之支持而定案。

辜振甫承擔的任務最吃重，由他去面見英國籍的大會主席Sir Richard Snedden商討我國提交的會費調整案，辜振甫同時建議，我國雖然尚須補繳六十七萬美元的會費，但如果我國的提案表決通過，則會費便會調降，到時欠款、降款可以互抵，因此，這筆錢似乎暫不急著提交；如果我國的提案不獲通過，屆時再補繳亦不遲。但主席答覆辜振甫：貴國如果表決前不補繳舊欠，自己都沒有投票權，卻要求各國代表投票支持貴國的提案，氣不壯而行不通的。主席的這席話亦有其道理，我國只有把支票趕在表決前送交。

在此等世界級的國際會議上，會員國有一百多國，要爭取三分之二以上的支持，本來就不容易，何況還有共產集團國家的代表在扯後腿，對我國進行破壞，使得我國代表團的拉票工作，更為吃力。代表團成員全體出動之外，並發動我國派駐日內瓦的其他國際機構人員及眷屬，甚至當地的華商、僑領僑胞等，舉凡可以運用的人力資源及人際關係，全都動員起來，各盡所能，向各國代表拉票。

辜振甫此次赴會，帶來了一位得力助手——他的夫人嚴倬雲。

辜夫人出身名門，是我國留英海軍前輩嚴復（幾道）的孫女，曾在上海聖約翰大學受教，擅長英語，熟悉國際社交場合的酬應儀節，來到日內瓦之後，很快就成為各國與會代表與代表夫人們中最得人緣的人物。辜夫人慧心獨具，帶來一批質地精美的絲質披肩，分送常有往來的與會代表的夫人，既美觀，又實用，是最受歡迎的禮品。代表團人員在辛苦拉票之餘，還流傳一則趣談：在社交場合，只要看見有人披著辜夫人帶去的披肩，那準是我們的票。

全場盯人　打贏外交硬仗

事前的拉票固然吃力，但真正讓人緊張而費勁的，卻是投票當天的臨場「固票」工作。由於票數扣得很緊，不容稍有疏失，我國代表團不得不採取籃球賽場上的「全場緊迫釘人」戰術，切實守穩住每一位友我國家的代表，務求他們準時到會；投票前不擅自離場；在表決時，即使剛巧有代表入廁，也得敲門催請出來投票。務必做到精確把握、滴水不漏的程度。

辜振甫記得當年薩爾瓦多的代表曾同意支持我國，但在投票當天，薩國代表卻臨時有急事，必須趕往他地，我國代表團在大會開始前刻才得知薩國代表已去到日內瓦機場準備離開，萬般情急之下，代表團臨時託請與薩國代表交情甚篤的我國社會部派駐日內瓦的專員李晏平飛車趕去機場，將薩國代表攔下，請他回到會場投了票後才離開。

提心吊膽的等待投票計票結束，我國所提的會費調整案，得到比三分之二多數還要多三票的絕對優勢通過了。我國所繳交會費數額經過此次調整後，在所有會員國中排名第十，之前則爲第五。

國勞調整會費案，終於大功告成。辜振甫首次代表國家參加國際會議，打了一場外交硬仗，榮獲勝利，自己也感到十分欣慰。

返國後，內政部長黃季陸曾設宴爲代表團慶功。

經貿外交自此出發

辜振甫以民間企業經營者身分，接連兩年奉派代表國家參加國際勞工會議，他原以爲這樣的殊榮不會再有的了，沒想到五年之後，一九六二年，他竟第三度奉派到日內瓦參加國際勞工組織第四十五屆年會。

這五年之隔，時間不算很長，但在瞬息萬變的世局中，國際與國內的政經情勢及社會生態，都有了不小的變動，其中變動得最大的，卻是與辜振甫有關的一切，無論是他所經營的事業，或是他在企業界的身分地位等等，與五年前都大不相同了。

五年前，他從日內瓦歸國時，仍是台泥公司協理，但隨後五年中，他的身分至少有了三方面的重要改變：

他在本業台泥公司，已升任總經理，全面接掌了台灣最大規模且最具發展潛力的民營經濟事業體的經營權；

他受命籌辦「台灣證券交易所」，並獲選爲證交所的首任董事長，建立了資本市場，跨行投入金融業；

第三、他當選全國工商界最高組織「中華民國工商協進會」理事長，實至名歸，成爲全國工商界的「龍頭」。

他第三度奉派到日內瓦參加國勞會議，應該與他當選「工商協進會」理事長一事有關。

三度赴歐　結識政商要人

辜振甫於一九六一年夏天當選「工商協進會」理事長，他慎重研審當時的國際與國內形勢，認爲「工商協進會」的主要任務，應該是以民間力量，促進國家工業化發展，爲國家開拓對外貿易兩大項。

早年，台灣對外貿易對象只有美國、日本及部分東南亞國家，對歐洲或世界其他地區，幾乎是一片空白。當時，整個東歐封鎖在蘇聯鐵幕之內，西歐諸國，有的早已承認中共，和我國外交關係斷絕；有的雖未承認中共，但和我們也無邦交；少數國家和我國勉強維持著外交關係，卻也在風雨飄搖之中。總之，如要開拓對歐洲等處的經貿關係，正常外交管道無能爲力，只有靠民間力量去打開。

辜振甫認爲，這應該正是他可以致力之處。

他想到五、六年前兩度赴歐參加國勞年會所建立的人際關係，當年在會議場中或交際酬應場合所結交的各國政經顯要或工商巨子，都可以作爲他開拓海外市場的媒介或橋樑。於是，他有了第三度赴歐洲參加國勞會議的計畫。他的這番想法，獲得政府高層的認同，於是，蔣總統第三次選派他出席國勞第四十五屆年會。

一九六二年的國勞年會，並沒有任何與我國特別有關的議題，辜振甫與會的主要目的，是實地觀察歐洲各國的政經貿易情況及社會生態，並與一些老朋友們重聚，再結交一些新朋友，準備在經貿外交戰場上打開出路。

前後三度參加國勞年會，辜振甫累積了豐沛的國際人脈，其中不少國際知名人物，如法國前總統季斯卡、ＩＢＭ的創辦人Tom Watson、以及通用汽車和西屋的董事長等都是。這些國際人脈，不僅讓他很快的在歐洲建立了第一個灘頭堡，作爲台灣向西方世界開拓商品市場的一個重要基地，而且，在隨後的數十年中，他在海外東奔西走，爲台灣經貿外交開闢出數十個交往對象。

瑞士日內瓦的三度國際勞工會議，可說是辜振甫在經貿外交戰場上輝煌戰績的發源地。

進軍「國際商會」

辜振甫接任「工商協進會」理事長，對他個人來說，固然是他平生事業發展大道上一個重要里程碑，對工商界與國家整體發展的互動關係上來說，卻也象徵著一個新時代的來臨；這個新時代的一個顯著特徵，就是工商界從參與國家經濟事務，更進而跨步到積極參與經貿外交事務上來了。

台灣原是一個幅員不廣的海島，自然資源缺乏，國民經濟生活所需物資，無法自給自足，許多民生必需品，如小麥、黃豆、棉花等，均有賴於自外地進口，至於農工生產所需的重要原料，更得仰給於外國；而進口物資，需用外匯，外匯則有賴以出口去換取，因此，對外貿易幾乎就是台灣經濟的生命線。一九五〇年代初期，政府播遷來台之初，台灣出口以糖、米爲主，所得外匯不足以支應進口所需，以致每年均有巨額入超，全靠美援彌補。隨後，政府大力發展經濟，分期施行「四年經濟建設計畫」，在先後完成第一、第二兩期「四年經建計畫」之後，成效卓著，農工生產量激增，國民生活獲得顯著改善。及至進入一九六〇年代，第三期「四年經建計畫」施行中途，經濟發展遭遇了瓶頸。

積極拓展農工外銷市場

由於工業生產設備及技術的改善，生產力提高，原來仰給於進口的若干物資，國內不僅可以自行生產供應，且多有剩餘，亟需另覓出路，擴大出口。同時，原有的農工業產品既已過剩滯銷，就必須建立新的出口工業，購置新的生產設備，也需用外匯。因此，積極擴展外銷，開拓國外市場，已是當時發展經濟的當務之急。辜振甫接任「工商協進會」理事長後，把「積極推展國際事務」列爲首要工作，原因在此。

加以，我國此時在國際外交上的處境十分侷促，許多國家都和我國斷絕了外交關係，我們的對外貿易，不僅不能得到政府外交上的助力，反而，我國的國際外交關係，還得靠民間商務關係來聯繫維持。這也是辜振甫這位「工商界龍頭」義不容辭的一項任務。

既要擴展國際市場，就要放大腳步走出去，置身於國際商務活動的運作機制之中，如是，進軍「國際商會」，遂成爲辜振甫擴展國際事務的第一目標。

「國際商會」是一個由各國工商界領導人士組成的國際性經濟團體，可說是工商企業界的「聯合國」。我國原為「國際商會」的會員國，但大陸變色後，政府遷台，百廢待舉，未顧及與「國際商會」保持聯繫，遂致會籍被撤銷，及至辜振甫代表我國向「國際商會」申請恢復會籍時，才發覺頗多困難，並未如想像中那麼順利。

首先，依據「國際商會」章程，會籍既被撤銷，不得申請恢復，必須重新申請入會。新會員申請入會，手續甚為繁雜，尤其是我國，情況特殊，中共已在北京成立了「中華人民共和國」政權，雖然，中共尚未申請入會，但會員國中的共產國家卻對我國的入會申請百般刁難阻擾，一時無法突破。

突破國際商會會籍難關

辜振甫決定以「雙管齊下」的策略，來突破「國際商會」的會籍難關。他一面遵照章程規定，先在我國自己內部做好入會準備，再向「國際商會」辦理入會申請的一應手續；一面卻積極推動「亞洲商會」的擴大改組，然後再以「亞洲商會」為基點，擴大籌組成亞洲區域經濟組織，以突顯我國的經建成就及我國在亞洲經貿方面的地位，有助於我國向「國際商會」叩關。

辜振甫在菲律賓商界領袖慕洛資（Demetrio A. Munoz）所組成的「亞洲商會」中

正式提議擴大組織，邀約澳洲、紐西蘭入會。經過一年的聯絡籌備，辜振甫成功的將「亞洲商會」擴大改組爲「亞太商工總會」（當時叫做「亞洲商工聯合會」），在台北舉行成立大會，慕洛資當選爲理事長，辜振甫當選爲副理事長。

「亞太商工總會」的順利組成，頗令國際工商界對中華民國經濟實力刮目相看。

說來也真湊巧，當「亞太商工總會」的成立大會於一九六六年五月在台北盛大舉行的時候，「國際商會」第十四屆亞洲暨遠東地區委員會在東京舉行，「中華民國工商協進會」獲邀以貴賓身分參加；辜振甫因須在台北主持「亞太商工總會」的成立大會，不克分身，東京的大會遂由「工商協進會」常務理事陳啓清率團前往。

東京的會議與我國申請恢復「國際商會」會籍一事極有關聯，會議中曾討論到有關我國恢復會籍的一些細節問題。東京會議結束後，國際商會爲了協助我國加速辦理各項有關手續，特地派遣「商會」對外關係組組長來華訪問，辜振甫邀集工商界各社團領導人等聯合接待來訪貴賓，並商討進行入會有關事宜，與會人士共同決定組織「國際商會中華民國委員會」，公推辜振甫爲主任委員，積極展開各項準備工作，隨即向「國際商會」正式提出入會申請。

同年十一月，「國際商會」理事會在巴黎舉行，辜振甫專程赴歐出席，在當時擔任美援會稽核小組組長陶聲洋的協助下，由辜親自向「商會」理事會說明我國重行申請入會案原委，並就我國近年經濟發展、工商業發達及貿易情況等提出報告，獲得與會理事們的稱許。辜振甫記得當時總會會長丹麥銀行家馬克・瓦倫堡（Mark Wallenberg）聽過他的報告後，曾加讚許說：「他們的私人企業的確發展得很好。」

恢復會籍　勾銷積欠會款

理事會通過了我國的入會申請案，我國的會籍因而恢復，且戰時所積欠的會款也不必補繳。

這是辜振甫接掌「工商協進會」後，在經貿外交上「旗開得勝」的一次大捷，他苦心經營了好幾年，終於爲國家在這個堪稱世界商業貿易總部的國際組織中，攻占了一席之地。

國際商會三十年

「國際商會」是一個規模龐大、會員國遍及歐、美、亞、澳各洲的工商界的國際組織，有錢有勢，也是世界級的民間國際組織中活力最充沛、會務活動最多的一個。「商會」組織體系完備周全，總會設於巴黎，總會之下，世界各地區及各會員國內均分別設有委員會，活動頻繁，對世界各國商務交流、互動，及全球經貿總體發展的促進，貢獻至大。

我國在國際外交環境日見窘迫的情況下，「國際商會」會籍得以恢復，使我國在經貿外交上占有一席活動基地及發展空間，自是令人振奮的事。爲「國際商會」恢復會籍致力最大的辜振甫，對這得來不易的成果，更是十分珍惜。因此，當他以「國際商會中華民國總會」主任委員身分，代表我國出席「國際商會」的各項會議或各類活動時，他都熱烈參與，態度認真而積極，加上他本人的學識、修養與才華，很快就贏得了各國代表及同僚們的重視。

一九六九年六月，「國際商會」第二十二屆會員大會在土耳其伊斯坦堡舉行，大會的中心議題是：「國際性企業在國際經濟成長中所扮演的角色及其權責」。

當時，「國際商會」會長亞瑟．華特生（Arthur Watson）是美國IBM公司的東主，而IBM正是世界上最大的國際性企業；同時，在全世界最大型的國際性企業中，屬於美國者占了幾乎百分之七十，遙遙領先於其他任何國家。

美國國際性企業的一枝獨秀，對國際經濟總體的成長，雖然不無助力，但對世界其他國家所造成的威脅與壓力，確也巨大得讓人無法忍受。最早遭受美國國際性企業「侵入」的，是工商業比較先進的西歐諸國，及至一九六〇年代末期，進入西歐諸國的美國系統企業，已接近飽和狀態，美國企業遂改而以日本、澳洲等亞太地區國家爲目標，引起了日、澳等國的警戒及拒阻。一九六八年秋天，美國IBM公司總裁亞瑟．華特生以「國際商會」會長身分，專程訪問東京，要求日本敞開門戶，實施全面自由化政策，未獲日本同意。

參與國際商會宣言起草

「國際商會」大會以「國際性企業在國際經濟成長中所扮演的角色及其權責」爲中心議題，目的就在透過國際會議場合，謀取國際性企業與地主國之間的協調，制訂有利於雙方的合理規範及合作模式，以達成互利之目的。

美國系統企業既然選定日本、澳洲等亞太國家爲發展目標，則當時擔任「亞太商工總會」理事長、而被視爲亞太地區工商企業界代言人的辜振甫，在「國際商會」本屆大會中的身分與發言地位，自然不同凡響了。

本屆大會由於中心議題牽涉甚廣，而且影響深遠，所以極受世界各有關方面的關心與注意，參加會議的各國商界首腦近兩千人。對議題最表關心的日本、澳洲、印度等國，都由重量級的工商界領袖與會。日本代表是曾任財政部長、商工部長、當時任帝人公司社長的大屋晉三，及曾任社會福利部長、後改任山下新日本汽船公司社長的山形勝見等；澳洲代表是歷任政府要職的史谷脫爵士，印度代表是工業鉅子比爾拉。顯然，各國代表都是有備而來。

在討論過程中，辜振甫展現了卓越的溝通協調技巧及說服力，大會在獲得若干原則性的共識與結論之後，決定發表一項大會宣言，說明大會對此項眾所關心的中心議題所獲的初步結論及建議，辜振甫經大會推選爲大會宣言的起草人之一。

表現出色　當選執行理事

辜振甫在「國際商會」大會及各有關委員會上的出色表現，受到同儕們的肯定與推崇，他先後當選「國際商會總會」副理事長（一九六六年），及「國際商會亞洲及遠東地區委員會」主席（一九七一年）。且於一九九四年再度出任「國際商會」理事會執行理事。

一九七〇年代初期這段期間，正是我國在國際外交上處境最顛危艱困的時候。由於美國總統尼克森宣布將訪問北京與中共修好，這使得我國所面臨的國際外交形勢突然發生巨變，對我國影響最大的是聯合國代表權的保衛戰，一九七一年十月二十五日，我們曾苦守了二十年的聯合國席次終於被中共奪走，我全國上下一時爲之驚惶失措，民心士氣更一落於谷底。

此際，辜振甫適時的做了一樁非常有助於振奮民心士氣的事：一九七二年四月間，我國被迫退出聯合國後不到半年，國人仍未完全擺脫「我們是否已成國際孤兒」的疑懼迷惘之際，辜振甫在台北舉行「國際商會亞洲及遠東地區委員會」第二十屆大會，數十個亞洲及遠東地區國家的代表團齊集台北，熱鬧了一陣。其實務上的重要性如何，姑且不論，單是此一國際會議在台北舉行的事實，就顯示我們在國際社會中並不孤立，在以經貿爲主軸的務實外交方面，我們仍是國際社會不可或缺的一員。

廢氣排放量　主張分等級

其後，自一九八八年起，聯合國開始籌辦一系列會議，研討全球溫室效應對氣候將產生負面效果的問題。辜振甫代表「國際商會」出席會議，在會中發言指出：低度開發國家財政困難，技術落後，並無處理環保問題之能力；而開發中國家則認爲地球之有污染，先進國家是禍首，豈可以先進國家現在訂定的環保標準，加諸於開發中國家，而遏制其經濟發展？辜振甫遂提出建議，對於廢氣排放量的削減幅度，應視各國的經濟發展程度而予以等級化，亦即先進國家、新興工業國家、開發中國家、低度開發國家的標準各有不同。

辜振甫代表「國際商會」出席聯合國此一系列的專題會議，並曾爲開發中國家作此不平之鳴的呼籲，在會場受到低度開發國家代表的熱烈響應；此時我國被迫退出聯合國已十七、八年，聯合國各項會議席上久已不見我國代表的身影，辜振甫之與會，並作此重要發言，甚爲各方重視。

說來也真是巧事，此次會後將近十年──一九九七年，亞太經濟合作組織APEC領袖會議在加拿大溫哥華舉行，辜振甫代表李登輝總統參加，會議主題之一是「防止溫室效應惡化」，辜振甫和美國總統柯林頓會談時，又提出國際環保標準應視各國經濟發展程度而予以等級化的主張，柯林頓極以爲然；此項主張，後來就載在領袖會後的宣言中，隨後又在京都協議中獲得一百五十多國通過，在國際上獲得普遍認同。

西班牙的護旗風波

辜振甫從我國會籍恢復成功的一九六六年開始，就以「中華民國工商協進會」理事長身分，擔任我國參與「國際商會」會務的代表，一直到一九九六年他交卸協進會理事長職務後爲止，整整三十年。

這三十年間，我國在國際外交領域上，受中共不斷逼壓，到了幾乎無處容身的窘境，辜振甫以民間企業界領導人身分，憑藉著「國際商會」遍及於世界各重要國家的組織架構及運作體系，發展國民外交及經貿外交，爲國家在國際社會上開拓出一片大好空間。

三十年代表國家轉戰於國際外交戰場，自難免有和中共方面的代表人員正面交鋒的機會。此種機會，近年在亞太地區經濟合作組織如ＰＢＥＣ（太平洋盆地經濟理事會）、ＰＥＣＣ（太平洋經濟合作會議）、或ＡＰＥＣ（亞太經濟合作會議）等場合，當然更多，但想及早些年海峽兩岸尚在武力對峙時代，雙方交手的情形，和今天就大不相同了。

早年，兩岸人員在國際會議場合，即使沒有當場相遇交手，也難免會演出劍拔弩張的場面。

換旗風波　緊張也很感人

辜振甫最忘不了的，是一九七五年在西班牙參加「國際商會」會員大會時所發生的懸掛國旗風波。

這是他首次在國際會議場合直接面對中共欺逼的壓力。這一場「換旗」風波，雖然沒有和中共方面的人員正面交手，但也是短兵相接，讓他感受特深，留下了難以忘懷的印象。

一九七五年的西班牙，已在兩年前和我國斷了邦交，改和中共建交；中共在馬德里設有大使館，我國則設有代表處。當時，中共並不是「國際商會」會員，不會參加會議；辜振甫事前也未想到會有任何意外發生，他一如以往，攜同夫人嚴倬雲一起赴會，並帶了剛從美國學成歸國的長女懷群同行。

「換旗」風波的經過，很緊張，也很感人，是辜振甫夫婦數十年忙碌於國際外交活動中一段難忘的經歷。

當年，辜振甫夫婦帶了女兒在大會開始前兩天就到了馬德里，由我國駐西代表王飛陪同去會場走走看看，到了會場前的廣場上，一排列旗桿上分掛著與會各國的國旗，經仔細查看，竟發現中共的五星旗懸掛在一支旗桿上，卻不見我國國旗。中共不是會員，根本沒有來參加會議；中共和西班牙建交時，雖曾約定不許中華民國國旗在西班牙出現，但我國是會員國，依國際慣例，懸掛會員國國旗是光明正大的事。而五星旗之所以會掛出來，經過查詢，知道是因爲會務人員把我國和中共的旗幟有所混淆之故。於是，辜振甫等人當場決定「換旗」，馬上動手，王飛等幾個人合力把中共五星旗拉下來，升上中華民國的青天白日國旗。辜振甫夫婦並交給女兒懷群一個「任務」：讓她在會議期間每天到廣場來查看旗子有無異樣。

愛國護旗　夫人感動落淚

兩天後，大會揭幕。大會廳內的掛旗　也換上了我國國旗，開幕典禮由西班牙皇太子卡洛斯主持，我國的青天白日國旗恰好出現在皇太子背後，當地電視都照了出來。中共大使館人員看了電視很生氣，立即向大會抗議。但「國際商會」會長Lambert（義大利籍）對我國很友好，不理會中共的抗議，一直到會議的最後一天，中共方面忍無可忍，遂透過西班牙外交部向大會施壓力，會長不能再讓地主國爲難，這才把我們的國旗降下來。

最後一天的歡送酒會，因爲我國國旗被降下來，辜振甫夫婦以電話與外交部長沈昌煥計議而拒絕出席，我國代表團的幾位年輕團員去參加了。酒會會場裡及四周裝飾著會員國的許多紙製小國旗，我們的國旗也在其中。幾位年輕團員，拿著酒杯，一起繞場一周，每見到我國國旗，就停步乾酒一杯，並把國旗取下，用細繩連接起來，掛在脖子上走遍全場。結果，幾位年輕人胸前掛滿了國旗，也都喝醉了。

歡送會結束時，已是凌晨兩點鐘，幾位年輕團員回到旅館，到辜振甫夫婦房間敲門，辜振甫門一打開，他們一擁而入，各人都把身上的國旗拿下來，套掛到辜振甫胸前。多年後，個性朗爽而熱情的辜夫人說到當年往事，仍不禁激動的說：

「這些年輕人的愛國行爲，好讓我們感動，當場，我忍不住眼淚就淌下來了。」

第十一章

亞太區域經濟組織（PBEC與PECC）

區域經濟合作組織——從構想到成形

「區域經濟合作」是二十世紀中期以後出現的新觀念，在此觀念出現的同時，太平洋沿岸國家一些有識之士有鑒於世界政經活動中心，尤其是經濟發展核心，已呈現由大西洋逐漸移轉到太平洋的趨勢，因而提出所謂「二十一世紀將是太平洋世紀」的說法。

上述兩項理論交集之下，太平洋經濟合作的主張及構想，就漸次成形了。

辜振甫因緣際會，在太平洋區域經濟合作思潮正盛的一九六〇年代初期，恰以民間企業家身分，跨足到國際經濟外交領域；加以，在他早期訪問歐洲的多次行程中，得以親眼目睹「歐洲共同市場」的組成，這是區域經濟整合成功的範例，帶給他對區域經濟合作的更大興趣與信心。

另一方面，在他爲配合國內經濟發展而致力於開拓海外市場的過程中，他發現太平洋沿岸國家，在貿易、投資及金融等各方面，頗多互相倚賴之處，如美國、日本、澳洲及泰國等，在太平洋地區的貿易，都占到它們各自對外貿易總額的百分之五十以上；其他如菲律賓與韓國，更高達百分之七十至八十；在投資方面，美國在太平洋地區之投資，占其海外總投資的百分之三十五，日本更占到百分之五十六以上。太平洋沿岸國家在經濟上相互依存關係如此密切，各國之間，自然就產生了進一步加強政治、經濟等多方面合作的意向。此一意向，一方面反映出各國都在企求擴大貿易及投資利益；另一方面，更顯示出各國爲了避免經濟關係的分裂，必須採取積極步驟，以進行合作組織的籌建。

太平洋沿岸諸國的此項意向，與我國正在奮力開拓海外經貿關係的發展方針，可說是不謀而合。

辜振甫把握住此一趨勢與契機，立即全心全力投入，在十分不利的國際外交環境中，不斷受到中共的惡意打壓與排擠，但辜振甫百折不撓，奮力苦戰，終於順利加入各有關組織成爲活躍而有力的中堅分子，最後並大力協助我國搶進了亞太區域經濟合作的官方國際組織──亞太經合會APEC──之中，和美國、日本、加拿大、澳洲與中共大陸等其他會員國，平起平坐，同壇議事。

在辜振甫從事國際事務四十年的漫長歲月中，他在亞太經貿合作方面，著力最多，身經百戰，雖然艱苦備嚐，但最後終能得到令人滿意的戰果，對此，他是無怨無悔的。

亞太兩大區域經濟組織

綜合說來，亞太地區民間性質的國際經濟合作組織，就其成立的先後順序來說，較重要的有三個：

一是「太平洋貿易暨發展會議」（Pacific Trade and Development Conference, PAFTAD）；

一是「太平洋盆地經濟理事會」（Pacific Basin Economic Council, PBEC）；

一是「太平洋經濟合作會議」（Pacific Economic Cooperation Conference, PECC）。

上列三者之中，「太平洋貿易暨發展會議」（PAFTAD）是由日本小島清教授所創設及主持。小島教授早在一九六〇年代初即提出「太平洋自由貿易區」的構想；他的構想及主張以後即成爲帶動太平洋經濟合作理論發展的主力之一。但是，他所創設的「太平洋貿易暨發展會議」比較偏重於學術方面的研討，而且，此組織早期頗受親中共的日本前外務大臣大來佐武郎的影響，對我國頗不友善。大來出身教育界，曾任東京一橋商大（現爲一橋大學）校長，一橋商大以培育商界人才聞名；與以培育政界人才聞名的東京帝大，同爲日本的名校。辜振甫和大來原是老朋友，但因政治立場不同，辜振甫極少參與PAFTAD的活動。

辜振甫對其他兩個組織，都積極參與，一直保持著密切關係。他在這兩個組織中的傑出表現及所建立的人脈關係，使他後來成為我國爭取加入官方國際組織「亞太經濟合作會議」（APEC）的最得力推手。

太平洋盆地經濟理事會（PBEC）

「太平洋盆地經濟理事會」（PBEC），是本地區中，由各國企業團體發起成立最早的民間國際合作組織，也是辜振甫率領我國工商界參加的第一個區域經濟合作組織。

PBEC最先是由日本與澳洲兩國的企業團體發起，於一九六七年四月間，在日本東京成立，爲一純民間組織；最初參加的，只有日本、澳洲、美國、加拿大、紐西蘭五個工業先進國的銀行家與工商企業界人士；組會宗旨在增進區域內各國民間企業家的聯繫與了解，增進彼此間貿易、投資、金融、技術的合作與交流；每年五月在太平洋沿岸國家召開一次國際年會。

PBEC初期是由日本主導，第一任主席是日本富士鋼鐵公司總裁永野重雄，任期一年；第二任主席仍由永野連任。

PBEC成立之時，正值辜振甫擔任「亞太商工總會」（CACCI）第二屆理事長任內；兩會宗旨頗爲相近，同爲增進亞太區域內各國經濟貿易方面之合作與交流，但兩會組成團體及成員不盡相同，CACCI係以亞洲各國之商會組織爲基礎，而PBEC當時則僅限於區域內五個工業先進國而已。

辜振甫對PBEC之成立，極爲關注；尤其，他曾於一九六七年夏間，在CACCI理事會上，爲求區域經濟合作計畫之切實推展，曾提議設立亞洲民間投資公司及亞洲農業技術服務中心，經理事會決議前者由日本負責就設立該公司之可行性加以研究，後者則交由我國擬具有關章程及工作計畫草案等。關於民間投資公司之設立，實有賴於太平洋區域工業先進國家的私人企業家的大力合作，此時，辜振甫尚未參加PBEC，但PBEC一九六八年的年度大會中，其主要議題，即包括有「亞洲民間共同投資公司的設立」一案，可見辜振甫在CACCI所提此項建議，已經透過日本而得列入PBEC年度大會的主要議題之中；這件事，讓辜振甫更體認到PBEC對於促進亞洲區域經濟合作的重要性，因而極力要求PBEC擴大組織結構，接受具有實力的開發中的國家加入，以增進亞洲太平洋地區經濟的成長與繁榮。

兩年後，一九七〇年，PBEC決定擴大參加者範圍，同意開發中國家企業界人士以觀察員身分列席年會。辜振甫即以中華民國工商協進會理事長身分，應邀列席在日本京都舉行的第三屆年會。此後，每年年會他都應邀率團參加。

辜振甫一連做了十四年的觀察員。這些年中間，他出席年會雖然只是「列席」資格，但卻積極參與會務活動及會議討論，他的發言、意見及處事能力，獲得各會員國代表的高度肯定。

力阻俄共加入ＰＢＥＣ

一九七四年，ＰＢＥＣ以開發中國家爲成員，成立了一個專門處理開發中國家事務的「太平洋地區會員委員會」（Pacific Regional Committee），辜振甫膺選爲委員會副主席。（嗣後因該委員會的英文縮寫與中共國名的英文縮寫相同，均爲PRC，易生混淆，而於一九八一年更名爲「地區會員委員會」，英文爲"Regional Member Committee"）一九八一年，辜振甫又獲選爲ＰＢＥＣ「太平洋經濟共同體特別委員會」（Special Committee on Pacific Economic Cooperation）委員。

辜振甫在ＰＢＥＣ作觀察員的這段時間中，我國在國際外交戰場上卻連年受挫。

一九七一年，我國被迫退出聯合國，接著，重要盟國如加拿大、日本、澳洲、紐西蘭等，相繼與我國斷交，國家處境愈來愈艱困。這時候，幸而我國在經濟建設方面憑著連續六期的四年經建計畫打下紮實基礎，全國上下在國際外交屢受重挫之際，咬緊牙關，本著「處變不驚、莊敬自強」的信念，繼續埋頭於經濟建設，並全力從事經貿務實外交之開拓，總算在國際社會上勉強站穩了腳步。

可是，非常不幸的，當我們正打算假道經貿外交，一步一步走回國際社會的時候，我們在外交上又受到一個嚴重衝擊。一九七九年初，美國卡特政府與我國斷交。我國和中共在國際上的地位與氣勢，一向是互為消長。中美斷交之後，我們的氣勢陷入谷底，中共卻氣燄大盛，在國際上對我們的打壓更厲更緊，甚至對從來不容許共產國家參加的民間自由企業組合的國際組織也不放過了。

就在美國與我國斷交的一九七九年五月間，PBEC第十二屆年會在美國洛杉磯舉行，開會之前，中共與蘇俄均透過有力管道表示有意參加會議，經大會主席提交營運委員會討論。

辜振甫深知中共如果獲准入會，必然會對我國之入會橫加阻擾，因之，在營運委員會上，辜振甫對共產國家之申請入會，力持反對。他義正詞嚴的指出：PBEC憲章明定會員國必須為奉行市場經濟制度的國家，中共與蘇俄均實行共產制度，根本不合入會資格。

辜振甫的主張，獲得多數與會代表贊同，中共、蘇俄入會申請未獲通過。

但中共並未死心，以後還曾多次表示希望受邀與會，年會中亦多次提出討論，均遭拒絕。

修改章程　中韓聯袂入會

辜振甫因見中共對加入ＰＢＥＣ志在必得，爲了防止中共萬一入會得逞而阻擾我國入會，我國必須搶先申請加入爲正式會員。

但ＰＢＥＣ大部分會員國與我國均無邦交，這是我國申請入會的一個大障礙，因爲，這些會員國與我國既無邦交，就是表示它們不承認我國爲主權獨立的國家，而當時比較正式的國際組織，成員都是以國家爲單位，在這一點上，中共卻比我國更「合格」於申請入會。

因此，我國要入會，必須設法突破此國際外交程序上的障礙才行。要突破此障礙，相當困難，須得從修改大會章程著手。辜振甫煞費苦心，請教專家，思考現況，終於研擬出一套可行方案，等待適當時機提出。

一九八三年，第十六屆年會在南美洲智利舉行，我國即與亞洲另一新興工業國家、並和我國仍有正常外交關係的大韓民國，聯合申請加入爲正式會員。

大會經慎重研議討論後，爲了解除我國入會障礙，決定採納辜振甫所提的方案，修改章程，會員不再以國家爲單位，會員單位名稱不再是National Committee，而改稱

Member Committee。

我國則比照「國際商會」模式，以“Chinese Member Committee of the PBEC in Taipei”名稱申請入會。

此項「突破」及入會模式之創立，非常可貴，以後PECC及其他類似國際組織遭遇到「國家主權」問題時，均按此模式處理，中共再無反對我入會的藉口。

「名稱」障礙既已排除，辜振甫在政府的認可及指導下，聯繫國內大型工商企業，成立「PBEC中華民國總會」，辜本人當選理事長，並隨即將我國總會組成事宜，陳報PBEC總部，同時正式提出入會申請。

PBEC總部曾特地派遣菲立浦．哈比（Philip Habib）大使、PBEC國際秘書長馬克．厄爾（Mark Earle）、PBEC美國總會副主席保羅．吉伯生（Paul Gibson）所組成的代表團，專程來台視察PBEC中華民國總會的各項活動及未來計畫等。

視察結果，極表滿意。

一九八四年第十七屆年會在加拿大溫哥華舉行，我國與韓國同時獲准通過成爲正式會員。

榮膺PBEC國際總會長

ＰＢＥＣ原本是由地區內工業先進國所組成，正式會員只有五個，自從我國與韓國以經濟發展卓然有成而獲准加入爲正式會員後，即不再有所謂開發國家與開發中國家之截然劃分，凡太平洋地區國家合於入會條件者，經過入會申請程序，並獲大會通過，即可成爲ＰＢＥＣ之一員。此後陸續加入的新會員，有墨西哥、智利、香港、秘魯、馬來西亞、斐濟、菲律賓、中共、俄羅斯、哥倫比亞、泰國及印尼等。我國之入會，實使亞太地區內的開發中國家受惠不淺。

辜振甫在我國取得ＰＢＥＣ正式會籍之後，更是名正言順的積極參與會務及各項活動。新加入的會員國逐年增多，辜振甫儼然成爲新會員國家的代言人。

一九八八年，第二十一屆國際年會後，辜振甫膺選爲ＰＢＥＣ國際副會長。在他當選爲國際副會長的第二年（一九八九年），ＰＢＥＣ第二十二屆國際年會由我國主辦，在台北盛大舉行。辜振甫在政府全力支持下，大會辦得有聲有色，與會人數達五百人，可說是空前盛況，來台參加年會的國外代表，對我國經濟建設的成果及社會民生的繁榮富庶，都留下深刻印象。

一九九〇年，辜振甫在ＰＢＥＣ於日本舉行的第二十三屆年會上，更上層樓，膺選爲國際總會長，負責主持一九九一年在墨西哥舉行的第二十四屆年會。

辜振甫以新興工業國家代表當選國際總會長身分主持年會，在ＰＢＥＣ二十多年的發展史上，又是一項前所未有過的「新紀錄」。以往歷屆年會，都是由美、日、加、澳、紐五個工業先進國的會長輪流主持，辜振甫是新興工業國家代表主持年度大會的第一人。這固然是由於我國的經濟建設成果及經貿實力已經接近世界工業國家的水準，故能獲得各工業先進國家的肯定；同時，這也是由於辜振甫個人的能力、才識爲各會員國同儕所推重及信賴的緣故。

辜振甫主持下的墨西哥年會，規模空前，與會的各國代表達八百多人，是當時國際間一大盛事，共產集團的蘇聯也派遣學者多人前來旁聽，中共除了派新華社記者到場採訪之外，也特地派人以PBEC墨西哥委員會的客人身分到場旁聽。

辜振甫最感得意的，是大會期間，三位國家元首——墨西哥總統薩鱗納、秘魯總統藤森、哥斯達黎加總統傅涅，和他並坐在台上，三位元首除分別致詞外，並參加由他主持的「總統公開座談會」，就大會主題「太平洋盆地的開放市場模式」進行三小時討論，交換意見。

有三個國家的總統參加會議，並一同參加大會主題討論達三小時，這也是PBEC年會前所未有過的盛事。

辜振甫多年後談到當年盛況時，還說：

這並不是我個人的光榮，這是讓中共知道，我們雖然被逼退出了聯合國，但在國際社會上，我們仍有大展鴻謀的空間。

助人自助　志在APEC

辜振甫還談到在墨西哥主持ＰＢＥＣ年會時巧妙施展外交謀略運用的一樁秘事：

當時，他曾以大會主持人身分，對於那一年新加入的會員國馬來西亞代表特別致意表示歡迎，並屬意馬來西亞代表促成斐濟、印尼、菲律賓及新加坡等東南亞國協國家加入ＰＢＥＣ。辜振甫說，他當時之所以極力爭取東南亞國協的這幾個國家加入ＰＢＥＣ多少有一點「謀略」作用，因爲，這時候，澳洲霍克總理所發起的亞太經合部長會議ＡＰＥＣ即將在半年後舉行，而東南亞國協六國，都是ＡＰＥＣ的會員國，這些國家如果加入了ＰＢＥＣ，兩邊會籍重疊，必然方便於將來兩會會務的「合併」，屆時，也就是辜振甫所極力建議的「在ＰＥＣＣ（或ＰＢＥＣ）架構下召開部長會議」主張之實現了。辜振甫所最在意的，始終是在促使我國及早順利進入政府間的國際組織ＡＰＥＣ。

ＰＢＥＣ持續發展，涵蓋了太平洋區內所有重要國家，它所代表的經濟實力及政治影響力，不是其他一般民間國際組織所可比擬；ＰＢＥＣ國際年會除了提供各會員國意見交流及相互諮商的好機會之外，每屆年會，主辦單位並安排與太平洋國家政府官員舉行會談。歷屆出席會談的各國重要官員，包括美國國務卿舒茲、日本首相海部俊樹、日本外相安倍晉太郎、韓國總統金泳三、韓國總理盧信永、加拿大外長喬．克拉克、菲律賓總統羅慕斯、紐西蘭總理大衛．朗吉、新加坡總理李光耀、馬來西亞總理馬哈迪等。ＰＢＥＣ的地位，愈來愈見重要。

一九九二年，辜振甫在ＰＢＥＣ國際總會長的任期屆滿卸任，他同時辭去了在ＰＢＥＣ組織中的所有職務，交由姪子辜濂松接棒。

太平洋經濟合作會議（PECC）

太平洋地區工商界領袖們合力經營PBEC十多年之後，終於發現太平洋區內各國文化、語言、歷史、政治體制及經濟發展程度等，差異極大，要想成立像歐洲經濟共同體的組織，固然不可能，但是，如果僅由民間工商界及學術界所成立的組織，來推動區域內各國之間的經濟合作，實在無法奏功；爲求收到區域經濟合作的實際效果，必須有政府力量的介入，遂有了籌組一個由政府、企業界及學術界三方面力量結合而成的組織之擬議。但一方面爲了避免會員國之間政治立場的對立或衝突，另方面慮及各國政府官員不願以官方身分參加，以免受制於這個擬議中將成立的新組織，因此決定各國政府官員將以私人身分參加。

這就是「太平洋經濟合作會議」（PECC）的最初構想。日本及澳洲是亞太地區內工業先進國家中對區域經濟合作最爲熱心的兩個國家。

一九八〇九月，當時的日本首相太平正芳與澳洲總理佛瑞塞（Malcolm Fraser），聯名邀集了十四個太平洋國家或地區的學者專家、企業領袖及以私人身分參加的政府官員，在澳洲首府坎培拉舉行「太平洋共同體研討會」（Pacific Community Seminar）。這是PECC的前身。

當時會中決定，以後每隔十八個月召開會議一次；大會閉幕期間，則定期召開常務委員會議，處理重要會務，並舉辦各項任務小組研討會。

一九八二年六月，召開第二屆會議，始確定使用「太平洋經濟合作會議」（PECC）這個名稱；並追認「坎培拉研討會」即為PECC第一屆大會。

力辯兩岸毋須合併處理

第一屆大會時，我國與香港均被列為「政治敏感地區」，未獲邀請參加；大會閉會期間的各項活動，我國亦未參與。

辜振甫認為PECC既然也是為推動太平洋區域經濟合作而成立，更是從工商業取向的PBEC衍生擴大而成的「三合一」國際組織，我國當然應該積極爭取參加，因此，PECC第二屆會議於一九八二年召開的時候，辜振甫經向政府有關方面請示後，即由他出面向主辦單位表達參加會議的意願。可是，也因一部分會員國礙於政治顧慮，未同意我國正式參加會議，僅接受我國由辜振甫率團以觀察員身分列席。

此時，我國在PBEC亦尚未獲准爲正式會員，每年仍由辜振甫率團列席年會，但辜積極參與會務活動，極獲同儕敬重，並已先後膺選爲「地區會員委員會」副主席及「PBEC太平洋經濟共同體特別委員會」委員。我國直到一九八四年始和韓國同時獲准爲PBEC正式會員。

PECC第三屆（一九八三）、第四屆大會（一九八四），辜振甫均代表我國以觀察員身分列席；在每屆大會上，辜振甫都表達我國正式參加的意願，但均因政治因素作梗，未獲准許。

當年，我國政府爲了鼓勵及指導民間企業界積極參加亞太地區經濟合作方面的組織及活動，行政院特地成立了一個「參與亞太地區經濟合作指導小組」。一九八四年二月間，指導小組決定以實際行動加緊爭取加入太平洋經濟合作會議，特依照PECC入會程序，成立「太平洋經濟合作會議中華民國委員會」，指定辜振甫擔任主任委員，專責進行入會交涉，同時選派代表分別參加PECC各項小組會議。

一九八四年第四屆大會，我國再度正式提出入會申請，經大會決定交由當年八月底在東京舉行的常務委員會討論。

當時，PECC內部阻礙我國入會的主要人物，是日本代表大來佐武郎。大來曾任日本外務大臣，立場左傾，他一心要幫助中共入會，但自由國家經濟合作組織從未同意共產國家加入；大來爲達到目的，遂將我國申請入會案和中共入會問題牽連在一起，堅持兩岸同時入會。

辜振甫知道東京的常委會將是一次關鍵性的會議，他特地在會前寫了一封專函給常委會輪值主席加拿大籍的楚里格（Trigg），告以上次常委會曾討論到我國申請入會案與中共入會的問題，多位常務委員均認爲兩岸入會案並無必要牽連在一起，應予分別處理。辜振甫在函中籲請楚里格主持東京常委會時，應尊重上次常委會的意見。

同時，辜振甫爲了勸說大來放棄他的堅持，特地在會前好幾天就趕去東京，託請各方有力人士對大來進行勸說。

辜振甫到東京後，趕著去看老友國會議員岩動道行，並共進早餐長談，就我國加入PECC爲正式會員一事交換意見。岩動曾任科學技術廳長官，對我國極友好，和大來佐武郎私交甚篤，他獲知我國入會事受到大來作梗，立即表示他將盡力說服大來。當天，辜振甫接著去看執政的自民黨幹事長金丸信，也得到金丸幹事長承允大力相助。

到了常委會的前晚，辜振甫在韓國代表南悳祐邀約的餐會上，和大來有過一次長談，經辜振甫剴切說明我國立場，並據理力辯台海兩岸之入會毋需合併處理。

大來告訴辜：常委會中並沒有人反對我國入會，但大家鑒於中共近年已逐漸開放經濟，對未來太平洋地區必有重大影響，因此，多數委員傾向於台灣及中共雙方同時入會爲宜。

東京的常委會，雖經辜振甫事前盡心盡力的多方力爭、遊說、折衝、請託，結果卻因仍有部分常委認爲兩岸仍以一併入會爲宜，我國申請入會案再遭擱置。

兩岸同步　我用奧會模式

東京常委會後將近一年，一九八五年八月下旬，PECC常委會將在美國舊金山召開。我國申請入會案又是此次常委會的主要議案之一。

我國的入會，無論在主、客觀條件上，都已完全合乎標準，PECC一再擱置我們的申請，關鍵全在中共作梗。

按理說，中共本身都還沒有入會，它憑什麼來反對我國？但國際政治畢竟是現實利害爲先，中國大陸那一片廣大商業市場，以及它無限的經濟發展潛力，使得世界上的大小國家，無不對它又愛又怕，加之，中共實施經濟開放以來，已展現不容忽視的績效，亞太地區要談經濟合作，如果沒有中共參與，未免不著實際。中共就憑著國際間對它的這一點顧忌，不斷揚言我國不是主權國家，沒有資格參加國際組織；同時，中共故意不積極申請入會，以致ＰＥＣＣ不敢先行處理我國的入會申請，遂一直擱置下來。

可是，另一方面，ＰＥＣＣ也認爲一再擱置我國的申請入會案，實在不公平，我國的經濟實力，已達到開發國家標準；我國的發展經驗，可供地區內許多國家借鏡；而且，在將近兩年前，一九八四年，由於我國在ＰＢＥＣ內連年的傑出貢獻與表現，已經獲准爲ＰＢＥＣ正式會員。多方面的因素，讓ＰＥＣＣ沒有理由再拖延我國的入會申請。

在台海兩岸入會問題的僵局上，可行的解決之道是兩岸同時平等入會。

最後，由於中共仍未正式提出入會申請，舊金山常委會對我國的申請案亦未作任何具體決定；但常委會對台海兩岸入會問題，作了幾項重要決議：

決定邀請我國與中共以同等的權利地位，同時加入ＰＥＣＣ爲正式會員；

要求我沿用「奧運會模式」，以「中華台北」（Chinese Taipei）名義申請入會；

各國委員會名稱，由原來的National Committee，一律正名改爲Member Committee，以利我國的入會申請。

常委會並決定授權輪值主席楚里格就上列決議分別與台海兩岸進行協調，期於三個月後——同年十一月——在溫哥華舉行年會之前予以解決。

楚里格很費力的在兩岸之間奔走，終於圓滿達成了常委會交付的任務。一九八六年十一月溫哥華大會，兩岸均正式組團參加。

我國代表團仍由致力亞太地區經合大業二十年的辜振甫率領，中共代表團由曾任中共第一任駐英大使的資深外交官宦鄉率領。

辜振甫對於我國終於獲准參加了「半官方」的亞太經合國際組織，自己五年多來的奔走努力及幕前幕後折衝有了如此的結果，內心的欣慰自是不言而喻。他同時警覺到：中共對PECC這個以經貿合作取向的國際組織，不派遣經貿方面的官員領軍，卻選派資深外交官宦鄉為主帥，這顯示中共要把這件事情當作外交事務來處理。辜振甫不禁心想：自己以一個民間企業人身分，從一九五〇年代首次奉派到日內瓦參加國際會議以來，捲入國際事務領域中，三十多年，南征北討，遍及歐、亞、美洲各國各地，也算有了足夠的歷練，如今竟然連中共似乎也發覺經貿外交將成為國際外交主軸，把資深外交官派到經貿戰場上來了。

相差兩秒　我方取得實利

「兩岸同時入會」，在這一點上，辜振甫認為這是他在經貿外交領域奮鬥數十年來，最值得珍貴的一項成績。

此一「成績」影響深遠，五年之後，當澳洲發起召開亞太地區國家政府間經濟合作的官方國際組織APEC時，中共即以我國不是主權國家爲藉口，反對我國入會，經過兩年糾纏，各國以PECC既「有例在先」，遂決定沿用「同時入會」原則，讓兩岸及香港「同時」加入APEC，順利解決了APEC成立以來的最大難題，這是後話。

再說，PECC對「兩岸同時入會」原則既已決定，雙方代表團即按會章所訂程序宣布加入組織。這是入會前的最後一道手續，兩岸代表居然還要較量較量。辜振甫多年後談及往事，還生動的講述了這麼一段經過：

當年，中共阻撓我國入會未成，很不甘心，在這最後一道入會手續上，宦鄉堅決要求要在我國之前「宣布」加入組織，辜振甫卻以既是「同時入會」，就不能分先後，連一分鐘也不能拖，以免這中間情事生變；經過一番折衝，最後雙方同意在大會開會的同一張會議桌前，宦鄉起立口頭宣布加入組織，一宣布完畢，辜振甫即起立口頭宣布入會，前後相差不過兩秒鐘。

中共爭到了「先入會」兩秒鐘的面子，我們卻得到入會成功的實利。

辜振甫談到這則軼事時，特別說明：他當時之所以堅持「在同一張會議桌上同席宣布入會，前後不能差一分鐘」，倒不一定是和中共鬥氣或爭面子，而是擔心中共節外生枝，在它先入會後卻以會員身分反對我國入會。觀乎中共代表團人員後來的表現，不斷向我國挑釁，在大會上質疑我國代表權的合法性，或要求更改我國與會代表的職銜等等無理行動，辜振甫相信，他當時堅持「同時入會，一分鐘也不能差」的做法是對的，不讓中共有任何排我的藉口。

這是辜振甫多年來最津津樂道的國際外交工作上的軼事之一。

名正言順　積極參與會務

我國成爲正式會員之後，由於已經做過五年的觀察員，列席過歷屆大會，所以對會務運作毫不陌生，立即「名正言順」的在「太平洋經濟合作會議中華民國委員會」主任委員辜振甫的領導下，積極參與各項會務活動。我國曾先後與新加坡、加拿大合辦第二屆及第三屆「貿易政策研討會」；與菲律賓及澳洲合辦第三屆「礦業與能源研討會」；與日本、泰國及韓國合辦「運輸、電信暨觀光任務小組」會議，與美國共同負責籌設「太平洋島嶼國任務小組」，並對PECC中央基金作了適度的美元現金捐獻。我國的積極表現及貢獻，獲得其他會員國的重視及稱許。

辜振甫隨即膺選爲PECC常務委員會委員。

相對於我國入會後的積極表現，中共代表團人員顯然並未遵守它在入會前所作的「不將政治帶入會議」的承諾，它仍然不斷的向我國挑釁，或在大會上質疑我國代表權的合法性，或則要求更改我國與會代表職銜；無理的行動，層出不窮，都經辜振甫穩紮穩打的從容應付，見招拆招，中共的種種陰謀迄未得逞。

其實，ＰＥＣＣ著重經貿方面的實務合作，追求互利，諸多會員國對會務活動都樂意參與，會務推展順暢，重要性與日俱增，官方色彩也隨而愈來愈濃，會員國多有意讓它更上層樓，在它的架構下召開政府高階層的國際會議。此一發展趨勢，正是我們所樂見的，我國離開聯合國已十八年，頗有意以ＰＥＣＣ爲跳板，加入「經濟合作暨開發組織」（Organization For Economic Cooperation and Development, OECD），爲我國重返國際組織開闢一條新路。

因此，辜振甫當時是最積極推動ＰＥＣＣ更上層樓的人士之一。

此事終於有了眉目，已是水到渠成了。一九八八年五月間，辜振甫率團去日本大阪出席ＰＥＣＣ第六屆年會，在離台前的記者會上，他即公開宣布ＰＥＣＣ可能提升爲政府階層的國際會議。

向以穩健慎言著稱的辜振甫，竟然作此宣布，可見他認爲此事已經成功在望，只差臨門一腳而已。

沒想到就在他作此宣布後不過半年，一九八九年一月間，澳洲總理霍克突然宣稱將發起召開亞太地區國家部長會議；而且，霍克劍及履及，隨即派遣專使分赴日本、韓國等亞太國家初步接觸，繼即發出正式邀請函於十一月間在澳京坎培拉舉行首次大會。

APEC　兩岸纏鬥新戰場

這就是今日已擴大發展成爲亞太地區最具實力的經濟合作官方國際組織ＡＰＥＣ的最早雛型；當時與會的國家，只有澳、紐、美、加、日、韓及東協六國等共十二國而已，我國與中共均未獲邀約與會。

於是，我國與中共在國際組織上的纏鬥，又出現一個新戰場—ＡＰＥＣ；纏鬥的主要標的，仍是入會問題。

我國與中共在ＡＰＥＣ這新戰場上展開入會問題的纏鬥時，兩岸在另一戰場ＰＥＣＣ上的互鬥卻也未稍戢。

其實，此時兩岸都已獲准加入ＰＥＣＣ爲正式會員，其所以還會互鬥未戢，主要原因是中共一直不甘願接受我國和它享有同等地位及權利加入ＰＥＣＣ爲正式會員之事實，當然，中共更擔心ＡＰＥＣ會援用ＰＥＣＣ的成例而接受我國入會。

一九九一年一月間，ＰＥＣＣ在馬來西亞吉隆坡舉行常務委員會議，此時，我國與中共同時獲准入會已五年之久，但中共代表李鹿野（曾任中共駐聯合國代表）竟然提案要求修正大會紀錄，圖將我國名稱改爲"Taiwan Province of China"，並指稱我國代表團員吳子丹以「外交部國際組織司司長」身分與會，有違大會所訂與會人員不得使用官方頭銜之規定等情。結果，經辜振甫及吳子丹在會場當面予以駁斥及澄清，中共代表李鹿野才悻悻而退。

當然，ＰＥＣＣ並未因中共之不斷無理取鬧而阻礙了它的發展，也未因ＡＰＥＣ之組成而減弱它的活力與功能，ＰＥＣＣ於一九八九年在新加坡設立了永久秘書處，一直運作正常，而且業務繁忙。值得一提的是，當時擔任秘書處秘書長的詹滿容女士，是辜振甫從他所創設的「台灣經濟研究院」裡挑選出來而予推薦，再經我國外交部派任。

ＰＥＣＣ多年來會員不斷增加，申請入會者連年不絕，其原因是參加了ＰＥＣＣ，即可參加ＡＰＥＣ。論及這一點，又應該算是辜振甫和當年ＰＥＣＣ一些同儕們力爭亞太經合部長會議應在ＰＥＣＣ架構下召開的功勞了。

第十二章

亞太經濟合作組織（APEC）

亞太地區經濟合作會議（APEC）

APEC爲我國退出聯合國後與中共同時平等參加的唯一一個政府間國際組織；我國的入會，開啟了我財經首長與亞太國家內閣閣員平起平坐的契機，意義十分重大。

APEC自一九九三年起，每年舉行之非正式領袖會議，由與會各會員國元首或最高行政首長出席，辜振甫曾三度代表李登輝總統參加。

當初我國得以成爲APEC的正式會員，其過程曲折起伏，但辜振甫遇挫益奮，竭盡全力，終於助成我國入會。

入會過程一波三折

APEC（亞太地區經濟合作會議）是太平洋邊緣各國，爲促進多邊經濟合作，而由各國政府官方聯合組成的一個區域國際組織。

關於太平洋地區經貿合作發展的理念及其逐步實踐的歷程，最早應該追溯到四十年前爲提倡本區域內各國間經濟合作構想而成立的民間組織「太平洋盆地經濟理事會」（Pacific Basin Economic Council, PBEC），與隨後爲因應情勢發展，而由產業界、官方、學者三方面人士組成的「太平洋經濟合作會議」（Pacific Economic Cooperation Conference, PECC）；嗣後歷經多年演進發展，爲求會議成果落實於政府政策，乃有積極籌組本地區高階層政府官員會議之擬議。這是一九八八年間的事，也是APEC籌組計畫之濫觴。

澳洲主盟　竟未邀我入會

日本與澳洲原是本地區國家中最熱心於推動區域經濟合作的，一九八八年間，當PBEC與PECC兩組織正在醞釀召開本地區高階層政府官員會議的時候，當時的澳洲總理霍克（Robert Hawke）突然搶先於一九八九年一月間訪問韓國時，在對韓國企業界所作的一次演講中，正式提出召開亞太地區政府部長級會議的建議。三個月後，同年四、五月間，霍克總理派遣特使伍爾柯（Richard Woolcott），訪問亞太地區，尋求各國政府的支持。

本地區國家多爲PBEC及PECC成員，對區域經濟合作的理念，早有共識，因之，伍爾柯分訪各國時，各國在原則上都表示支持。

霍克總理的原始構想，僅包括澳洲、紐西蘭、日本、韓國及東協六國（印尼、馬來西亞、菲律賓、泰國、新加坡、汶萊）。我國、美國及加拿大並不在內。

霍克之所以未將美、加兩國納入他的區域經濟合作構想之中，想必是因爲美、加與墨西哥所計畫組織的「北美洲自由貿易區」已將成形，美、加如果獲准跨足亞太地區合作領域，必將影響到本地區其他國家經貿之正常發展，所以，其他諸國必然反對美、加入會。至於我國之未獲邀約與會，毋庸諱言，霍克是基於政治方面的顧慮，他認爲中共和我國勢難共存於任何國際組織之中。

指陳利害　澳洲改變計畫

霍克搶先在ＰＢＥＣ及ＰＥＣＣ體制之外召開政府高層官員經合會議，讓致力於亞太地區經濟合作事務近三十年的辜振甫大感意外，而霍克召開第一次大會，竟未邀約美、加及我國與會，更讓辜振甫感到不滿。

當時，辜振甫是ＰＢＥＣ的國際總會長，同時是ＰＥＣＣ常務委員會委員，在這兩個區域經合民間組織中都擔任要職，頗具影響力。ＰＢＥＣ及ＰＥＣＣ原本就有召開政府高階層官員經合會議的計畫，尤其ＰＥＣＣ，本來就有「以私人身分參加」的各國政府官員參與，多年演練運作，已有了召開政府高階層官員會議的準備與架構；辜振甫對此事尤其熱心，因爲我國被迫退出聯合國及其附屬的所有國際組織已十多年，長年被排拒於國際外交正規體制之外，實在非常不利，國人都寄望辜振甫能透過民間經貿外交的「便道」，爲國家開闢出一條重返國際外交正規體制的路來；辜振甫任重道遠，經之營之，一直是召開政府官員會議的重要推手，如今，眼見事成有望，卻突然冒出霍克來「另起爐灶」，而且還把我國摒拒在外，辜振甫的失望與不滿，自是不言而喻。

然而，霍克畢竟是一國的總理，經他登高一呼，雖然事出倉促，但他發函邀約的國家，卻全部同意應邀與會。

APEC成立大會，就這樣決定要開了。

辜振甫對霍克雖然不滿，卻也莫可奈何，只好順著他的步調，及早設法加入他的組織。

辜振甫急著找機會與澳洲政府有關官員直接進行交涉。適巧，一九八九年四月間，辜振甫到美國舊金山出席PECC常務委員會議，在一次餐會上，見到澳洲特使伍爾柯，辜振甫即向伍爾柯剴切指出澳洲計畫召開的亞太會議，排除美國及加拿大，非常不切實際，美、加兩國經濟實力龐大，在地區經濟合作中，如果沒有美、加兩國的參與，能有多少實際效果？至於我國，在全世界是第十三大貿易國，在亞太地區，是第六大貿易國，僅次於美、日、加、香港及南韓，我國未獲參加會議，不僅不合情理，更將影響會議組織的完整性，恐怕也不是東亞國協六國所樂見的。

辜振甫的進言，伍爾柯聽進去了，而且，他在分別訪問東南亞諸國時，想必也聽到類似的意見。

結果，澳洲改變原來的計畫，決定邀約美國、加拿大參加會議，並「考慮」邀請我國、中共及香港與會。

澳洲最初之所以未邀我國與會，關鍵仍是卡在無法解決我國與中共共同參加的問題上；尤其，此一新組織將是各國政府間會商合作的官方國際組織，中共絕不會同意和我國同爲會員。

澳洲當局聽了辜振甫進言後，一方面認爲我國確爲新組織中不可少的一員，但另一方面卻不知道如何能讓中共同意我國入會。無可奈何之中，遂計畫邀請我國、中共與香港三方一起「出席」在澳洲舉行的成立大會，大家共同研商如何讓「三個中國」同時入會。

其實，澳洲等國所認爲萬般棘手的此一難題，辜振甫卻已有了解決腹案：他準備提出「在PECC架構下召開部長級會議」的建議，來化解我國與中共的入會問題。

因爲，這個問題曾讓PECC備受困擾達五、六年之久，後來幾經折衝協調，才得出一個爲雙方接受的方案：我國與中共於一九八六年同時加入PECC。我國與中共既然已是PECC會員國，部長會議如果在PECC架構下召開，當然就不會發生「入會」問題了。

辜振甫開始對各國「推銷」他的計畫。

六四鉅變　台港均未獲邀

不料，那年（一九八九）六月初，北京忽然發生「六四天安門事件」，中共出動軍隊鎮壓天安門的群眾，導致嚴重流血，舉世爲之譁然，民主國家紛紛對中共嚴加譴責。澳洲當局礙於世論，不便邀請中共與會，同時，爲了避免引起不必要的政治問題，對我國與香港亦未邀請。

辜振甫的計畫受此意外挫折，只好暫停對澳洲的直接交涉，繼續從其他方面尋求支持我國入會的助力。

七月間，辜振甫派遣專人訪問東南亞，探詢東協諸國對霍克倡議籌組新組織的反應，並尋求東協諸國對我國的支持。結果，他發現東協諸國對霍克的倡議反應並不熱烈，它們擔心此新組織成立後，將會使東協的重要性降低；它們也擔心此新組織會被美國、日本、澳洲等經濟力強大的國家所把持。同時，東協諸國認爲具備經濟實力並與東協會員國保持良好經貿關係的我國，與經濟發展潛力強大的中共均未獲邀請與會，甚爲不妥。由於東協諸國對澳洲所擬議的新組織缺乏信心，因之，對於辜振甫所建議的ＰＥＣＣ架構下召開部長會議的作法，多認爲比較可行。

辜振甫在派遣專人訪問東協諸國的同時，他自己在七月間單獨從台北飛往東京，訪晤老友——日本ＰＥＣＣ委員會委員長大來佐武郎。

大來曾任日本外務大臣，也是多年來致力推動太平洋地區經貿合作開發的一位政治家，惟因他的政治立場傾近中共，辜振甫和他才比較疏遠；但在三年前爲了我國與中共共同參加ＰＥＣＣ問題而相爭不下時，大來是參與調解折衝的一人，最後終於獲得妥善解決。

義正辭嚴　各國一致支持

辜振甫此次專程赴東京訪晤大來，就是希望說服日本接受他的建議案，不要讓海峽兩岸入會問題的爭議，再在ＡＰＥＣ重演一番。大來在聽了辜振甫的說明後，立即表示：日本政府也認爲在ＰＥＣＣ架構下召開會議較妥，他將在澳洲會議中大力主張，促其實現。

這時候，距預定召開會議的時間只有三個多月，澳洲政府爲了避免會議流入空洞化，希望充實會議的實質內容，但卻不知如何著手，遂向已有多年實務工作經驗的ＰＥＣＣ求助。澳洲外交兼對外貿易部部長伊凡斯（Senator Gareth Evans）於七月間給ＰＥＣＣ常務委員會主席、紐西蘭藉的泰勒勃士（Brian Talboys）寫了一封專函，希望ＰＥＣＣ能支持澳洲召開的部長會議，並提供幕僚服務，甚至指明索取ＰＥＣＣ下設各個專業任務小組會議的討論結果以供參考。

辜振甫得知此事後，以澳洲政府既來求助於ＰＥＣＣ，豈不正是ＰＥＣＣ表達自身立場及意見的大好機會？

九月間，辜振甫到紐西蘭出席ＰＥＣＣ常務委員會，會議席上，辜振甫強烈責難澳洲召開部長會議的作法不當，所邀請與會的國家不多，卻都是ＰＥＣＣ會員，但ＰＥＣＣ的多數會員卻被排拒在外，如此歧視ＰＥＣＣ多數會員之作法，已爲ＰＥＣＣ多數會員所不滿，如今竟要求ＰＥＣＣ支持並提供幕僚服務，自難爲ＰＥＣＣ多數會員所同意。辜振甫正式提議：若澳洲政府希望ＰＥＣＣ支援，則所有ＰＥＣＣ會員均應被邀請參加會議，ＰＥＣＣ絕不容許部分會員遭受歧視；至少，應由ＰＥＣＣ組成一個包括所有會員國的代表團出席會議。

辜振甫的發言，獲得ＰＥＣＣ各國代表一致支持。

澳洲所召集的「亞太經濟合作部長級會議」（APEC）如期於十一月間在坎培拉舉行，美國、加拿大、日本、澳洲、紐西蘭、韓國及東協六國：印尼、馬來西亞、菲律賓、泰國、新加坡、汶萊等共十二國經貿及外交的二十六位部長出席會議。

我國一如預期，並未獲邀參加。

當時，爲了掌握會議情勢，並就近向與會各國部長表達我國參加會議的強烈願望，辜振甫以ＰＥＣＣ常務委員會委員身分，偕同我國參加ＰＥＣＣ的官員代表——外交部國際組織司司長吳子丹去到坎培拉，經由澳洲ＰＥＣＣ委員會主任委員麥迪根爵士（**Sir Russell Madigan**）居中斡旋，辜振甫獲得澳洲霍克總理邀請參加ＡＰＥＣ成立大會前夕的歡迎晚宴。席間，辜振甫向霍克總理當面指出ＡＰＥＣ排拒我國參加，實爲不務實的決定，並即時提出正式入會的要求。

中共也未獲邀參加會議，但在獲知澳洲總理邀請辜振甫參加歡迎宴會的消息後，曾對澳洲政府嚴詞譴責。中共駐澳洲大使及中共派駐ＰＥＣＣ的代表，當晚都拒絕出席霍克總理的歡迎宴會。

辜振甫受邀參加此一歡迎盛宴，讓我國在爭取加入ＡＰＥＣ的崎嶇道上，向前跨進了一大步。他得到機會向發起此項會議的澳洲總理霍克與參加會議的各國政府首長們當面陳述我國的立場，並當場提出入會要求。那時候，所有應邀與會的國家，除了韓國之外，和我國都沒有外交關係，我國的立場及主張，幾乎沒有機會向各國政府首長們直接表達，因此，辜振甫對這次機會，非常珍惜。事後，他對自己當晚的賣力演出，也很得意。兩年後，一九九一年九月間，當我國入會問題已大致確定時，辜振甫率團到美國華府參加「中美工商界聯合會議」，會後，他接受新聞記者訪問，談到他在經濟外交領域中奔波於世界各地的忙碌情形，他特別提到兩年前在澳洲坎培拉的這次晚宴，他對我國駐華府的記者們指出：當時，我國並未受邀與會，他是唯一受邀的台灣來賓，置身於美國國務卿貝克、貿易代表奚爾斯大使、經濟部長莫斯巴克，以及其他會員國的外交部長和經濟部長行列之中，當時他就心中暗自發願：「這個組織意義非比尋常，我們一定要設法加入才行！」

三方入會　秘密折衝一年

APEC會議期間，辜振甫一直待在坎培拉，一面就近觀察會議的進展情況，一面趁著與會十二國的二十多位部長同在坎培拉的機會，他分別訪晤一些支持我國的老友，如日本外務大臣中山太郎、日本通商產業大臣松永光、及韓國經濟貿易官員等，爭取他們協助我國加入APEC。

坎培拉會議，並無顯著成就；關於我國入會問題，大會並未討論，但多數與會代表默默中顯然已有一項共識，都認為我國、中共及香港所謂「三個中國」，都不應該在APEC中缺席。

APEC第二屆會議，一九九〇年在新加坡舉行。由於前一年的大會上，與會諸國已有了「三個中國均應納入組織」的共識，再經過我國政府與民間企業界領袖辜振甫及一些熱心支持我國入會的友邦人士的幕前幕後活動，第二屆部長會議召開前的「資深官員會議」上，就開始對「三個中國」入會問題，進行實質討論。中共堅決反對我國參加，一再強調APEC既為國與國之間的官方國際組織，就絕不容許非主權單位參加。APEC為了突破中共所設的此一障礙，遂決議所有成員均不用國家名義，一律以「經濟體」名義參加。同時，為了解決入會先後的爭議，APEC決議「三個中國同時入會」。大會結束後所發表的聯合聲明中，特別強調「同時入會」的原則。

大會並決定由第三屆會議主辦國的韓國負責與「三個中國」分別洽商協調，覓求三方面都接受的入會方案。

韓國政府即指派外交部助理部長李時榮，分別與我國外交部及中共、香港官方進行洽商。

入會談判既已進入正式外交途徑，加以談判內容必然涉及國號、國旗及入會後之地位與權利義務等等有關國家基本政策之重大事項，此階段之正式談判，遂由外交部高階官員接手。

此項外交談判，秘密進行了整整一年，從一九九〇年十月開始，到一九九一年十月談判完成，所謂「三個中國」的我國、中共及香港，同在一九九一年十一月間入會，參加了在漢城舉行的第三屆大會。

雖受委屈　得到可貴收穫

入會談判談了整整一年，可以想見談判過程是非常非常的不順利。中共態度專橫之至，硬說我國不是主權獨立國家，不同意我國加入，後來是因爲中共自己也亟望早日入會，加以國際間支持我國的力量很大，中共才「讓步」，接受韓國的調解，卻在入會名稱及參加會議官員身分等等問題上，極盡打壓我國之能事。

據當時外交部次長章孝嚴於一九九一年十一月二十五日列席立法院報告此項談判經過時透露：韓國外交部助理部長李時榮分別與我國、中共、香港三方進行磋商，總計舉行過九次正式談判；談判地點包括台北、北京、香港、漢城、紐約等處。主要爭執點是我國入會的名稱，結果我國以「中華台北」（Chinese Taipei）名稱加入A

PEC。

對「中華台北」這個名稱，我國政府官方及民間輿論的反應是：「不滿意，但可接受。」

我們不能以正式國名「中華民國」參加APEC，這是很大的委屈，但想想我國當時在國際社會上的處境，自被逼退出聯合國以後，連帶所有官方國際組織會籍均被註銷，孤立於國際社會之外近二十年；APEC對我國來說，其政治意義與其象徵價值，並不比它經濟上的實質意義爲小。所以，當時外交部長錢復及次長章孝嚴，均認爲在名稱上「既仍視我爲獨立自主的政體，我們都可以彈性接受」。

台北《中國時報》記者尹乃菁在「三個中國同時入會案」定案之後，在一九九一年八月二十九日的《中國時報》上，撰刊了一篇專文，指出我國此次在入會問題上，雖然受了委屈，卻也得到了一些十分可貴的實質收穫。

平起平坐　未損主權地位

尹文首先指出：就APEC成立時所標榜的亞太地區第一個部長級官方會議而言，既是「部長級」會議，受邀的各國部長當然代表的是有完整行使獨立主權的政府，其政治意義不能否認。中共之所以在APEC初成立時未受邀入會，是因爲當時正逢六四天安門事件發生不久，中共國際聲望落入谷底，澳洲不便邀請。由於中共無法在「初始」即受邀入會，連帶影響台灣入會時機。這個「延誤」從另一個角度看，也造成了台灣得以與中共「同時」入會的機會。如果中共先入會，台灣再加入的機會必橫生阻隔。

尹文接著指出：我國參加APEC最大的價值在於得到一個和亞太國家「平起平坐」對話的機會，我國不管以何「名稱」加入，在APEC強調其爲「經濟體」的前提下，我國的主權地位不致受損，最重要的是可以公開和各國討論議題，又能藉此會議，與各國首長進行多邊私下會談，對雙邊關係建立極有助益。我國尋求成爲東協對話夥伴的努力已有多年，迄今未能實現，因此加入APEC對我國實際投入並擴大國際空間和提高在亞太地區的發言權，有絕對正面意義。

總統特使與領袖會議

APEC最初幾屆年會並沒有所謂「領袖會議」這項安排，直到一九九三年第五屆大會，預定由美國主辦，在西雅圖舉行；當時美國總統柯林頓認爲亞太地區既有部長會議之設置，爲求落實及貫徹部長會議之重大決議，何不趁各國財經貿易首長年度集會之機會，各國最高領導人亦舉行「非正式領袖會議」，以處理會員國之間需要更高層級領導人始能解決的問題。

此項建議經由美國總統柯林頓提出，當即獲得所有會員單位的熱烈響應。於是，從一九九三年第五屆部長會議開始，每年均由主辦國向各會員「經濟體」最高領導人分別發出邀請函，在部長會議議程結束後，舉行「非正式領袖會議」。

中共在召開「領袖會議」的擬議定案之後，即向主辦國美國提出嚴重交涉，表明中共絕不同意「中華台北」的最高領導人——總統出席領袖會議。

我國曾據理力爭，但中共提出一九九一年我國與韓國所簽的「理解備忘錄」爲依據，堅決反對我國總統「親自」出席。

在美國與中共交涉過程中，中共曾「警告」美國：如果美國不尊重「理解備忘錄」的約束，執意邀請台灣最高領導人親自出席，中共領導人不僅拒絕出席，並堅決反對此項「領袖會議」之舉行。

美國在中共的橫蠻態度下讓步，遂創下了我國總統雖然受到邀請，卻不能親自出席ＡＰＥＣ領袖會議之先例。

美國及其他會員國均對「領袖會議」寄望殷切，我國當然也樂見「領袖會議」之實現，於是，在美國等諸多會員國的極力勸說下，我國爲「顧全大局」，勉強接受了變通安排。

「領袖會議」第一屆主辦國美國，爲了表示對會員單位一視同仁，發給我國的邀請書，也和發給其他會員國的一樣，派遣專使送達，邀請函是給總統李登輝；但李總統自己不出席，由李總統選派當時的經濟部長蕭萬長代表參加。

大阪年會　辜振甫爲特使

次年——一九九四年ＡＰＥＣ第六屆年會由印尼主辦，領袖會議仍由蕭萬長代表參加。蕭此時官職是經建會主委。

一九九五年第七屆年會，由日本主辦，在大阪舉行。

本來，李登輝憑著他和日本朝野各界的深厚關係，曾於事前積極活動，試圖說服日本不理會中共的抗議，由李總統親自出席大阪領袖會議。但日本不敢破例，在發出邀請函之前，先派「專使」到台灣表明希望李總統不要親自出席。

李登輝曾先後提名俞國華、徐立德為特使，但中共向日本表示俞、徐二人官階太高，不同意。

李登輝非常不高興，他認為中共反對他本人，倒也罷了，但要限制他所派代表的官階層級，就未免欺人太甚，他向日本方面表示：「請日本暫且先把邀請函拿來，誰出席由我決定。」

李登輝決意提高所派代表的層級，他發表擁有中華民國總統府資政及中國國民黨中央常務委員身分、並在國際政商界具有崇高聲望及寬廣人脈的辜振甫為特使。

中共沒有反對辜振甫。

代表元首　提高與會份量

李登輝選派辜振甫為代表，出席APEC領袖會議，消息震驚了國內外。這固然是辜振甫個人的殊榮，卻也是李登輝反擊中共惡意壓低我國地位，限制我國只能以

「部長級技術官僚」出席領袖會議的一項高明安排。辜振甫擔任總統代表，明顯提升了我國參加領袖會議代表的地位與份量。國內外重要報章均在顯著版面刊出此項新聞。國內幾家大報更以大字標題刊出辜振甫將在會場與印尼總統蘇哈托、菲律賓總統羅慕斯等多位國家元首分別舉行雙邊會談的消息。

密晤日相　江澤民無可奈何

在大阪會議場上，江澤民曾和辜振甫握手寒暄，會議結束時並曾互道「保重」告別。

中共知道辜振甫的國際聲望及國際人脈不同凡響，所以，也曾盡力防阻他在會場上的活動。辜振甫事先就安排了與菲律賓總統羅慕斯、印尼總統蘇哈托、馬來西亞總理馬哈迪、新加坡總理吳作棟、汶萊國家元首哈山納柏嘉等五位國家領袖分別舉行雙邊會談，這是會員國的正當權利，中共莫可奈何，無從阻擾。

領袖會議上最受注意的人物——美國總統柯林頓因為政府預算正在國會審議，他必須坐鎮華府，不克東來與會，由副總統高爾代表出席。

領袖會議中另兩位受注意的人物，就是江澤民和主辦國日本首相村山富市，辜振甫並未安排與江澤民單獨會晤，但辜振甫和日本村山首相原已約好單獨會談的時間、地點，卻被中共對日本暗中施壓而取消了。

其實，中共方面未嘗不知道，憑辜振甫與日本政要們的公私情誼，中共焉能阻擾得了辜振甫與村山或日本其他政要的晤談！

結果，儘管中共對日本施壓，辜振甫還是以特使身分和村山首相單獨會見了。

領袖會議中的明星人物

一九九六年APEC第八屆年會，由菲律賓主辦，在馬尼拉舉行。

辜振甫再度受命爲總統特使，代表李登輝總統出席。

菲律賓主辦的這次會議，和前一年大阪會議大不相同。菲律賓民族性活潑開朗，處事態度不像日本那麼刻板嚴肅，加以菲律賓總統羅慕斯外交經驗豐富，手段靈活，會場氣氛比較輕鬆愉快。

正式晤美總統　各方矚目

年富力強的美國柯林頓總統，仍是會議的中心人物，他連選連任成功，人逢喜事精神爽，無形中帶領著會議在歡悅氣氛中順利進行。

柯林頓和辜振甫是老朋友，柯氏入主白宮之前，尚在阿肯色州州長任內的時候，就曾四度訪問台灣，辜振甫以工商巨子身分接待他；辜振甫當年的熱忱親切接待，讓柯林頓留下了深刻印象，老友久別後異國重聚，柯林頓對辜振甫表現得格外親切。

事前約定的柯、辜「雙邊會談」，談了一個多鐘頭，頗引起會場內外各方重視。此時，台海情勢非常不安定，在此半年前，中共在台海上空試射飛彈，企圖干擾台灣的總統選舉，美國派尼米茲號航空母艦來到台海以示嚴重關切。這一次領袖會議，是李登輝當選總統後，他的「特使」首次和柯林頓總統單獨面對會談。辜振甫後來在記者會上也曾公開表示，他曾受命傳達若干訊息給「相關國家領袖」，這個「國家領袖」當然就是柯林頓總統。

辜振甫並曾說過，一九九六年十一月他代表李總統出席在菲律賓蘇比克舉行APEC非正式領袖會議時，柯林頓曾告訴他說，江澤民在大陸的地位已經穩固，所以柯同意江一九九七年到華盛頓做正式訪問。這應該就是柯林頓當年囑咐辜振甫傳達給李登輝總統的「訊息」了。這在當年可算是中、美兩國政略戰略上的最高機密，這也可看出中、美兩國領袖對辜振甫這位特使信任的程度。

柯辜熱絡交談　新聞焦點

其實，在這爲期兩天的領袖會議中，更引起與會各國領袖及在場採訪記者們的好奇及注意的，毋寧還是柯林頓與辜振甫在「雙邊會談」之外的一些似是不經意的熱絡互動與接觸。會議前一天的晚餐，兩人並肩而坐，邊吃邊談，談了很久。會議當天上午，領袖們集合拍照時，柯林頓和辜振甫握手談了一陣。下午，菲律賓總統羅慕斯宣讀領袖宣言之後，柯林頓和辜振甫一路交談，從廣場走回會場，柯林頓熱絡的握著辜振甫的手，還拍辜振甫的肩膀。柯林頓在會議期間，意氣風發，一直是領袖會議的新聞焦點人物，現場轉播的電視攝影機幾乎隨時對著他，因此，他和辜振甫握手、談話、扶肩笑語的熱絡動作，都透過攝影機轉播出來，辜振甫成了領袖會議中和柯林頓同時出現在攝影機鏡頭前最多的人。

這是辜振甫第二度代表李登輝總統出席APEC領袖會議，他個人在感受上，與前一年大阪會議相較，少了一分新鮮感，卻多了好幾倍的成就感，他既無負於李登輝總統任命他爲特使的囑託，又贏得了柯林頓總統的友誼與信賴，年前大阪會議遺留下來的些許失望與鬱卒，至此已一掃而空了。

三度作特使　兩岸成話題

一九九七年APEC第九屆年會，由加拿大主辦，在溫哥華舉行。

辜振甫第三度受命爲李登輝總統的特使。

本屆年會召開，正值亞洲金融風暴不斷擴大與深刻化之際，我國曾提議在APE

C體制下設立共同安定基金，以穩定亞洲金融風暴，但與會多數領袖認爲此項機制設置在國際貨幣基金體制下較爲適宜，我國建議未獲通過。

但此次高峰會的另一主題「防止溫室效應惡化」，卻是辜振甫所熟知而且素有研究的一個問題，多年前，他曾代表「國際商會」出席聯合國有關溫室效應對氣候產生不良影響的會議，曾就開發中國家立場，提出過一些寶貴意見。辜振甫在此次高峰會與美國柯林頓總統會談時，對於環保問題，曾特別指出：低度開發國家對廢氣污染既無錢財又無技術加以處理；而且，開發中國家認定污染乃先進國家造成於先，如今竟欲將適用於先進國家的環保標準，加諸開發中國家，如此豈非刻意壓制其經濟發展？因此，辜振甫建議，廢氣排放量必須削減，但程度應視經濟發展階段的不同而等級化，亦即對先進國家、新興工業國家、開發中國家、低度開發國家各別訂定不同的標準。柯林頓聽後深以爲然。高峰會最後發表宣言時指出，APEC經濟領袖認爲，開發中經濟體在盡力達成聯合國對地球氣候所設定的目標之同時，亦應盡力推動其必要的經濟發展，此項要求甚爲合理。半個月之後，京都協議獲得一百五十多國通過，對工業化國家廢氣排放量的削減，訂下標準，而對開發中國家則暫不做規範。這應該就是辜振甫所提的意見。

本屆高峰會的另一特點，是參與會議的一部分領袖會對台海兩岸恢復會談一事表示關心。辜振甫在溫哥華會議結束後，返抵國門的記者會上，正式透露APEC領袖會議曾談到兩岸問題。他說：

「其實，兩岸都希望能夠談，國際上也關心兩岸談或不談。在這次亞太經合會中，我方很努力的讓國際上不要以爲我方不談。」

辜振甫在記者會上還特別提到APEC領袖會議中的一個場景：大家在會議休息時，閒坐聊天，一位領袖當面問江澤民：「去年您說要請辜先生去北京，去了沒？」江澤民卻對辜振甫說：「這個日子會到。」

在此之前，辜振甫從來不在公開場合多談江澤民，他們在領袖會議中同席開會，天天見面，握手、寒暄在所難免，但每有記者問他曾否和江交談，他總是避重就輕的答說：APEC是國際會議，不適宜談兩岸問題。但此次從溫哥華會議回來，記者會上，對江澤民與兩岸問題，不再閃避，國內部分報章在新聞標題中，甚至說他「暢談」兩岸問題。

當時，敏感的新聞記者們已料到：兩岸重開談判的事，應該有了眉目。

果然，不出三個月，大陸海協會與我方海基會雙方幕僚人員已有了積極的互動接觸，隨後再經過將近半年的往復磋商，中斷了三年的「辜汪會談」，改以「辜汪會晤」恢復，大陸方面正式邀請我方海基會董事長辜振甫訪問大陸。

在連續三年（一九九五、九六、九七）受命爲特使，代表李登輝總統出席APEC領袖會議之後，辜振甫再膺國家重要任命，率團重返他六年前辛苦打造出來的「兩岸和平統一奠基」的談判桌上去了。

辜振甫這一次上海之行，社會上不少人認爲他仍然是「特使」，他代表台灣和大陸談判攸關台灣命運的議題。

一介布衣　位臻極品

辜振甫以一介布衣，三度受命代表國家元首，參加國際會議，對辜振甫來說，自是一項殊榮；而李登輝總統當時選派辜振甫為代表，確也是一項適當而且極具遠見的選擇。

「亞太經合會」全名是「亞洲太平洋經濟合作會議」，顧名思義，是一個以區域經濟合作為主旨的國際組織，最初的幾屆年會——從一九八九年第一屆到一九九二年第四屆，與會各國都是由經貿部門的部長級官員率團參加，這是正常現象。雖然，中共打壓我國，不許我國外交部長、次長參加APEC部長級會議，但我國經濟部長或經建會主委每年都堂堂正正的率團與會，與其他會員國並無差別。

可是，自從美國柯林頓總統倡議舉行APEC國家領袖非正式會議之後，各會員單位除香港與台灣之外，均由國家領袖——總統或總理——親自出席，會議內容亦從經濟議題逐漸擴大觸及區域安全、軍售，甚至人權爭議等領域，亞太經合會已逐漸向政治化轉型，會議在國際社會上所占地位亦隨而漸次提升。李登輝總統有鑒於此，他警覺到我國今後絕不能再派政治份量不能與其他國家領袖等量齊觀的所謂「技術官僚」參加，以免影響到我國的國家尊嚴及發言力量。於是，從一九九五年開始，他不再在中共所設定的所謂「技術官僚」的框架中物色代表人選。他考量的適任人選，在政治份量、國際聲望，以及學識修養等諸多方面，都絕不稍遜於與會的其他任何國家領袖，卻並不具有任何明確的政府官員身分，以免給中共反對的藉口。平心而論，合於這些條件的，當今之世，除了辜振甫之外，實在再無第二人了。

最重要的是：辜振甫在經貿方面的專業知識及實務經驗，以及他在國際經濟合作事務方面的經歷及貢獻，在國際間口碑斐然，無人堪與比擬，回溯到他在促進亞太地區國家經濟合作方面長達四十年的努力，說他是APEC的有力催生者之一，也並不過分。

回想當年，一九六〇年代初期，辜振甫接任「中華民國工商協進會」理事長之後，爲配合國家經濟建設及經貿發展，將國際經濟事務列爲首要重點工作，率領工商企業界積極向海外開拓推動。他一方面盡力爲中華民國恢復「國際商會」會籍，使國家重新納入國際商業體系組織之中，一方面分別與韓國、印尼、新加坡及歐美諸國等先後建立經貿關係或代表國家分別簽訂貿易協定。在此同時，由於所謂「區域經濟合作」的議論在全球各地發酵，尤其統合歐洲共同市場之成功，更讓亞太地區部分有識人士對推動太平洋地區經貿合作發展的構想，得到鼓舞。於是，由理論研討——如「太平洋貿易暨發展會議」（PAFTAD）開其端，進而到民間工商界之積極參與——如「太平洋盆地經濟理事會」（PBEC）之組成；再進而到學界、企業界與各國政府官員以私人身分參加的半官方形態合作——「太平洋經濟合作會議」（PECC）；最後終而達成亞太各國之間經濟合作的官方組織（「亞洲太平洋經濟合作會議」（APEC）。四十多年來，此一系列下各組織的內涵及型態，一再衍進、變遷，或擴大，或改組，或另立門戶而並存，辜振甫伴著它一路行來，可說是無役不與，歷盡艱辛，終而有了今天這樣的具體成果。

李登輝總統選任辜振甫爲特使，出席ＡＰＥＣ領袖會議，一九九五、九六、九七，連續三年。辜振甫表現突出，圓滿而盡責的達成了特使任務，對辜振甫個人來說，這更是他奉獻半生心血所致力的國際合作事業成就的巔峯。

結　語

無私奉獻
榮耀加身

無怨無悔的奉獻

辜振甫是我國近現代史上，以民間企業家身分，直接參與國際事務最積極、最繁忙，也是在國際事務上對國家、社會貢獻最多的一位企業家。

自從一九五六年，他三十九歲，首次奉先總統蔣中正選派代表我國以資方身分出席國際勞工會議以來，在隨後四十多年中間，他每年至少有三分之一的時間是在國外，出席國際會議或從事經貿外交活動，足跡幾乎踏遍世界各國。

當我國在國際社會上的活動空間被逼壓得一天比一天緊縮的那段歲月裡，辜振甫以民間企業界領袖身分，積極從事於經貿外交活動，以實務外交取代了傳統制式外交的功能。當我國在聯合國席次岌岌可危的時候，他不遺餘力的爭取恢復了我國在國際商會的會籍；當國際間一些專業機構或區域組織不容許我國置身其間的場合，他即邀集菲、日、韓、澳、紐等亞太地區工商界領袖組成「亞太商工總會」以為替代；他打通了我國與歐洲國家工商界的交流管道，促使歐洲無邦交國家來台設立商務代表機構，並建立我國與歐洲共同市場的實質溝通聯繫；他曾代表我國與全球數十個國家分別組成經貿協會或簽訂雙邊貿易協定；他一直是我國與日本經貿方面的主要負責人，日華斷交以後，他更成爲兩國實務交流的重要窗口；亞太地區經濟合作組織，從學術味重的PBEC到經貿關係的PECC，再到官方組織的APEC，他都曾積極參加，甚至三度代表我國總統參加亞太國家的領袖會議；他曾以工商界領袖地位，邀請各國政要及國會議員訪華，美國前總統雷根和柯林頓在入主白宮之前，都曾分別以美國州長身分應邀來華訪問，作辜振甫的嘉賓。他以一介商人身分，曾獲得我國及日、韓、巴拿馬、南非等多位國家元首頒贈勳章，並獲得美、日、加、法、韓等國著名大學頒贈博士學位。

他一直以民間人士身分，參與國際事務出席國際會議，在費用上從沒有動用過公帑，或申請過政府補助，促成他無怨無悔全力奉獻的主要動力，是因爲體念國家外交處境艱難，在國際間的正式管道日益減少，爲求突破，最有效的方法就是藉由參加國際組織及國際會議，而與國際接軌。尤其近數十年來，經貿外交已成國際外交活動的主軸，而經濟是國家富強的基礎與要件，因此發展經貿關係是外交工作的一項優先要務；與我國有正式邦交的國家日益減少，要透過政府與政府間的正式管道以維護我國權益，已愈形困難，如果以工商界人士身分，則可透過各國的工商界有力人士，由他們來影響其國會議員，再經由其國會議員影響其政府，從而使得我國利益獲得保障，這就是辜振甫一向所強調所謂「繞道爲之」的辦法。

多年出席國際會議的歷練，對他個人，當然也有收穫，他因此而得以擴展國際視野，廣交國際友人而累積人脈，在言談之間，可以學習外國人對事情的因應處理之道，更可以知悉別人心裡的所思所想爲何。這些經驗與歷練，對他在處理公私事務及待人接物等方面，都有莫大助益。

「多元經營」的國際事務關係

辜振甫對國際事務的參與，除了最初幾年是單純的赴日內瓦參加國際勞工會議之外，以後數十年的漫長歲月中，他以「中華民國工商協進會」理事長身分，承擔著的，可以說是「多元經營」的任務。國際間舉凡與經貿有關的組織或會議，屬民間性質者，我國代表人選，固然非辜振甫莫屬，甚至一些官方或半官方的國際組織或活動，我國政府官員受限於國際現勢不能出席或無法參加者，也經常由辜振甫代表參加，他長年席不暇暖的奔走於世界各地。

他擔任「工商協進會」理事長的三十三年中間，所涉及的國際事務，除了本書以專章分別詳述的對日關係、世界性的「國際商會」及亞太區域一系列的經貿合作組織之外，其他的多邊組織或雙邊關係者，不下數十國，說來真是洋洋大觀。特分項概略記誌如下：

亞太商工組織與亞太民間投資公司

二十世紀後半期，國際間不少政經學者指出世界政經活動中心正由大西洋移轉向太平洋；一九六〇年代初，日本小島清教授（Prof. Uiyoshi Kojima）提出「太平洋自由貿易區」的構想，隨後才陸續有「太平洋盆地經濟理事會」（PBEC）、「太平洋經濟合作會議」（PECC），以至發展爲官方性質的強力組織「亞太經濟合作會議」（APEC）之組成，這可說是半世紀以來亞太地區經貿合作發展的概要歷程。

其實，很少人注意到，早在日本小島清教授提出他的「太平洋自由貿易區」構想之同時，辜振甫在亞太地區經貿合作方面，已經採取行動，由他發起、推動，並於一九六六年結合亞太地區各國工商界領袖在台北成立了「亞（洲）太（平洋）商工總會」。

辜振甫當年發起籌組亞太經貿合作組織的動機，並不是受那些政經學者專家的影響。據他自己說：在一九五六、五七以及一九六二年間，他三次奉派參加日內瓦國際勞工會議，這段期間，正逢歐洲共同市場積極籌組，並於一九五八年正式成立，開始啓動。辜振甫身歷其境，就近觀察，獲得啓示：因歐市之成立，歐洲各國間的疆界得以消泯，各國以合作取代競爭，而使一切資源可以自由流動，市場規模得以擴大，失業問題獲得解決，而物價更廉。辜振甫由是深感亞洲開發中國家應該起而效法，期能迎頭趕上，遂而讓他興起在亞洲籌組區域性組織的構想。

展現國際經濟合作長才

當時，菲律賓在國際商場上很活躍，菲國商界領袖慕諾資（Demetrio A. Munoz）出面聯絡亞洲各國工商界組成了「亞洲商會」，並於一九六五年二月間在馬尼拉舉行第一屆會議，辜振甫率領我國代表團赴會。會中，辜振甫主張擴大組織，邀約澳洲及紐西蘭參加，共同組織更具國際性的團體。同年九月，辜振甫邀集日本、韓國及澳、紐等國商界領袖，在香港舉行擴大「亞洲商會」組織的籌備會議，對新組織的成員、名稱及成立日期等獲得具體共識。

次年—一九六六年五月，「亞洲商會」在台北舉行第二屆大會，會中即決定「亞太商工總會」在我國台北市正式成立，這應該算是亞太區域經濟合作組織的先聲，我國由「中華民國工商協進會」代表參加爲創會正會員，慕諾資當選理事長，辜振甫當選副理事長，旋接慕諾資升任理事長。

亞太商工總會後來在韓國漢城舉行第八屆大會的時候，決議設立永久秘書處於台北。此乃目前唯一總部設在我國的國際性組織。

辜振甫在理事長任內，展現了他在國際經濟合作事務方面的卓見及經理長才，他當時推動兩個極具見地而且格局宏大的案子：

一是成立「亞洲農業技術服務中心」

農業是亞洲開發中國家的重要產業，台灣在農業生產方面較爲先進，爲促進亞太地區開發中國家的技術交流，遂有「亞洲農業技術服務中心」之設立，中心總部設於台北，成立之初績效卓著，菲律賓等國均曾派人來華受訓，而我國亦派員前赴各國指導。該中心現已更名爲「亞洲農業發展中心」。

一是成立「亞洲民間投資公司」

這是辜振甫在「亞洲開發銀行」（ADB）成立以後，所積極推動的一個以民營銀行及企業爲股東的民間開發機構，已經初步組織，卻未能有效運作而告失敗，辜振甫認爲是他一生做事未能竟功的三大憾事之一。

「亞太商工總會」成立兩年之後，由日本與澳洲兩國企業團體發起組織的ＰＢＥＣ一九六七年成立，接著，ＰＥＣＣ及ＡＰＥＣ於一九八〇年及一九八九年相繼成立，亞太地區這一系列的組織與活動，影響於此一地區政經情勢發展者至大，對我國關係尤爲重要，前面已有專章記述。

歐洲關係的開拓

辜振甫在順利完成「亞太商工總會」的籌組工作之後，於一九六七年秋間去向經濟部長李國鼎報告籌辦經過，當時李國鼎適從歐洲訪問歸來，談話中，談到當時國際間的熱門話題—歐市。辜振甫即表示，他於一九五〇、六〇年間因參加國際勞工會議曾三度訪問歐洲，目睹歐洲共同市場的籌組及運作，獲得深刻印象，認為歐市的組成，必有可供我國及亞洲各國借鏡之處，此類寶貴經驗，如果不找機會汲取，未免可惜；李國鼎表示有同感。

李國鼎是陪同副總統嚴家淦去美國參加一九六七年國際工業會議，會後轉往華府出席世界銀行年會，並途經歐洲返國。李國鼎對歐市可能發揮之作用，十分重視，認為歐洲有諸多可供台灣學習之處，尤以在工業和科技方面的創新為然；兩人並相信市場行銷十分重要，台灣做為一個開發中國家，除了應根據市場需求據以制定經濟發展策略之外，同時也須與歐洲等先進國家進行結合，以汲引他人之長。

經過這次談話，辜振甫接受李國鼎的建議，於一九六八年成立了「中歐工業合作協會」，擔任理事長；並經李國鼎推薦留學德國的陶聲洋（嗣後入閣擔任經濟部長）出任秘書長，展開工作。「中歐工業合作協會」並且在荷蘭阿姆斯特丹設立辦事處，聘請當地華僑葉基漢擔任處長，這也是我國與歐市經濟接觸之發端，雙方實質溝通管道從而建立，歐洲的科技亦於焉開始引進。

「中歐工業合作協會」組成之後兩年，辜振甫認爲該會的階段性任務已經達成，遂於一九七五年發起成立「中歐貿易促進會」，並出任理事長。

當時鑒於我國與歐市各會員國均無邦交，如何另闢蹊徑建立溝通管道，便成爲辜振甫的重要任務。是時歐市主管東方事務的主任是比利時人羅德，辜振甫積極嘗試與其接觸，終於獲歐市同意，於是辜安排與當時國貿局長汪彝定同赴新加坡與其會晤，從而促成歐洲無邦交重要國家來華設立商務代表機構，我國與歐市各會員國之間的雙邊關係因而得以次第展開。以往，歐市對我國的政策均係任由歐市片面決定，例如歐市給予我國的紡織品配額即是採單方面逕行宣佈方式，使我國對歐洲經貿關係的拓展備感困難，自從新加坡會晤之後，這個情勢終於有所轉變，自此，歐市與我國之間是以溝通方式建立共識解決問題。

在上列各章節所述及的多邊國際組織之外，辜振甫在世界若干國家所建立的雙邊經貿關係，對國家社會亦有其不容漠視的貢獻。

對韓關係　超出經貿領域

韓國與我國原有外交關係，但在一九六〇年代中期以前，雙方均爲開發中國家，經貿關係並不密切，及至一九六六年，辜振甫由於籌組「亞太商工總會」的緣故，與韓國企業家朴斗秉結爲好友，辜振甫有感於中韓兩國經貿關係有待加強，遂於一九六七年發起設立「中韓經濟協進委員會」，擔任主任委員；朴斗秉獲選爲韓方主任委員，兩人合力促進兩國經濟合作及經貿往來。辜振甫擔任主任委員長達二十四年，曾率團往來於台北、漢城之間四十餘次。辜振甫對促進中韓邦交上的貢獻，已超出經貿方面的領域，因此，他曾榮獲大韓民國大統領頒授一等外交光化勳章及產業銀塔勳章。

對星關係　球敘啓動基礎

新加坡於一九六五年獨立，原與我國並無任何政經關係。一九六七年，蔣中正總統召見辜振甫，希望辜透過適當管道，建立我國和新加坡的關係。辜隨即以「中華民國工商協進會」名義組成訪問團，親自率團訪星，拜會李光耀總理，說明此行目的，經李光耀指派財政部長吳慶瑞爲會談代表，進行實務會談。在此之前，辜與吳慶瑞交誼不深，爲使會談氣氛融洽，兩人談好先作球敘，藉以培養情誼。兩人邀來新加坡國防部長林金山及共同友人董浩雲，球敘十分愉快，次日回到會議桌上，交涉順利，辜振甫提出三個提案，做爲啓動兩國關係的基礎，獲得吳慶瑞一一同意：

（一）同意我國在星設立「中華民國駐新加坡商務代表團」（於一九六九年設立），首任團長爲張彼德（多年後，因星國與中共建交，我國應星方之請，更名爲「駐新加坡台北代表處」）

（二）同意台灣第一商業銀行在星設立分行。

（三）同意我國在星設立「大星貿易公司」，以促進中星貿易。

慨允貸款　重建印尼關係

新加坡建立關係成功，蔣中正總統很滿意；在同一年（一九六七）二度召見辜振甫，交付給他一個更重要的任務：重新建立和印尼的關係。蔣總統並當面告知辜振甫：我國和印尼原有友好關係，唯因印尼蘇卡諾總統傾向中共，而與我國斷絕關係已十八年，現蘇卡諾失勢，印尼對我國態度好轉，蔣總統希望辜振甫從速把握機會，重建對印尼的關係。

辜振甫隨即以「中華民國工商協進會」理事長身分，率領「中華民國工商界赴印尼友好貿易訪問團」前往訪問，副團長爲張光世，此乃雙方關係中斷十八年後，我國首度派團往訪。

當時，印尼情勢仍相當混亂，辜振甫一行抵達雅加達時，正遇上印尼學生在攻打中共大使館。辜振甫訪問團受到印尼外長馬立克以國賓之禮接待，陪同往赴印尼無名英雄墓獻花。雙方會談時，辜振甫提出兩點建議：第一、我國在印尼設處；第二、鑒於以往我國與印尼的貿易均係透過新加坡進行，希望爾後兩國進行直接貿易。

對於這二項提案，馬立克全盤接受（其中設處部分，我國於一九七一年設立「雅加達台北商會」，之後一九八九年提升爲「駐印尼台北經濟貿易代表處」）。馬立克要求我方提供二千萬美元貸款，以便進口我國紡織品，對此，辜振甫事先並未獲得政府授權，但爲使雙方關係能夠就此建立，仍然當場應允。返國後，辜振甫向外匯管理委員會主委徐柏園提報此事，獲得徐柏園准許。

次年，印尼派遣貿易代表團由蘇哈第曼將軍率領回訪台北，假圓山飯店舉行兩國工商界直接貿易及經濟合作協定簽字典禮，辜振甫以工商協進會理事長兼「中印（尼）貿易協進委員會」主委身分代表我國簽署。

對美關係　結交兩位總統

我國與美國的經貿關係一向密切，一九七七年，爲因應多變的國際局勢，並加強中美民間的經濟合作，辜振甫邀集我國工商界人士籌組「中美經濟合作策進會」，並推擁曾任經濟部長的張茲闓爲首屆理事長，辜振甫爲副理事長；三年後改選，辜振甫當選理事長，以後連選連任，直到一九九三年卸職。

美方的對口機構爲「美中經濟協會」，首屆會長爲大衛・甘迺迪大使；一九九三年改選，前國防部長溫伯格當選理事長，三年後改選，前內政部長克拉克繼任理事長。

辜振甫擔任「中美經濟合作策進會」理事長的十多年中間，每隔一年即率領大約三百人組成的龐大工商代表團赴美出席「美中」及「中美」年度聯席會議。透過「中美」及「美中」相對機構的資訊交換及年度聯席會議的交流，對增進中美工商界人士的相互了解和合作裨益極大。

此外，辜振甫於一九七八年以「中華民國工商協進會」理事長身分邀請前美國加州州長、後當選爲美國總統的雷根夫婦來華訪問，並曾多次邀請美國參、眾兩院議員訪華；美國前總統柯林頓在美國阿肯色州長任內訪華時，亦增受過辜振甫的接待。這些人事間的交流訪問，對增進雙方友誼及增加美國政經領袖對我國的了解，貢獻至大。

對加關係　開啓合作新紀元

辜振甫於一九八五年以中華民國工商協進會理事長身分在台北與加拿大商業總會貿易訪問團團長懷特（H. E. Wyatt）（時爲加拿大皇家銀行副董事長）共同簽署合作協定，以推動中加雙邊經貿交流，加強雙邊合作。一九八六年八月間在中華民國工商協進會下成立「加拿大委員會」，與加拿大商業總會所屬之「加中經濟協會」互爲相對單位。辜振甫於是年九月間親自率團赴加拿大溫哥華出席第一屆中加經濟聯席會議，開啓雙方經貿、投資、文化、旅遊及教育合作新紀元。同年十一月加拿大駐台北貿易辦事處正式成立。

對斐關係　設立經濟協定

一九八〇年，辜振甫發起設立「中斐經濟協定」，以促進我國與南非共和國經濟合作及工商貿易；辜擔任理事長至一九八三年卸任；曾經組成「中華民國赴南非經濟考察團」，率領工商企業人士先後訪問南非三次，會晤斐方工商政要，並獲斐國總統頒授一等好望大十字勳章。

對澳洲關係　促成經貿協會

澳洲總商會會長寇特爵士（Sir Charles Court）於一九八三年來華訪問，辜振甫以中華民國工商協進會理事長身分與寇氏商討成立「中澳經貿協會」的構想，獲得支持，應允以澳洲總商會爲基礎，促成在澳洲組成澳中經貿協會。一九八四年，由辜氏領導在中華民國工商協進會下成立「中澳經貿協會」，辜擔任理事長至一九九〇年卸任。

對紐關係　互設經濟協會

紐西蘭總商會執行董事魏克林（P.J. Wakelin）於一九八四年來華訪問，並攜帶已由紐西蘭總商會會長克勞福（A. F. Crothall）簽字與中華民國工商協進會簽訂成立「中紐經濟協進會」及「紐中經濟協進會」的協議書。同年十月間「中紐經濟協進會」正式成立，辜振甫出任理事長至一九九〇年卸任。

對巴關係　簽訂合作協議

辜振甫於一九七四年受邀代表我國率團訪問巴拿馬，與巴拿馬工商部長曼夫列圖（Fernando Manfredo）簽訂合作協議書，協助巴拿馬國營巴耶努水泥公司興建水泥製造廠於巴拿馬市。一九八〇年，辜振甫應巴國副總統R. de la Esprilla, Jr.之邀，再度訪問該國，獲巴國總統頒授一等巴波亞大十字勳章。

對東南亞諸國的雙邊經貿關係

爲加強我國與東南亞諸國工商界的密切合作與聯繫，辜振甫發起在中華民國工商協進會下與東南亞諸國分別籌組經貿合作機構：於一九八三年七月成立「中菲經濟協進會」；於一九八六年三月成立「中華民國工商協進會馬來西亞委員會」；於一九八九年五月成立「中華民國工商協進會泰國委員會」；於一九九〇年十月創設「中華民國工商協進會汶萊委員會」；於一九九二年十一月成立「中華民國工商協進會新加坡委員會」。

促成二十七個經貿組織

對其他國家的經貿交流組織

中華民國工商協進會爲加強我國與其他若干國家的經貿交流，曾由辜振甫發起籌組個別雙邊組織，計於一九九一年十一月成立「中華民國工商協進會孟加拉委員會」；於一九九二年二月成立「中華民國工商協進會墨西哥委員會」、三月成立「中華民國工商協進會印度委員會」、八月分別成立「中華民國工商協進會巴西委員會」暨「中華民國工商協進會越南委員會」；於一九九三年四月分別成立「中華民國工商協進會巴拉圭委員會」、「中華民國工商協進會阿根廷委員會」、及「中華民國工商協進會智利委員會」；於一九九三年十二月再籌設成立「中華民國工商協進會土耳其委員會」。

對一般無邦交國的關係　一九七一年，我國退出聯合國，當時經濟部長孫運璿為因應國際局勢的變動，經報奉上級核定設立「遠東貿易服務中心」，作為我國與無邦交國家發展實質關係的白手套，辜振甫獲聘為董事長迄今，當時，辜亦擔任中華民國外貿協會副董事長。

辜氏在擔任中華民國工商協進會理事長的三十三年期間，由他發起及領導創設成立的雙邊與多邊國際經貿組織總數在二十七個之多。多年來在這些雙邊與多邊國際經貿組織的積極推動下，對我國國際形象的提升及對我國經濟發展的貢獻是至為鉅大的。

勳章、獎章與學位

辜振甫代表國家參與國際經貿事務，數十年來，奔走世界各國，許多國家因爲礙於國際現勢，我國政府的外交或商務官員不能前往，都由辜振甫以民間企業界領袖身分代表政府赴會，在國際間已贏得「中華民國在野外交部長」的美譽。由於在促進國際交流與增進國際情誼上的卓越貢獻，他曾獲得國內外元首頒贈勳章，並得到國際重要民間團體及國際知名學府頒贈獎章及博士學位，對一位民間人來說，這真是歷所未有的殊榮。

國內外元首頒贈的勳章

・中華民國總統以辜振甫「推廣經貿外交，貢獻篤著」，特頒授大綬景星勳章，爲民間人士獲此殊榮之第一人（一九八九年）。

・日本國天皇頒贈勳一等瑞寶章及藍綬褒章（一九七〇年）。

・大韓民國大統領頒贈一等外交光化勳章及銀塔產業勳章（一九七一年）。
・巴拿馬共和國總統頒贈一等巴波亞大十字勳章（一九八〇年）。
・南非共和國總統頒贈一等好望大十字勳章（一九八二年）。

國外民間機構頒贈之獎章

・美國史丹福大學國際問題研究所頒贈世界企業家獎（一九八三年）。
・美國國際戰略研究中心（CSIS）「太平洋論壇」頒贈「菲立浦哈比國際領袖獎」（一九九三年）。

國內外學術機構頒贈的學位

・韓國高麗大學榮譽經濟學博士（一九七五年）。
・美國賓州大學榮譽法學博士（一九九二年）。
・法國國際企業管理學院院士（一九九二年）。
・加拿大維多利亞大學榮譽法學博士（一九九三年）。
・國立台灣大學榮譽法學博士（二〇〇一年）。
・日本早稻田大學榮譽法學博士（二〇〇三年）。

・國立中央大學榮譽管理學博士（二〇〇三年）。
・國立交通大學榮譽管理學博士（二〇〇四年）。

後序

爸爸生前受到各國領導人（我國、南韓、日本、南非、巴拿馬）頒贈的一等大勳章共有五個、中外一流學府頒贈的榮譽博士學位約有八個、其他各式各樣國內外的獎章無數，但是他很少提起。有一兩次他把大大小小的勳章全都披掛起來跟家人一起拍照，結果燕尾服變成了左襬低、右襬高，因為左襟上的勳章實在太多太重了；我們都笑彎了腰。爸爸的髮型中分，一輩子沒改。他在安靜的外表下是個執著、認眞、講求品味的人。

爸爸很喜歡狗：家裡大狗小狗不斷；養過狐狸狗咪咪、臘腸狗Tony、德國狼犬Lucky、拳師狗阿福、杜賓狗Duke、北京狗Lulu、Lili、Hipi和QQ、聖伯那犬甜甜；後來二層樓的宿舍改建為公寓，我們不養狗了。爸爸還喜歡飼養錦鯉，台灣錦鯉的開始養殖他應有大功（把幾百條的種魚送給陽明山麓的養魚者）。爸爸喜歡園藝，自己栽花自己賞（自己由加拿大的Buchard's Garden帶種子回來）。

爸爸喜歡運動，年輕時乒乓球用反拍打遍南北少敵手。爸爸喜歡健行，愛談阿里山縱走與登玉山看初陽的喜悅。爸爸喜歡游泳，夏夜常在陽明山伴月獨游。爸爸很會打高爾夫，愛談與新加坡李光耀總理打球的趣事。爸爸喜歡旅行，時常帶全家人出遊。近年來兒孫繞膝，旅遊需僱遊覽車；但我們不需要導遊，爸爸對各地歷史地理風土人情如數家珍。

爸爸年輕時出版過小說，也寫過不少詩。他喜歡繪畫，油畫作品「觀音山遠眺」現掛在台泥大樓一樓大廳裡。他還喜歡攝影，黑白作品曾得沙龍獎。爸爸喜歡聽古典音樂，他帶領我們進入史特勞斯與貝多芬的秘密花園。爸爸的德文歌唱得相當好，尤愛舒伯特「冬之旅」內的「菩提樹」。

爸爸最喜歡京劇，（與台灣的許多老人家一樣，他大部分時間稱之為「京戲」，有時也稱之為「平劇」。先祖母則稱之為「正音」。）擅唱老生，造詣極佳；他自五、六歲就跟著先祖父到家裡經營的「台灣新舞台」看戲了。爸爸年輕時曾經粉墨登場，唱過「二進宮」與「托兆」，後來太忙，停了。十幾年前他被檢查出罹患大病，並不驚慌，回家後當天下午就開始恢復吊嗓，一次次的開刀房進出（如果沒有記錯，好像一共九次大刀），澆滅不了他的熱情與努力，直至去世前幾個月還勤練不已。近年他登台演出過「借東風」、「空城計」、「文昭關」、

「二進宮」，還清唱過幾回。每次演出都圓滿成功，很難想像是帶病之身憑著毅力與專注所贏得的成果。爸爸曾事余派名角孟小冬，他還有很多好戲，來不及演了。

爸爸的事蹟記不完，他的人生旅途卻走完了。他是在逝世當日（二〇〇五年一月三日）穿著中式長袍入殮的，一個勳章也沒帶去。我想世人對他的尊敬與懷念是他最大的、永不褪色的勳章。而這本書是他簡單的得獎說明。

辜懷群 敬誌

二〇〇五、一、十一

勁寒梅香：辜振甫人生紀實

2005年1月初版
定價：軟精裝新臺幣480

著　者　黃天
　　　　黃肇
辜公亮文教基金會策劃授權
發行人　林載

出版者　聯經出版事業股份有限公司
台北市忠孝東路四段555號
台北發行所地址：台北縣汐止市大同路一段367號
電話：(02)26418661
台北忠孝門市地址：台北市忠孝東路四段561號1-2樓
電話：(02)27683708
台北新生門市地址：台北市新生南路三段94號
電話：(02)23620308
台中門市地址：台中市健行路321號
台中分公司電話：(04)22312023
高雄辦事處地址：高雄市成功一路363號B1
電話：(07)2412802
郵政劃撥帳戶第0100559-3號
郵撥電話：26418662
印刷者　世和印製企業有限公司

叢書主編　方清
校對　陳麗
封面設計　胡筱

行政院新聞局出版事業登記證局版臺業字第0130號

本書如有缺頁，破損，倒裝請寄回發行所更換。
聯經網址 http://www.linkingbooks.com.tw
信箱 e-mail:linking@udngroup.com

ISBN 957-08-2807-2（軟精裝）
ISBN 957-08-2808-0（精裝）

國家圖書館出版品預行編目資料

勁寒梅香：辜振甫人生紀實 / 黃天才、
黃肇珩著．--初版．
--臺北市：聯經，2005 年（民 94）
576 面；14.8×21 公分．

ISBN　957-08-2807-2(軟精裝)
ISBN　957-08-2808-0(精裝)
1.辜振甫-傳記

782.886　　94000224